The Essential Sheehan

A Lifetime of Running Wisdom from the Legendary Dr. George Sheehan

愈跑，心愈強大

跑步教父席翰醫生教你成為自己的英雄

喬治・席翰 著
Dr. George Sheehan

游淑峰 譯

獻給瑪莉・珍和我們的子女，

當我尋找「光」時，

他們總是滿懷耐心與愛，靜靜等待，

終於，我找到了回家的路。

——喬治・席翰醫生——

目次

推薦序

跑步家的具體樣貌

運動作家／徐國峰

不少人在談到跑步時總把養生掛在嘴邊，認為跑者們都是為了健康才上路跑步的，但如果你也熱愛跑步的話，一定會覺得這種說法太過片面，但又很難向他人解釋清楚「為什麼自己會如此熱愛跑步呢」。但我知道我們這群跑者不只是為了健美，而是為了某種更形而上的目的而跑。

在這本著作《愈跑，心愈強大》中，席翰醫生替眾多跑者們寫出了熱愛跑步的理由。我尤其喜歡他在書中的一句話：跑步是進入另一個世界的入口。透過跑步，我們有機會進入一種持續若干時間、沒有別人涉入的意識狀態。在那種狀態中，我們擁有自由、擁有寧靜、擁有特殊的時間感和空間感。

那是屬於跑者的世界。

在那個世界中，不論速度快慢，我都能享受到跑步的樂趣。我很喜歡席翰醫生所說的：「在那裡，你能找回赤子之心，以及探索身體與心靈的極限。」在慢跑時，你能觀察周遭的世界或是逃進內心的世界；在快跑時，你能拋開世俗的煩惱以及享受身體熱血澎湃的運轉。那是個不受外界干擾的孤獨世界。

雖然席翰醫生不是一位最強最快的跑者，但從他的一篇篇散文中，我卻看到一位極具清明自覺主體意識的跑步家。他像世間其他偉大的畫家、音樂家、作家與科學家一樣，只不過他是透過跑步來詮釋人生的意義。這部作品中的哲思瑰寶深深觸動身為跑者的我。如果你也熱愛跑步，想必將從席翰醫生的話語中獲得安慰、熱忱與身為跑者的智慧。

推薦序

江湖路遙，莫忘初心

江湖跑堂國際馬拉松協會理事長／江彥良

相信多數的人生戲碼都是這樣進行著，成家立業、養兒育女。

在我歷經創業與結婚十二年後，「Tracy和我說：「你該運動了，你看，你的側腰都突出來了，體型好怪。」身兼設計師與老闆的我，當時睡眠品質和體能狀況都隨著年齡的增長而逆向成長（雖然那時還不到四十歲），我該認真把運動當作是「必要規劃的人生大計」來看待了。

正如作者開宗明義第一章〈蛻變〉提到，重新規劃自己的生活步調，真好比是重生一般，像是認識了另一個全新的自己。在我忙碌的工作環境下，有限的時間該如何做有效的運用？就從最基本的肌力訓練開始吧！跑步加上幾種健身器材，這樣的運動方式樂趣不多，但是極有效率，不到六個月體型和體能都煥然一新。

二〇〇八年六月，「Tracy又突然和我說：「我幫你報名了Nike Human Race全球百萬人路跑活動，跑十公里，應該沒問題吧？」就這樣，為了能順利完賽，還是得下點苦功，首先選擇去河濱公園試試體力；不料，全力以赴衝刺五公里後，只覺得痛苦萬分，到底該如何跑才好呢？

回家後上網買書、擬定了簡單的訓練計劃，並逐步按表完成。常常練跑後，都深深地覺得跑步真是十分痛苦的運動啊！但在痛苦之後，伴隨而來的進步和些許快樂，似乎總是相對地存在。有趣的是看到作者也有「痛苦與歡愉的混合」如此不謀而合的感受！

跑步之於人生到底該如何結合？當我看到《愈跑，心愈強大》的目錄時，內心不禁感到十分的激動，這無疑是一本跑者聖經，跑者對跑步的愛恨糾葛與疑惑，盡皆在此。

二〇一五年四月，我與Tracy才剛參加完瑞士蘇黎士馬拉松賽事，原本只是加油親友團的Tracy，在報到會場內突然興致勃勃地報名了十公里組。正因為與全馬的起跑時間略晚半個小時，巧合地我倆在跑道上交會了兩次，心有靈犀地每次交會時，我們都藉機彼此相擁親吻了一下，這是愉悅的跑步、也是豐富的旅行，更是美好的人生。

頂尖運動員只有幾位，但每個人都可以熱愛自己的身體、享受自我的運動方式。作者愈跑心愈強大，我則希望在跑步的同時，請別忘了身邊最親近的人，讓我們一起成為自己的英雄吧！

推薦序

奔跑不停的美好人生，一場充滿驚奇的遊戲

馬拉松作家／飛小魚

跑步變成一門「顯學」，一到假日各種賽事琳瑯滿目，五花八門，跑步不只是跑步，也成為台灣最潮的休閒活動。

是我反骨還是不愛趕流行，反倒在全民運動的節骨眼從這股熱潮「淡出」？直到閱讀席翰醫生的《愈跑，心愈強大》，一些糾結在我心裡頭庸人自擾的內心戲，終於有了可以盡情伸展與表演的舞台，我想只有繼續跑下去，才會讓這個複雜而獨特、細膩且多感、奔放又彆扭的「原我」，徹底釋放出來。

跑步與書寫，多麼完美又契合的搭配，我只想當自己的英雄——淋漓盡致地揮汗奔跑之際，把腦子裡奔騰的思緒化成優雅文字與美麗詩篇。

「對跑者而言，少即是好。」這句話在繽紛熱鬧的台灣「馬場」（我們習慣這樣形容賽事），或許值得好好深思與咀嚼，尤其是那麼容易分心的我，簡直是當頭棒喝。「人生，是一件窮盡畢生完成的作品。當中的斷、捨、離，是一個顛簸曲折的過程。」貪心往往容易導致我們

喪失初衷，一不小心就會迷失在絢爛的誘惑中，究竟在擁擠或平淡、日復一日的時間的河流裡，你是不是會佇足停留，好好地、專注地、認真地，就只是單純傾聽自己身體的聲音，跟內心那個真實的自己對話？席翰醫生那些饒富人生哲理的文字狠狠撞擊著我，讓我有點羞愧與心虛，明明隔著那麼遙遠的時空距離，他怎麼三言兩語就洞悉我那無傷大雅卻又阻礙自己前進的壞毛病。

這本書不僅是個卓越跑者與精湛訓練的故事而已，透過這樣豐富內涵與深度思想的閱讀，會讓你的心也被徹底洗滌過，有番更透澈清明的了悟與覺知。喜歡探索、充滿好奇像個孩子似的我，忍不住想跟著席翰醫生一起沉浸在身體與心智的遊戲中。原來，跑步與寫作竟然是這麼有趣好玩的遊戲呢！

推薦序
人生的經驗，跑步的經典

喬治・席翰之子／麥克・席翰、提姆・席翰

喬治・席翰在一九三〇年代後期參加了曼哈頓學院競爭激烈的田徑比賽，他的雙眼直盯著死對頭，也是當天一英哩賽的冠軍選手李斯利・麥克米契爾（Leslie MacMitchell）。在傳奇教練皮特・瓦特斯（Pete Waters）的指導下，年輕的席翰一路超前，直到他與麥克米契爾間已無其他選手。席翰最後一次參加大專校際比賽時，再次輸給了麥克米契爾，只拿到銀牌。之後他便高掛釘鞋，隔年進了醫學院，而麥克米契爾則繼續朝世界紀錄之路邁進。席翰從未追上麥克米契爾，但他從來沒有失去要「成為第一」的渴望。

二十五年後，邁入中年的席翰，眼前是一派安穩的人生，不再有什麼挑戰；他將尋求卓越的驅力轉向一條新的道路，帶領自己以及成千上萬的讀者到一個追尋身心靈的新境地。

席翰的父親是布魯克林的心臟科醫生。席翰為十四個小孩中的長子，接受的是耶穌會的教育體系，他也不負期望地追隨父親的腳步成為醫生，歷經第二次世界大戰、結婚，緊接著雙胞胎兒女也立即報到。

席翰被派到位於太平洋的一艘驅逐艦上擔任軍醫，他與那艘軍艦躲過了神風特攻隊的襲擊。長崎遭受原子彈毀滅性的轟炸後幾天，他們在當地上岸。這段經驗他從未公開提過。退伍後，他回到澤西海岸以及美麗動人的瑪莉・珍・弗朗明（Mary Jane Fleming）身邊；他在紐澤西的紅岸順利執業，並育養了十二名子女。對一位非常內向、有孤獨傾向的人來說，席翰每天面對他的病人與食指漸繁的家庭，展現了驚人的責任感。

一九六〇年代初期，為了長子的就學問題，他在附近的林克羅夫特著手成立了「基督兄弟高中」(Christian Brothers Academy)。之後，他便重燃跑步與比賽的願望。時年四十五歲的席翰對那個世代所謂的「成功」標準頗不以為然，亟思轉換跑道。重返年輕時熱愛的運動，似乎是正確的抉擇。

但在那個年代，在住家附近的街上跑步可能會引來警察或教區神父的關注。為了免去當地人的閒言閒語，他決定在自家後院跑步。他清出了一條跑十圈後即為一哩的泥土跑道，他的汗水、口水、清喉嚨聲、咒罵聲，甚至體味，弄得整個房子都聞得到、聽得見。約一年後，他徵得另一半的同意，到街上跑步。解除門禁後，他發現自己正跑在時代的尖端，也就是後來一九七〇年代跑步運動盛行之前。

他的午餐時間，變成了一小時的河岸慢跑；周日早晨，變成兩小時車程內的路跑賽。跑步讓他逃入遊戲與比賽的世界中；更重要的，他也發現了屬於自己的道路。當地報紙每星期固定發表這段新生活，若干年後，他加入了《跑者世界》（*Runner's world*）雜誌的團隊，很快便成為跑步運動的代言人。他是醫學專家、破紀錄的跑步高手，以及人生哲學的大師與研究者；同時，一如體育播報員比爾．馬澤（Bill Mazer）所稱的，他也是體適能領域的前輩。他帶著熱情與洞見，寫出前所未有的經驗。接下來的二十五年，他投注極大的心力在跑步、比賽與打字機上，分享所見所思。或許有些人認為他寫的太多、太雜，但他認為，只要是出於真心，便不用在意分享的內容是什麼。

他的努力贏得了跑者的尊敬，也獲得非跑者的敬重。他的動機並非為了獲利，而是想為運動、休閒、健康與體適能創造新的思惟，讓大眾重新思考，如何將自己的人生發揮到極致。身為作者，他堅持向讀者宣揚運動人生的各種好處；身為跑者，他堅持在每次參賽時，證明自己。

前言
過一個英雄式的人生

《跑者世界》總編輯／**大衛・威利（David Willey）**

二〇〇三年，我開始擔任《跑者世界》雜誌的總編輯，而第一件工作就是把席翰醫生的裱框照片掛在辦公室的牆上。

喬治自一九七〇年開始為這本雜誌撰寫專欄，到一九九三年因攝護腺癌逝世前，一直是最受讀者喜愛的作者。他筆下的跑步不僅是種運動，更是一種活出豐富人生的方法，所以他的著作都陸續榮登排行榜。如今，每次看到暢銷書籍，或者瀏覽書店裡「自我成長」的書櫃時，我都會想起他。

在尚未有「自我成長」這個類別時，喬治已在撰寫這類書；我們能輕易地想像，他於一九八三年出版的書《如何維持一天二十四小時神清氣爽？》（*How to Feel Great 24 Hours a Day*）若在今日出版，應該能成功地行銷給成千上百萬夢想過著健康、快樂、更美好人生的讀者。

然而，若把喬治・席翰稱為「作家」，便無異於將穆罕默德稱為「拳擊手」。那是事實，但並不代表全部的事實。他在出席比賽、運動醫學會議、公司員工活動時，觀眾席都會爆滿。

他被稱為精神領袖、哲學詩人，也常常引用西班牙作家奧特嘉（Jose Ortega y Gasset）、羅馬皇帝提庇留和心理學家威廉．詹姆斯的思想。很自然地，某些人會批評他太過賣弄、矯揉造作。

但無可爭議的是，他深具洞見，堪稱是掀起美國第一波跑步風潮的先驅。沒有人能像他一樣，能簡潔有力、真誠地解釋跑步人生的好處。最重要的是，喬治將跑步與形而上的思辨連結起來，使跑步不單單僅是左右腳交替前進的動作。

我不太記得我在哪裡找到這幅照片，但它是和一疊十幾年前早被遺忘的比賽海報放在一起。照片裡，喬治坐在位於紐澤西州「海洋園」家中的木製搖椅上，可眺望海灣。他穿著慢跑服，一條毛巾垂在椅背上，不確定是剛跑步回來，還是正要出發。可以確定的是，喬治正在寫作（更確切地說，他伏在一台放在矮牆台、古董級的皇家牌打字機前，鏗鏗然打著字；打字機彷彿差幾寸就要掉進海裡了）。照片裡看不到一絲矯作或不自然。即使公司幾年前搬進新大樓，這幀照片現在仍高掛在我的辦公室牆壁上。這幀照片下方，則是我自己的皇家牌打字機。其象徵意義很明顯：有些過去的事物，即使已被淡忘、很過時，但依然歷久彌新。

身為《跑者世界》的長期訂戶，以及一九七〇、八〇年代的年輕讀者群，我拜讀過喬治的每一篇專欄。這些篇章的主題包羅萬象，反映出他的人氣與雜誌日益增加的讀者群；不僅新進跑者、跑步老手（大部分是男性）也很支持。

歸結起來，作者大大讚揚每天跑步這件事，也非常關心比賽與人我關係。起初，有個名為

「醫藥常識」的小專欄。但畢竟喬治是受過訓練的心臟病專家，對於跑者的治療或預防運動傷害他有許多建議。後來專欄名稱經過修飾，成為「席翰醫生談跑步」(Dr. Sheehan on Running，也是他其中一本著作的書名)；這時，他開始打響名聲。

接著是從參與者角度撰寫的「來自席翰」(From Sheehan)，以及更直接的「來自喬治．席翰」(From George Sheehan)。直到他逝世前，他的專欄名為「喬治．席翰觀點」(George Sheehan's Viewpoint)，聽起來的確比之前的名稱無趣。

很多跑者常說，跑步幫助他們「找到自己」，而喬治高舉了明燈。一九八八年，在《跑者世界》的人物側寫裡，跑者約翰．布蘭特（John Brant）說得最好。在大學畢業後的某個失意日子裡，他於報攤上第一次認識這位「轉行的長跑選手」：

> **在閱讀專欄當下的幾分鐘裡，你渾然忘了自己的疑惑和生澀。看完後，你把雜誌放回架上，雙手便開始在腿上的牛仔褲上下搓摩。然後你衝出書報攤，返回租屋處，用最快的速度換好衣服，出門跑步。你不再迷失。席翰提醒你，人生總有一個目的。他給你慰藉，給你承諾。**

擔任總編輯的前幾個月，我再次沉浸於這些專欄裡。我非常肯定，這些文章促使我去跑步，激勵我精益求精。更重要的是，雖然我年紀漸長，結婚、有家庭，也有比健康和體適能更重要的事，但這些文章仍提醒我要繼續奮發，過一個英雄式的人生。喬治深信，每一個人的存在都是為了要實現下面這句話：「人類最崇高的需求是成為英雄，」他寫道：「當我們不再豪壯，便不再真實地存在。」

對一些人來說，這聽起來似乎太嚴苛，但喬治認為，英雄主義就在每個人的掌握中，他寫道：「透過平凡的經驗，平凡人也可以變得不平凡。」

喬治如此理解英雄主義（heroism）：這個 h 並非聚焦於鎂光燈下的榮耀（honor），或者是擊敗對手（hammer）。他相信，我們真正的對手，是年輕的自己；而最迫切的任務，是要對抗惰性和冷漠。我們需要每天面對它們，「但別人有沒有看見這場戰役並不重要。英雄並不需要被認可。一旦行動成功，唯一的觀眾便獲得滿足。」一次晨跑或每周四十公里的跑步真有如此重要？是的。

喬治的作品對我的專業領域也有巨大的影響。我很驚訝地再次發現，他展現了跑步和寫作的共通性，它是某種接近靈性的元素，而我想以新的方式呈現在雜誌裡。我甚至曾在一篇文章前沉吟良久，那是寫於一九九三年六月的小短文，名為〈我為何而跑〉，也是喬治所發表的最後一篇慢跑文章。我們以略帶炫耀的心情地把它刊登在雜誌裡。喬治可能會很開心，因為這篇文章其實早就刊載在一本毫不起眼的選集裡（這還蠻諷刺的）。

喬治被《運動畫刊》(*Sports Illustrated*)譽為「運動界最重要的哲學家」,我期待出版他的作品,雖然這個願望多年蟄伏,但始終未消褪。終於,我與安德魯・席翰(Andrew Sheehan)連絡上,他在喬治的十二個子女中排行第八。我們商討如何展開這項計畫,後來安德魯的兄弟麥可和提姆也一起加入討論。

這本席翰醫生的最終作品集,即是我們共同討論後的成果。安德魯蒐集了雜誌專欄中最具代表性的篇章(包括喬治為《跑者世界》所寫的一百四十篇文章,以及由雜誌聯盟提供給報社的文章)。此外,我們也從喬治的八本書(最著名的是《跑步與存在》〔*Running and Being*〕)中挑選,而當中的文章都出自他在《跑者世界》的專欄。

我們以不同的主題區分章節,並放入這些散文與節錄文章。喬治有些著作就是採用這種編排方式,以方便讀者翻閱索引、快速找到建議與指引。這些主題有訓練、比賽、馬拉松和喬治最喜愛的「遊戲」。但讀者也可以逐頁閱讀。

本書收集了喬治從一九七五年至一九九五年的文章(喬治的著作《人生長跑》〔*Going the Distance*〕是在他過世兩年後出版的)。雖然篇章如此多元,但安德魯巧妙地將這上百片的段落,組成一道敘事流暢的完美弧線:從喬治四十五歲開始跑步說起,然後是懷著活力與目標向前進,到「癌症」和「最後的領悟」。沒有人比安德魯更適合這項工作了,他本身就是長年的跑者,也是位調查記者,無疑具備了這項任務所需的專業技巧。但更重要的是,二〇〇一年，安德魯出版了一本很精采的回憶錄《追鷹》（*Chasing the Hawk*），內容深刻且誠實地描述了自己人生的掙扎，包括他想多認識這位著名但又充滿距離感的父親。本書吸納了安德魯撰寫前作時所獲得的訊息，若非他的寫作技巧與智慧，這本書不會如此精采與深刻。

在本書中，長跑高手艾伯特・薩拉扎（Alberto Salazar）、法蘭克・蕭特（Frank Shorter）、傑夫・加洛威（Jeff Galloway）和安畢・伯福特（Amby Burfoot）都談到，他們受到喬治的文章所影響，並以此引領自己的跑步人生。這些短文，再加上麥克與提姆・席翰撰寫的引言，以及他們的姊妹安所寫的後記，使得本書不僅是傳奇人物的著作選集，也是他的迷你傳記。喬治說他喜歡獨處，但在人生的最後階段，卻轉向了一路與他相伴的一群人，以及因他而建立的跑步社群。

我們這一群人，包括《跑者世界》雜誌、背後的「羅代爾」（RODALE）出版社以及席翰一家人，一同實現這項出版計畫，將喬治・席翰介紹給新一代的跑步讀者。跑步運動在喬治過世後仍繼續蓬勃發展，但許多熱血的跑者，尤其是年輕女性，很可能對喬治的著作並不熟悉，也不知道他對跑步運動與健身文化的貢獻（還以為那些是理所當然的）。我們也深信，喬治對跑步的看法發人深省，超越以往任何一個時代；他教我們如何過上充滿活力、有榮譽感和成就感的真實人生。

在這過度數位化以及缺乏運動的文化氛圍中，喬治的著作可能比當初出版時更為符合眾人的迫切需求。在美國，我們比以往任何一個世代都更肥胖、更不健康，人與人、人與大自然間的連繫也更少了（姑且不論推特和臉書的影響）。

喬治的著作值得你涵泳其中，不論是初次閱讀或是重新展讀，都能有不同的收穫；關於這一點我已說得夠多了。

他的文字總是能不說自明。因此我了解到，跑步讓我自由，讓我拋開別人的觀點，以及外界加諸於我身上的教條與規範。跑步讓我從零開始，擺脫層層的制式行為與思考模式，進而建立全新的作息，包括飲食、睡眠與如何運用休閒時間。

跑步改變了我對工作與休閒的態度，讓我重新發現，誰真正愛我、誰又是我真正所愛的。我以從內而外的全新角度取代從外而內的舊觀點；我重新審視每天二十四小時的分配方式。

二〇一四年，我們重新發行《跑步與存在》。該書於一九七八年首次發行時，榮登《紐約時報》暢銷排行榜數月之久，但在十幾年前就已絕版了。這個三十五周年版，我們請喬治的女兒諾拉設計書衣，還找來與喬治同樣精於書寫跑步的肯尼・莫爾（Kenny Moore）做序。該舊作與這本新書的發行，都只為了一個簡單的理由：「只要喬治・席翰的作品仍有讀者，他的精神就會繼續長存人間。」與喬治長期合作的《跑者世界》資深編輯喬・韓德森（Joe Henderson）

如此說。

確實如此。我希望這本書能繼續啟迪讀者，令眾人效法喬治在世時的精神，踏實穩健地追尋前方的英雄道路。

第 1 章

蛻變

靈光乍現的時刻，可能出現在二十一歲，也可能是在七十歲。
也許，今天就是你該離開牧群的時候。

——《跑步人生》（*This Running Life*），一九八〇年

01 四十五歲才開始的重生之旅

自懂事開始，我就被放在一列暗無天日的火車上，從那時起，我的人生跑道與目標便註定了。

在四十五歲時，我拉下「緊急暫停」的拉繩，下車跑進了真實的世界。這個決定，無異是選擇全新的人生、全新的跑。那年，我的人生重新來過。

之前的「我」並不是我，那是我賦予自己的形象，是我所接受的自己，我只是一直在扮演那個角色罷了。

「我花了很長的時間才發現，原來演戲的祕訣就在於表現真實。」有位演員對人類學家愛德蒙．卡本特（Edmund Carpenter）說：「一旦你知道如何假裝真實的狀態，你就成功了。」

在此之前，我們已習慣欺騙自己。然而總有一天，我們會開始質疑那些安排好的旅程、設定好的目標，還有死亡的時間表；總有一天，自我形象會變得一文不值，曾被視為「自己」的那個人，似乎並不完滿，有所不足。總有一天，我們也會發現，自己的感覺很重要，「對自己正在做的事有感」，也很重要。

離開那列火車時，我已喪失了目標感，喪失對工作的使命感以及對造物主與創造物的關注。下車後，我發現自己並不孤單。在每個星期日、被重覆灌輸「復活」觀念的成千上萬美國人，也正震驚中經歷重生。只是專家並不採用這個說法，他們稱之為「中年憂鬱」或「四、五十歲的新文化現象」，或者是更簡單的說法——「生命的蛻變」。

專家們都同意，人生到這個階段時，多數人對日增的年紀與日減的收入毫無準備。白領階級、藍領階級、家庭主婦或女性上班族，沒人能對這種四十歲後才降臨的危機免疫。每個人都以獨有而真實的方式來處理和面對。

這種情況無可避免，但也令人期待。西班牙作家奧特嘉寫道：「從未覺察到自己迷失的人，已無可救藥。他無法找到自己，更無法遇見真實的自我。」

發現自我的真，需要計畫和努力。重生絕非易事，這需要技巧、訓練，還要下很多苦工。而且，我們將發現，這是永遠也不會完成的工作，每天都是全新的開始。

多數專家建議，就從選擇新職業或新興趣重頭開始。我認為，就從根本開始吧！身體，就是根本。身體是靈魂和心智的鏡子，而且比後兩者更容易了解。習慣於傾聽身體的訊息，將會聽見全部的自己——複雜、獨特的你。

我是這麼做的。我離開火車後，開始跑步。就在那一小時的身體鍛鍊中，我開始發現自己是什麼樣的人。我發現身體是個奇妙的載體，任何一個普通的肢體動作，都足以讓畫家或雕刻家興奮莫名。人類是個小宇宙，體內囊括了宇宙裡百分之九十二的元素，但我不需要科學家告訴我這些知識。跑步這項創意十足的活動，就能使我相信本我的重要性，確信我的人生有重要意義。

體適能也與跑步相關。生理學家告訴我們，終生運動的選手比同年齡不運動的人，在生理上要年輕二十至三十歲。同時，敏感度、體能及對周遭環境的感受力等——這些能擴展生命的能力，也會跟著變年輕。

若說身體功能的下降是因為缺乏運動，而不是老化所致；那麼，若說心智、心理與心靈也是因為少用而退化，也是很合理的。

若真如此，重生將是一項漫長而艱難的任務。首先，讓身體動起來，過程中我們必定會發現，原來「痛苦與疲憊」、「歡樂及滿足」這兩者是如此地接近。唯有完完全全地拓展心智與靈魂，才能完成重生的第一階段。

但你也有另一個選項，那就是隨時再回到那列火車上去。

——《席翰醫生談跑步》（*Dr. Sheehan On Running*），一九七八年

02 少即是好

「我是個跑者。」幾年前，這句話所要傳達的，不過是我隨機選擇的一項運動、休閒，而背後的理由很淺顯。但如今我的體會不同了。跑者不是因為體重太輕不能打美式足球，或者無法把球投進籃框，也不是因為打不到一顆曲球。他跑，是因為他必須跑。身為跑者，得經歷疼痛、疲憊與痛苦，在壓力上加諸壓力，並除去生活必需之外的所有東西，這都是為了實現

自己、成為自己。在如此蛻變的過程中，我也拋棄了許多東西，但沒有一件是所謂的犧牲。既然某樣東西已變成非必需品，捨棄它便不成問題。而當某樣東西是必要的，接受它及其伴隨而來的一切，自然也無需反抗。

就外人看來，跑者的世界似乎不太合情理。除了身體受罪，還要戒除口腹之欲、延遲歡樂與享受，更得放下多數人所追求的名利。但真相是，跑者生來就不是為了配合周遭的人、事與制度。英國作家阿道斯．赫胥黎說，他小小的膽識和虛弱的肌肉令他無法吃太多，更不用說與人扭打。但他的存在不是為了配合這朝九晚五的世界；他的本性以及生存的法則和普羅大眾不同。

這個道理對每個人（包括跑者），一開始都是難以理解的。

然而，一旦理解了，跑者便會全然降服於他的本我和生存法則。然後，他會變成清教徒觀念中的「自由人」，只與善美所有連結。在這過程中，跑者並不會抗拒自己的身體，而是接受它。

他不壓抑、不克制也不苦修苦練，只是強化它，使之臻於完美。他會小心翼翼地不去壓抑本能，接著超越動物的本能，邁向奧特嘉所謂的真實、真我。

於是乎，人生便是一件得窮盡畢生完成的作品，當中的斷、捨、離是顛簸曲折的過程。你應該放棄那些不再吸引你的事物，或者是更吸引你、但卻會干擾你成長的東西，這就是甘地的原則。他建議，人們應該持續去做能讓內心獲得助益與安慰的事，我也學到了這點。我放棄的，不論是單純的喜好、普通的娛樂或不尋常的惡，都是因為內在的驅力使然，而非自我犧牲或出於責任感；我只是自然而然去做。

對跑者而言，少即是好。生命——這件人生的藝術品，是簡樸的，它的需求與需要不多，一點撫慰就能心滿意足，只要有位知心朋友、幾件衣物蔽體、幾餐飯菜餬口，以及口袋裡有幾枚錢幣就已足夠；至於他所享受的，就是自己的思想和天性。雖然他在跑步，卻是從容不迫。有時他還會在意十分之一秒的細微時間，但實際上他是要順應季節，讓自己隨著週期運行，需求愈來愈少，直到身心靈融合為一。

我將這種單純，視為自身的完美。然而，在旁觀者眼中，那卻是全然不同的狀態。我成功地讓自己遠離瑣事與人群，遠離世俗的野心與欲望，卻被他人認為是冷漠、孤僻、毫無貢獻的。就讓他們這樣想吧！在更寬廣的世界觀中，應該包括我們這類人存在的可能性。滿腔熱情在某條孤獨道路上跑步，確實也有某種貢獻。全是跑者的世界固然無法運作，沒有跑者的世界也是不宜人居的。

——《跑步與存在》，一九七八年

03 阿拉米達七誡（Alameda Seven）

每個人出生時，都帶著一張七十年的保固卡，但很少人仔細閱讀說明書。我們盲目地過日子，從未參考使用手冊，也不曾妥善地操作人體這個機器。我們不太關心身體的維修與保養。我們相信，造物主早就為每個人內建了健康與長壽。

的確是如此。但只有當我們悉心照顧好身體，如同照料愛車，才有可能健康長壽。必須遵循某些規則，才能用與生俱來的身體來取得最佳的機能與最長的壽命。我們必須將數個世紀以來學到的生物智慧，運用到日常生活之中。

聽清楚了：大自然不容許有任何差錯，而且它會不吝執行死刑。偏離正確的養生之道，健康當然會日益惡化，進而縮短人生的壽命。的確，老化是不可逆的，死亡是不可避免的，但兩者都不該在大限之前發生。

每個人的行為模式，決定了自身的健康。要避免不必要的疾病或提早離開人世，決定權都在自己。要起身運動，還是要長久坐著；要老得快一點，還是慢一點；要死得其時，還是要提前結束生命，這些都由我們自己決定。

但即使我們願意遵守上述原則，還是得去找出實行的方法。我們輕忽了前人的經驗，所以得重新學習好幾世紀前就知道的事。我們不該忽略經由先前文明與文化所歸納出的結論，因為根據人體運作的原則，這些結論都是千真萬確的。

我們需要知道的事情，好幾代前的先民早已知悉。從舊石器時代的克羅馬儂人、希臘人、羅馬人、維多利亞時期的英國人到現代加州阿拉米達郡的居民，研究人員發現，這群人活得特別久、特別快樂，而且後代子孫繁浩。

一九七二年時，美國人普遍認為，只要飲食均衡、睡眠充足、定期就醫，就可以長保健康。但若要充分發揮身體的功能，這些方案顯然不足。不過在那年，我們從這些加州居民的規律生活，學習到對健康的益處。

這些規律後來被稱之為「阿拉米達七誡」，內容如下：

一、規律運動。
二、吃頓營養的早餐。
三、正餐之間不吃東西。
四、維持體重。
五、不吸菸。
六、飲酒適量。
七、睡眠充足。

這些原則後來也通過了科學檢驗，顯示是可行的。比起只遵守其中二、三項，全部遵守的人活得更久，也比較不會因為病或老住院，且更有活力、有朝氣。

畢竟，我們不是只想要活得久，更要免於臥病在床；愈少生病愈好，即使生病了，也希望能很快復原。我們期望在四體與精神健全的狀態下，走到生命的終點。阿拉米達七誡顯然可以保障這一點。

一份一九八四年的報告顯示，注重這些規律的人，安然地度過了老年期。也就是說，他們一直健康且獨立地生活，不受病痛困擾。

活得健康又長壽的祕訣是什麼？遵循阿拉米達七誡是個好的開始，也有好的先例。對過去世代的人而言，生活習慣就是良藥。他們沒有抗生素，發炎、感染也無藥可醫。所以，亙古前的穴居人必須擁有強健的體魄，才能生存下來。

現在，我們的生活變得優渥了，大抵能免於罹患肺炎、肺結核和其他致命的疾病。我們的壽命也許是增長了，但與生活習慣相關的疾病也增加了。人們死於經濟發達帶來的富裕生活以及久坐不動的人生。真想延年益壽，就得參考先人所留下來的奮鬥與求生守則。他們讀了人體使用說明書，而且確實遵守上面的規定。

——《跑步得勝》（*Running to Win*），一九九二年

04 傾聽你的身體

一九六三年我開始跑步時，體適能專家和運動醫療專家都還沒出現。提倡有氧運動的肯尼斯．庫柏（Kenneth H. Cooper）醫師五年後才出版第一本書。因此，體適能必須自己養成——身體成了我的教練。它回答了我幾個基本問題：應該跑多遠？跑多快？多久跑一次？在很短的時間裡，我學到了體適能第一條、也是最偉大的戒律：傾聽你的身體。

雖然當時我並不知道自己正重新發現一條古代的法則，它可遠溯至古希臘的傳統。希臘人探索生理的極限，和今日的我們相差無幾。他們在各項活動中挑戰跳得更高、跑得更快和更遠，那些是今日各項比賽的前身。而他們從事的運動可算是各項課程，身體是教練、也是學生。

在那個時代，人們認為要「讀懂」自己的身體，就像讀書一樣。他們要學習，哪些事情會使自己表現更好，而哪些事會造成干擾。根據羅馬皇帝提庇留的說法，在二十歲之前，每個人就應學會對自己的健康負責，知道什麼對身體有害或有益，而且能在不借助醫療手段的情況下，照顧好自己。

蘇格拉底的想法也與此呼應。他認為，注意飲食習慣和運動的聰明人，應該比醫生更了解什麼對自己有益、什麼對自己有害。幾個世紀之後，心理學家馬斯洛亦發表了相似的看法。他寫道，這類人是「自我實現者」（self-actualizer），已高度掌握身體運作的最佳狀態，也懂得避免對他們造成傷害的活動。

及至成年時，我們應該就有能力解讀身體發出的訊息。科技不僅是非必要，也是有所不足的；身體能接收到科技所偵測不到的訊息，除此之外別無他法。如此一來，除了自己的身體，為什麼還需要借助其他外物來指引我的計畫、記錄我的進展呢？

回到一九六三年，這個問題是根本不存在的。除了我的身體，我沒有其他東西可以求助，身體得給我所有的答案。開始跑步之前，我沒有徵詢過醫生的意見，沒有進行壓力測試，也從來沒有測量過脈膊。我直接出門，然後開始跑。

很快地，我發現了第一件、同時也是最重要的事：跑步是一種遊戲，可以讓你重返童年。我往往跑到路上，便迷失在孩童的世界裡。我有時短短地快跑，有時長長地慢跑。我很享受跑步，我的身體也樂在其中。在這種情境下，身體愈來愈會跑。我沒有閱讀參考書籍，也沒有請教專家。我身材變健美了，更好的是，我變成了運動選手。

經驗告訴我，大部分的體適能檢測和追蹤計畫都是不必要的。即使是一般的跑步前檢測，項目也非常少。我們不需要測脈膊，或做那些討人厭的、偶爾有警示作用的測量，包括心跳。我們唯一需要去看醫生的時候，就是一般得看醫生的情況——如膽固醇過高、體重過重、糖尿病或高血壓。

經過這些年，我的身體已經能正確回答所有關於跑步的問題。我不需要其他的專業醫生了。即使我們能從不同的管道獲得資訊，然而，有個問題只有身體能回答，它也是終生體適能計畫成功的關鍵，那就是：「你是否樂在其中？」

——《跑步得勝》，一九九二年

05 離開牧群

有一次，我在廣播節目裡和一位從不運動的女性討論「運動」這個主題。她告訴我：「我心有餘，但身體力不足。」

當然，我已聽過這種話好幾百回。但這是我頭一次發現，這句話應該反過來說才對。通常我們身體還有力，但是心的意志薄弱。身體有能力做出驚人的壯舉，但意志卻只停留在電視、廣播以及車庫的汽車中。

身體不僅願意動，還渴望行動。身體裡充滿了意志所欠缺的東西，包括力氣與能量、耐力與毅力。我們為了覓食，用雙腳跨越世界各大洲，從南極涉踏到北極。即使到現在，我們也能看見家庭主婦跑馬拉松、股票交易員參與戶外冒險活動，以及退休的執行長攀登聖母峰。

身體想要的，是更多、更大的挑戰，想要一次又一次地超越極限。我們缺乏的，不是生理上的能量；燃料已然在眼前，只等著被點燃。我們需要一些火花點起烈火，需要某種東西讓我們付諸行動。

從早上起床的那一刻開始，我們就不斷利用「心有餘但力不足」的藉口。鬧鐘、收音機和家人輪番要叫我們起床，結果我們不動如山，直到不得不起床的最後一秒鐘。但仔細想想，要對抗惰性、從床上爬起來會消耗多少卡路里？有誰的身體是真得累到雙腳無法沾地呢？我可以找藉口，說自己處於半昏睡的狀態，四肢還無法協調活動，但類似的情況每天都會發生。身體準備好了，滿腔熱血、躍躍欲試，但精神還是在原地踏步，停滯不前。沒有熱情，也沒有行動。

我們所缺乏的，是「熱忱」這樣的精神能量，所以才精神無力，整天疲累不堪。充滿熱忱，便可油然生出一種與肌耐力相當的決心，與勇氣相稱的不屈不撓精神，以及與身體動物本能相呼應的熱情。

任何事情要成功，都必須擁有熱情，甚至於要有狂熱。如果你想鼓勵大家動起來，就必須先讓自己動起來。詩人愛默生說過：「要鼓動別人，必得先感動自己。」每次演講時，我對這句話都特別有體悟。

演講前的一小時，你會看見我獨自來回踱步，自言自語，慢慢為自己加溫到興奮的狀態。到了演講尾聲，這種熱情讓我很自然地站到講桌上，身上脫到只剩牛仔褲，褲管還捲到了膝蓋。

但心靈所給予我們的，遠超過這種激情。當激情消失，心靈可以給予我們動力；當藥石罔效時，心靈會引領我們度過難關。牛津大學的神經學家瑞夫・強森（Ralph Johnson）在他的論文〈人類耐力的因素〉（Factors in Human Endurance）中指出，個人生存的能力，通常取決於個性的好壞。

關於意志與身體的關係，在探險家和登山者的歷史文獻裡，有許多令人印象深刻的篇章。他們處於極惡劣的環境、不斷挑戰極限。二十世紀初的英國探險家史考特曾如此寫到一位船員：「布勞爾斯的表現最為突出。我從來沒見過體格這麼壯碩、充滿活力又無法被擊倒的人。」對於史考特，一位伙伴則這樣描述：「史考特是我所見過最堅強的男人，還配上了強健的身體。這樣完美的組合，全因為他天生不是那麼堅強。他戰勝了軟弱，成為我們甘願追隨且深愛的領袖。」

在狂熱、鼓舞與熱情的背後，還必須要有意志力。我們有選擇的機會，可以自己做決定、按照自己喜歡的方式行事。只要劍及履及，就沒有什麼能阻擋你。

不這樣的話，一切都只是空想，只是在死氣沉沉的世界做白日夢。我們必須有極度的渴望，要擁有唐吉訶德或是傳教士的熱忱、激情與狂熱。然後，我們會突然發現自己已經動起來了，心中的目標清晰無比。接著，心靈和身體便會如一對合作無間的馬匹，彼此激勵。在那一刻，身體與意志短暫卻美妙地融合在一起。我（就跟你一樣）是宇宙中獨一無二、無法被複製的個體。因此，我擁有（就像你一樣）在世間是獨一無二、無法被複製的角色。我的生命是一齣獨角戲，同時身兼作者、演員和導演。

可惜的是，這份體悟來得太晚。其實我在童年時就知道這些事，只是自己沒有意識到而已。童年時期的生活是屬於我自己的，充滿了遊戲與創作、能量與張力、幽默與才智，它們會讓你變成你想要成為的那種人。

但很快地，我們成為了牧群的一份子。我們學到了牧群的規則、規定、道德和倫理。我們成為社會的一份子。社會秩序必須有人維繫，所以我們接受了加諸在自己身上的責任。

有些人則對這樣的必然性提出了質疑。梭羅便問道：「我們來到這裡，難道只是為了做雜事和看顧馬群嗎？」社會回答：「沒錯！工作必須有人做，即使沒有工作，也要找些事來做。」我們得整天忙碌，一旦腦袋閒下來，就會開始思考，身體閒下來，就會開始享樂。這對牧群而言是很危險的。

在童年時期，我們也許會覺得，自己就是我們想要的樣子，生活就是我們想過的日子。少數快樂的人很早就有這份體悟；但大部分的我們，幾乎溫順地屈服於牧群。我們循規蹈矩，直到盡完了養兒育女的義務，直到用盡了青春歲月在某個機構服務，藉此維繫了社會的穩定。

但接下來呢？四十歲了。牧群不再需要我們，自然的法則不再保護我們，我族我類也不再在乎我們。我們自主了，可以為自己而活了。

那麼，未來在哪裡？太美好了！也許比美好還更美好。我們可以找回童年的遊戲與創作力、能量與張力、幽默與才智。效忠牧群的壓力終於消失了，每個人都急切希望能變得與眾不同，都開始意識到身體與心靈的無限可能，以及自己獨特的價值觀與性情。

同時我們也意識到，責任已經盡了，不再有馬群需要看管。我們現在了解牧群了，不需再被既有的律條綁住，不必配合演出那些角色。我們將會有勇氣、力量與洞見去制定自己的規則、演出自己的戲碼。

矛盾就在這裡。別人以為我們將進遲暮之年，我們卻比青壯年時更為健壯。別人以為我們會舒服地躺在椅子上，安於寧靜、安於尺牘，我們卻充滿能量、脫胎換骨，擁有年輕時期無法媲美的活力與堅韌。自童年以來，我們第一次真正知道如何玩遊戲。

為什麼這些都要等到四十歲之後？我認為，不必然如此。但也許只有我才會比人晚吧！我的學習方式緩慢，而且又墨守成規。對你而言，情況可能是不同的。幡然覺悟的時刻，可能出現在二十一歲，也可能是在七十歲的時候。也許，今天就是你該離開牧群的時候。

——《跑步人生》，一九八〇年

06 天生就會跑

我天生就是個膽小鬼，以一般的標準來看，現在仍是。

生物法則說，結構決定機能；而我並未如一般的美國男性，擁有充滿男子氣概的生理構造，更別提擁有和他們程度相當的生理機能。我們都知道那些機能是什麼：勇敢面對霸凌、直視你的敵人、永不退縮。不光如此，美國人都應該每天工作三十小時、每星期八天、了解團隊合作的真諦、要從公司小弟拚到當總統。美利堅合眾國期待你成為英雄，高人一等、留名青史，展現你骨子裡的真材實料。

我知道我的真材實料是什麼：菸管般細細的骨頭、咬合不正的牙齒，還有一個細長的鼻子。我的牙齒不好，有點鬥雞眼，是音癡，跟人握手太用力時就會痛到受不了。我這種生理結構，與帶有拓荒精神、行徑大膽、天生勇敢和愛冒險等特質（它們造就了泱泱大美國）有著一百八十度的不同。

人是身心一體的，所以除了生理之外，我在心理上也有缺點。我會被突然的巨大聲響嚇得跳起來；年輕時，若有個女孩走進房間，我會緊張地直冒汗；如果被叫進校長室，我會害怕到想吐。我很早就知道，挑戰霸凌者的下場，就是鼻子被揍一拳、痛到眼冒金星、被打到滿地找牙。

二十世紀的傑出生理學家坎農（Walter Bradford Cannon）指出，人類的生存策略是「戰或逃」。我的是「逃」，而且我的本性從不讓我有其他的選擇。一有風吹草動，我立刻拔腿就跑，完全符合我特殊生理結構所能發揮的功能。

然而，有哪個美國男孩，或哪個美國的父母，能接受這樣的行為？對於有些人來說，帶有身體接觸的運動會令他作嘔，在寬闊的球場上擒抱、撲倒對手會令他暈眩。但他們是否能算是真正的美國人，並成為自己的英雄呢？答案是肯定的。

以我做過的手術為例。開膽囊是非必要性、可做可不做的軟組織微創手術，只會有一點外傷，痛點高的標準美國人通常可以輕鬆度過術後的住院期間。但這段歷程實在是不堪回首，真希望我能忘掉！那幾天的痛楚超乎想像，我從來不知道世界上存在著這種痛苦。當別人正嘀咕抱怨被關在醫院裡時，我還在為下床而奮戰。

我最後的勝利，是在術後的恢復期。

我骨瘦如柴的身材在那時總算有點用處了。我終於將那些在手術後三天便打包回家的壯漢遠遠拋在腦後。那是我第一次領悟到，即使是生理上的懦夫也能忍住疼痛，只要那痛是自己造成的；只要那敵人是自己，我們就能受苦、忍耐。

手術後十天，我開始慢跑。術後不到三個星期，我花了三十五點零一秒跑完五哩，途中還穿過紐約范科特蘭公園的山丘。再下個月，我在同一條路線上跑完九哩，將每哩七分鐘的速度縮短六分半，這是我三年內最好的成績。

每一場比賽都是記憶中最痛苦的，那些坡度令人無法忍受。每一哩都夾帶著呻吟和喘息，其間只能不斷向上帝求助。但這是跑者幾乎每周都會上演的戲碼，這是他可以面對的那種痛苦，而除此之外的痛楚，他是無法克服的。

有些外科醫生用「不可思議」來形容我術後的恢復狀況，其實並沒那麼特別或神奇，這對成百上千的長跑選手來說很普通，他們的身體構造和我相同。我們寧願跑二十六哩後幾近暈厥，也不願鼻子被揍一拳，或是受到暴力威脅。

不論你是跑者或一般人，首先都要知道，每個人的身體都是正常的。在三十年前，人類學家胡登（Earnest Hooton）說：「身體能快速、正確而無誤地引導我們接近心靈和人格。身體構造是安全又方便的指引，能讓我們探索人格。」

這句話的意思是說，如果你身軀瘦小，天生適合從打架或爭吵中逃跑，你就應該這麼做。身體會告訴你，你是誰？你是怎樣的人？如果你聽得夠清楚明白，就有機會創造成功的人生，也許還會成為英雄，即使其他人未曾注意到這事。

只要記住：結構決定機能，而結構也決定成功。

——《跑步人生》，一九八〇年

07 認識你自己

「認識你自己。」

當初寫在阿波羅神殿上的這句話，如今應該寫在我們每天都能看得見的地方，而且字體要放更大。

認識你自己，才能過上你專屬的獨特人生，你生來就該那樣過的人生。認識你自己，才能強健、完美你的體魄，找到屬於你的遊戲。認識你自己，知道你不只是病人，同時也可以是治療者。認識你自己，才能接受這些道理。

對希臘人而言，發現與認識自己就是種休閒，包括從事有益健康、表達自我、形塑人格、與自我調適等活動，當然，也包括了遊戲和訓練體格。柏拉圖說，我們是眾神的玩物，人生必須當成遊戲來過。在他的眼中，身體是所有能量與動力的來源。

因此，我們必須認識自己的身體，包括身體的強項、弱項以及喜惡。蘇格拉底說，明智的人，應該比醫生更了解自己身體的需求。之後，提庇留又說，任何超過三十歲的人，都應該能在不需要醫生的情況下，照顧好自己。

於是，我們就成了了解自身的專家，這不應從書本或其他人那裡學到，而該從自己的經驗中習得。

我應該以自我檢視的方法了解自己，而不是仰賴並諮詢專業人士。身體就真實地存在那裡，供你檢視。

它散播出來的訊息既看得見，也量得到。

在鏡子前褪下外衣，便會映照出本我。類推地，我也可以知道自己的性情，包括我如何表達渴望與動機、如何與別人互動。而且，我就像困在自己的身體裡一樣被侷限住。我有一種特別複雜的特質，能改變的非常有限。不管你喜不喜歡，我就是我。

——《跑步人生》，一九八〇年

席翰醫生與我

「爲什麼你父親穿著內褲到處跑？」

——莎拉・亞當斯（Sarah Adams，席翰醫生之女）

身為十二個小孩的其中之一，我極少有機會與父親一對一地單獨相處。但就在一九六七年九月我開始上中學時，情況完全改變了。每天早上，他會開車載我到二十分鐘車程外，位於紐澤西州紅岸的學校。每天早上都像打仗似地，他總是急急忙忙出門，手上還拿著裝了咖啡的馬克杯。當時的汽車上還沒有杯架，他經常沿路把咖啡灑得到處都是。

當時，我雖正值青春叛逆期，但也看得出他的改變。他開始慢跑和寫作，並為《紅岸市報》（*Red Bank Register*）撰寫每週專欄「無辜的旁觀者」（The Innocent Bystander），總是忙著為下一篇稿子苦思靈感和素材。

他開始慢跑後，我們的小鎮掀起一陣小耳語，我還聽過一些難堪的話，例如：「為什麼你父親穿著內褲到處跑？」後來我參加學校田徑隊，我們便有了共通的連結。我和女孩們一起運動時，他會和男生隊一起跑步，我從此不再因他的慢跑活動而感到難堪。他帶我去紐約范科特蘭公園參加越野慢跑，也去參加賓州田徑賽。我很喜歡做這些事。

父親和我不停進化的同時，世界也在改變。車上的收音機喋喋不休地報導越戰戰況、民權運動、抗議事件、政治變局……多到說不完。然後，他會把收音機轉到體育台。我們喜歡談論一九六九年的紐約大都會（棒球）隊、紐約尼克（籃球）隊和紐約噴射機（美式足球）隊。那是一段刺激有趣的時光，當他的副駕駛也是一樣。

在一個美麗的四月早晨，父親剛參加波士頓馬拉松回來，那是他最喜愛的賽事。我們兩個心情大好，世界似乎充滿了希望。他反常地把收音機轉到一個搖滾樂電台，那時正播放著小流氓樂團（Young Rascals）的〈美麗的早晨〉（The Beautiful Morning）。他一面開車，臉上還掛著微笑。「今天就聽這個吧！」他說。

第2章

遊戲

在街口打棒球的時候，不管你是否厲害，總會出現意外的奇蹟：
掃帚柄打到了橡皮球，然後球飛得又高又遠，
越過了街口，遠到令人不敢置信。
這個回憶令人難忘，
發生在此之前和之後的打擊和挫敗，都無法將之磨滅。

——《跑步與存在》，一九七八年

01 變回小孩

幾年前的一個聖誕節，我女兒任教的幼兒園對外開放。我參觀了她的教室。這個房間裡掛滿天使的圖畫，但其造型只有小孩能看得出來，而且超乎神學家的想像。天使們形形色色、大大小小、色彩繽紛，全充滿了喜悅。

我心想：「拜託，千萬別讓這些小孩長大！」

當然，這是不可能的，每個人都會長大。我們都會失去孩童的驚奇、想像與信念，當孩提時期過去，便永遠找不回來了。

我是這麼想的，直到我在法國時拜訪了馬諦斯在旺斯所設計的小禮拜堂。穿過大門，我彷彿重回到那所幼兒園，但這裡更美。

這裡是童年時光的華麗最終版。這些作品是出自大師之手，也是英國詩人威廉・布雷克所謂的「聰明的小孩」；它們呈現出歡樂、篤定與信念。馬諦斯將這個比我女兒幼兒園稍大一點的空間，變成了充滿花朵與光影的世界。

關於這座禮拜堂的設計工作，馬諦斯說，這是一場巨大、艱困、要全心投入的戰鬥，但那並非是他所選擇的，倒像是被指定的任務。最終，他完成了，因為他學到了隱藏在歲月裡的祕密：重新變回小孩。

之後，當我造訪馬諦斯博物館時，深深震撼於他作品的日益精進。這座博物館位在尼斯郊外一座公園的別墅裡，博物館正門口外就是兒童遊樂場，有一根色彩鮮豔的五月柱，還有個可供玩遊戲、跳舞的小舞台。我已經可以料想到裡面會有什麼了。

在第一個房間，我看到馬諦斯成為偉大藝術家的學習過程。這裡有常見的裸體畫、靜態人物和完美的風景畫。接著我看到，出自天才之手的粗獷線條開始取而代之，簡約的風格有如兒童繪畫一般。大師表現出無拘無束的能量、熱情以及從孩童角度出發的觀點。他對藝術的完全掌握，讓他得以用遊戲的方式，以單一的線條和最簡單的顏色，勾勒每件事物的精髓。

很明顯地，這就是畢卡索所謂的「得花很長的時間才能變年輕」。年紀大的好處是，你能有機會再當個小孩，而且是更好的小孩。因為，現在的你擁有力量、見識過人間疾苦，是個重返家園的小孩。但你也像馬諦斯一樣，是個能超越真實世界的小孩。

年老心不老的人看得見每一天所顯現的奇蹟。真正的年老不在於退休，而在於重生，它存在於新的幼兒園、新繪製的天使中，以及一座獻給全新且全知上帝的嶄新禮拜堂裡。

——《跑步人生》，一九八〇年

02 痛苦與歡愉的混合

玩，還是不玩？這才是真正有意義的問題。

莎士比亞錯了，有幽默感的人都看得出來，生命其實是場玩笑，而不是場悲劇。它是個謎團，而且正如其他的謎團一樣，它有個明顯的答案：生命是場遊戲，而不是自我毀滅。

花一分鐘想一想。要忍受「命運無情的摧殘」、挺身反抗「人間苦海」，有比遊戲更好的方法嗎？把這些事看得太嚴肅的話，你就會變成哈姆雷特，或是像美國小說家施德（Wilfrid Sheed）所寫的二戰返鄉士兵，「談到錢，就像是一般人談到神或性一樣」。

這些方法都行不通的。它們都無法產生世界無法給予、但我們應去尋找的平靜。這也是謎題的一部分。如果你選擇死亡，是可以得到平靜，但無法獲得世界；如果你決定努力去追求成功，就可以得到世界，卻無法獲得平靜。只有在遊戲中，才能兩者兼得。

在遊戲中，你能立刻了解自己正在做的事情究竟是很重要、還是不重要。你能坦然接受自己在追尋一種弔詭的狀態，它兼具重要與不重要的特性。在遊戲中，你能完全投入在下一分鐘便會被徹底遺忘的目標。

因此，遊戲是存在之謎的解答，也是讓我們展現旺盛精力的舞台。攻擊和反抗是遊戲中有趣的部分。在遊戲中，我們用每一分力氣和決心保衛自己的領土；但在幾分鐘後，我們擁抱對手，這過程能創造無限的快樂。

遊戲讓生命發光；遊戲本身就是目的。在遊戲的邊界，我們跌入異端邪說裡，失去幽默感、變得太認真，無法認清被奉為圭臬的事情有其矛盾之處。對與錯都變得具爭議性；金錢、權力、地位成為我們追逐的目標。若遊戲最終是為了獲勝，我們就會失去它所帶來的美好生活及事物。

若說本世紀的普羅大眾犯了什麼錯，那就是未能了解遊戲的重要性。貴族社會從來不會犯這種錯誤。他們知道工作是種奢侈，遊戲才是生活的必需品。當金錢與地位讓人們擁有追尋美好生活的自由時，工作反而被視為是種消遣，用馬斯洛的話來說——最根本、最能實現自我的人類活動，就是遊戲。

我們正逐漸體悟到這個真理。為人師表者現在發現，最理想的學習環境，就是孩童遊戲的情境，體育課也因為加了此元素而更吸引人。每種醫學雜誌都告訴我們，健康與健美，會體現在玩得最盡興、最頻繁的那些人身上。

終於，總是後知後覺的神學家也開始自問，遊戲是否是人類最重要的活動？美國神學家莫蘭（Gabriel Moran）認為，遊戲是「現代神學中最複雜、最具研究潛力」的主題。當然，我們也可用案例來證明「生命的真正客體是遊戲」。柏拉圖說，人是「上帝的玩物」，並且鼓勵每個人應該「讓最高尚的遊戲成為生命的真實內涵」。《箴言》也提到：「他（上帝）也喜悅與世人遊戲。」（編按：此句應為作者誤植，《箴言》原句為：「他也喜悅住在世人之間。」）

我們錯過了這些話的重點，因為我們還不了解遊戲。它不是如我們認為的，只是紓解壓力、放鬆心情的方法，或是專門讓我們用來擺脫嚴肅、重要的尋常生活與真實世界。

真正的玩家都知道，遊戲是最真實的東西。事實也的確如此。你必須滿懷熱情參與其中，宛如人生與生命全然寄託於此。當然，某人熱愛的遊戲，可能對另一個人來說是無聊至極。作家山柏格（Lawrence Shianberg）在《紐約時報》撰文談到奧運馬拉松金牌主法蘭克・蕭特的遊戲觀。他每天以每哩六分鐘的速度跑二十二哩，偶爾穿插折磨累人的四百公尺間歇衝刺。這些愉悅的例行練習，會在馬拉松比賽中驗收成果。在比賽時，他必須「保持飆速」（維持人體可承受的最快速度），而且「完全靠意志力」（負荷到極限時的對策）。

但無疑地，這種痛苦與歡愉的混合就是遊戲。它本身不具任何功利主義的元素，後者對它也毫無助益。而他為什麼要這麼做？「我總有一股衝動想要變得更強大，」蕭特說：「這力量促使我一直前進。」

對某些人來說，這樣的解釋不具說服力；但對我而言，卻充滿了神學蘊意，足以寫成一篇博士論文。「強大」（strong）這個字在古英語裡，即是羅馬人所稱的「力量」（virtus），後人從它再衍生出「人」（man）與「美德」（virtue）。蕭特所感應到的力量日益增強，它顯然是生理上的，也兼具感性與知性。

蕭特這種人應該就是威廉・詹姆斯所說的：「痛恨混亂，生活必須保持清靜、一致、單純。」以多數人的標準來說，馬拉松跑者是特異族群。他經由接受一些規則而得到自由，他用獨處療癒寂寞，在苦痛中找到平靜。詹姆斯跟另一位怪人梭羅是拜把兄弟。梭羅是這麼描述他的「步行」遊戲：「如果你已準備好要離開你的父母、兄弟姊妹、妻子兒女和親朋好友，不會再看見他們；如果你已還清所有的債務、寫好遺囑、打理好所有東西，已成為自由人；那麼，你就具備了步行上路的條件。」

但對自由人而言，生命仍是危險而艱難的遊戲。人類這種運動員，有辦法以專業、簡單、篤實而輕盈的優雅姿態度過此生，但在此之前，他必須先經過長期且艱辛的訓練。這就是人間遊戲。

——《席翰醫生談跑步》，一九七五年

03 不只是健身

運動變成遊戲時，就變成自我更新的強烈欲望。它變成每天的一部分，也是生命的一部分。伴隨而來的體格健美，只不過是它的附加價值。事實上，如果體格健美是首要目的，就不會有遊戲的樂趣；而且，健身計畫也很可能會失敗。只有被槍抵住的人才有可能堅持下去；只有那些聽命醫生指示、得過心臟病又或是其他需要運動的疾病，才會堅持做一種他們覺得無聊、不用大腦，而且又浪費時間的運動。

當然，遊戲就完全不一樣了。它會讓我們全然心無旁騖，讓時間在不知不覺中流逝。遊戲是馬斯洛所稱的「高峰經驗」之一，那是運動裡所蘊含的無價成分。我們應該要像遊戲中的孩子。

假若你接受這種理論，相信遊戲的必要性與運動帶來的好處，又該如何找到屬於自己的遊戲？首先，你必須找到最擅長的運動、分析身體構造；構造決定機能，所以身體能透露出它所擅長的機能。

分析完身體構造之後，你還必須分析自己的個性，了解自己喜歡怎麼玩。你是適合打鬥、退守，還是擅於談判？在壓力之下，你傾向退縮、溝通，或是愈挫愈勇？你的本性是疏離型、依賴型，還是主導型？

關於這幾種傾向，每個人的內在多少都有一些，但有某一種會特別強，這也決定了我們偏愛的運動：個人化、需要與人互動或與對手肢體有高度碰觸。幸運的是，身體構造通常都能符合我們所選擇的運動。

喜愛孤獨的人通常骨頭細瘦、肌肉發達，適合需要耐力的運動。他會覺得跑步的過程令人心滿意足，而它確實也能成為與生活相融的遊戲。

社交型的人也許不是天生的運動員。若他們的身體沒有氣力，也沒有耐力，還是能享受高爾夫、網球、自行車、滑雪、溜冰、跑步這類的運動，他們也特別擅長水中運動。但他們對運動遊戲最感興趣的，是一起參與的同伴。

相反地，擅長攻擊者並不需他人作伴，而是需要競爭對手。他們會參加網球比賽，打高爾夫時也會想跟對手賭一把，因為這樣更刺激。他們很熱衷如武術、舉重、打沙包這類的運動。

若問起「為什麼要運動」，答案得從另一個問題找起：「為什麼要玩遊戲」。一般人展開運動計畫時，通常是基於某個錯誤的理由：希望體格健美，想要改造它。但事實上，我們才是身體的主人，而運動應是為了實現自我。

這是種不可思議的錯誤。從歷史的角度來看，社會（包括教會、學校和企業）都教導我們一種不正常的身體觀。傳教士警告我們，對肉體勿太多著墨，因為它是惡魔的工具，是需要被馴服與謝拒的。

知識份子教導我們，身體只是一種媒介，是通往崇高心靈的世俗船隻；讓身體保持良好狀態，它便不會阻擋我們最重要的功能，也就是思考。那麼商人又是怎麼說的呢？他們將身體視作機器、工具，體格健美才能成為好勞工，進而增產報國。

如是，身體長久以來被當成二等公民。有想法的人，必須建立自己的法則、建構不同的宇宙觀。他必然會質疑從布道壇聽見的道理，對小學老師略過的重點有所存疑，並體認到，供需法則只是為了維繫牧群的運作。他終究會發現，身體和靈魂具有同樣重要的份量。

有趣的是，身心在遊戲、運動和健身計畫中一拍即合，神奇和神祕的元素取代了功利與實用主義。如奧特嘉所說，我們應該知道，生命需要兩種動力，一種來自於純粹的快樂、自然、創意、活力和即興，另一種則來自於壓迫、責任和功利。前者是運動，也是生命中最重要的部分；後者則是工作或勞動，重要性次之。對此，奧特嘉結論道：「人生……只屬於第一種；其餘是機械性與功能性的一面。」

因此，數百萬投入健身活動的人，不管是成功或失敗，只要能超越了健身的細節，如圖表、時間表等，就能進入充滿活力與創造力的遊戲境界。略過健身不談，每個人都是熱愛遊戲的孩子，且如布雷克所言，也是聰明的孩子。

真相是，遊戲是生命存在的地方。在跑步、登山、游泳中，在打獵、釣魚中，在騎馬和玩耍中，我們敞開心門、親身體驗並成為自己。在那裡，我們發現內在的寧靜與平和。在那裡，思考與感覺澄澈透明，這是在其他地方不會發生的。在那裡，我們發現到一種完整、圓滿與融合的狀態，令人想讚嘆生命。它遠離日常生活，遠離政治與宗教，也遠離了經濟與科學。我們見證到宇宙與自己，這比邏輯和理性所能教導的多更多。

鍛鍊能減重瘦身、跑步能降血壓、騎單車能降低膽固醇、游泳能加強心肺功能、打網球能增進肺活量、打高爾夫球能與客戶交流、做體操能提神醒腦，這些運動都是有益的。但除了這些之外，健身還能讓你發現真正的自己。

——《跑步人生》，一九八〇年

04 我遊戲，故我在

「我思，故我在。」（I think, therefore I am.）這是屬於不完整的人的哲學。「快樂的時間雖然很短暫，」大衛・科爾・高登（David Cole Gordon）寫道：「但此時我們與自己、他人和大自然合而為一。」運動會帶來這些時光，這個難以形容的現象，也許外人或旁觀者會質疑它的真實性。但是，所有的運動選手都深知「我遊戲，故我在」（I play, therefore I am.）的真諦。

遊戲的好處包括獲得健美的體格、平靜的心情和身心靈的完整。而最棒的是高峰經驗，也就是感覺到自己與自然合而為一；這些是真正的平和時刻，是這個世界無法給予的。也許，到了來世會不斷擁有這樣的經驗，我希望如此。但當我活在當下，遊戲，就成了尋找這些經驗的場合；玩耍時，我們一直存在，而且能做自己。

好幾個世紀以來，哲學家一直暗示著這件事。現在，神學家也開始深思，我們是不是真得變回小孩，才能進入天國。若真如此，「喜愛玩耍」就是成為小孩最重要的特徵。沒有人生來就是清教徒。兒童最不在意的，莫過於工作、金錢、權力，以及一般人所謂的成就。他們活在愛、安全和被接納中。在他們的世界裡，完全不需要證明自己的存在，或是成功的必要性。

在成年的過程中，我們的遊戲變成了什麼樣子呢？被知識份子貶抑、遭經濟學家摒棄、為心理學家不屑，最後，由教師給予致命的一擊；體育課把樂趣變成無趣、把愉悅變成苦差事、把喜樂變成工作。

原本該引領我們去伊甸園，卻把我們帶進了死胡同。

遊戲，當然是完全不同的。你也許已經發現了這件事。如果你在做某件不求回報的事，那麼，你正走在通往救贖的路上。若你在做這件事時正往極樂世界的方向，那麼你便死而無憾了。

我常常這麼認為：政治、宗教、金錢和法律，才是真實世界裡的修道院；而運動是一種即時且趣味無窮的人類經驗，囊括了人的整體，讓我們能看清自己的各種面向。

以長跑選手來說，有個形容詞是「長跑者的寂寞」，它具體而微地顯現對運動所有的錯誤認知。孤單的長跑者經常被當成「我那傻子先生」、「我那怪胎室友」或「我那孤僻弟弟」的代名詞。我們給人的印象是怪人，老是搞錯事情的輕重緩急、永遠停留在半青春期的孤立狀態、也無法跳脫玩樂和遊戲。

再細想一下。在西利托（Alan Sillitoe）的小說《長跑者的寂寞》（*The Loneliness of the Long-Distance Runner*）中，主角史密斯不跑步時，才會覺得孤獨。他說：「有時候，我發現在路上慢跑的那幾個小時，會感到前所未有的自由。」你看，他的孤獨與長跑完全無關。一旦完全理解他的心情，就會發現長跑就是他的解藥。

梭羅早已告訴我們，在孤獨中能找到解藥。梭羅並不孤獨，他以雀鷹來暗喻自己的心境：

看起來牠在宇宙間沒有同伴。不過，除了晨曦外，牠也不需要同伴。牠並不孤獨，但牠令翼下的整個世界孤獨了起來。

就像這隻翱翔的雀鷹一樣，史密斯在跑步中發現了自由，讓他得以逃離身處少年感化院時的孤獨。

但，他的跑步成就後來變成工具，以用來滿足院長的聲望與虛榮，這時他才認清自己是被操弄、被「真實的」世界所利用。於是他便再次被孤獨襲擊。將他推回之前孤獨的外殼裡的，是社會，而非跑步。

我們相信社會學斯萊特（Philp Slate）的想法：社會正將所有人推往孤寂的境地。然而，斯萊特在他充滿悲楚與絕望論調的《尋找孤獨》（*The Pursuit of Loneliness*）中指出，我們是被「稀少性原則」所牽制，自願且清醒地走向孤寂。此原則是一種假說，即認為世界無法提供充足資源以滿足人類需要。

因此，美國人追求競爭，不是共有；面對社會與人際問題，他們採取態度的是干預，而非投入。斯萊特這位返國的旅人被同胞的貪得無厭大大地震懾住了，他說：「很不習慣看見物質生活已非常富足的人，把某件沒得手的東西，視為飢民拿不到的麵包。」

另一位社會學者惠特尼．高登（Whitney Gordon）在印第安那州曼西市（Muncie）的研究中也有類似的發現。他說，曼西市的主流社會價值是工作、企業精神、努力爬到社會上層以及滿足物欲。「對勞工而言，『成功』就代表，在擁有兩部車之後，還要有一台彩色電視機。如果都有了，接下來的地位象徵就是露營車。」高登說：「而高薪階級的『成功』，則是成為鄉村俱樂部的會員、出國旅行或是有台凱迪拉克。」

若事實果真如此，長跑選手也許需要尋找避難所。在跑步當中，沒有稀少性原則。每個人都可以互相分享，不會打壓他人。跑步是所有人都懂的共通語言，所有人都能共同參與、且立刻可以稱兄道弟。運動攝影師羅伯．瑞傑（Robert Riger）這樣寫道：「運動所顯示的，是人類悠久的偉大與尊嚴。在爭搏與競賽中，存在著近乎神聖的美麗與優雅。」

走路搖搖晃晃的小孩可以感覺到這些嗎？我猜，他們能感覺到更多，而且比任何政治家、神職人員、企業家或律師都有更深刻的感受。但，他們長大之後會變成什麼樣子呢？

——《席翰醫生談跑步》，一九七五年

05 創意無所不在

我在五歲時達到了創造力的高峰。我會創作水彩畫、雕塑，還會唱歌、跳舞、演戲。我能完全支配我的身體。我徹底融入美好、美麗又歡樂的生活中。我檢視、嘗試、探索新事物，不能忍受只在一旁觀看。我的每一天都充滿了羅洛・梅（Rollo May）所定義的創造力：「具有強烈意識的人，與他的世界相遇了。」

我不會將創造力和天賦混淆，我從來沒有天賦，也很少人會有。但我擅於觀察並且全然地做出回應。而且，我擁有老一輩所說的目的感與專注力。

五歲時，我有創造力、有原創性。五歲時，我只做想做的事。五歲時，我和大部分同齡的小孩一樣，是個沒有天賦的天才，擁有滿滿的活力、精力和冒險精神。梭羅所讚揚的藝術家的艱忍，好幾年後我才能體會到。他說：「艱苦、堅持、令人神往的辛勤工作，對學者而言是無價的。」而我後來才讀到，希臘人並沒有「藝術」或「藝術家」這幾個名詞，他們從來不會將實用與美麗分開。對他們而言，某件東西有用，因而是美的；或它是神聖的，因而是美的。

五歲的小孩不知什麼是原罪，但他很可能知道什麼是神聖的。依布雷克的說法，詩歌、繪畫和音樂，是「人類與天堂交談的三種力量」。五歲的孩子能明確地看到天堂，不是利用科技，而是憑藉童話故事，和能夠控制與引導人生的偉大傳說。與其說神話是明確的，不如說是神聖的；與其說它是清晰明白的，不如說是隱晦不明的。

五歲時，我有一種直覺和出於本能的信念，深信家人、世界和整個宇宙都充滿真、善、美。我過去向來如何，未來也應該會如此。以我五歲小孩的智慧，我也知道自己的價值、尊嚴和個性。尼采說，這些特質並非上天賦予，而是我們得想辦法解決的課題。但我知道他錯了，這些天賦是每個人與生俱來、曾經擁有的。

不過，當我們以旁觀代替實作時，便失去了這些天賦。我們將不完美當成不參與的藉口。我們變成某一方面的專家，而忽視別人擅長的領域。

這意謂著，我對萬事萬物的運作以及建構與創作的活動都失去了興趣。我失去對人生的掌控，面對任何故障的機器很快便束手無策。現在，如果讓我隻身一人，我將無法自給自足。若我被放逐到荒島，也不會應用自阿基米德以降的科學家所獲得的發現與成果，只能過著彷彿他們都不曾存在過的日子。他們的天賦和熱情，以及在世界上所創造的奇蹟，都猶如未發生過。

而這些，都是因為我的生活經歷、我的吸收力、我的目標和我的興趣與熱情從未啟動所致。

如今，我從不是天賦異稟的天才，變成世界上最糟糕的存在，也就是被動的消費者。五歲的孩子覺得一天太短，消費者則覺得太長。我失去了五歲孩子擁有的吸收力，生活變得乏味無趣。我失去了自尊，換來了自我懷疑。身為中產階級，我不需要像窮人一樣，得靠勞動才能生存；但我也不像貴族，靠著金錢就有絕對的自由，得以在身體上自我實現。

相較之下，五歲的孩子就像貴族，在尋找屬於自己的真實、完美與優越時，完全不在乎得花多少錢。他不關心金錢或存款的問題，和百萬富翁沒啥兩樣。

但五歲的孩子不只是貴族，他同時也是梭羅所讚美的工人，是希臘人認為不需賦予定義的藝術家，是我們每個人都希冀成為的運動選手，是我們永遠當不成的聖人。每個五歲小孩都是成功者，就像每個消費者都會成為失敗者一樣。

對我這個五十九歲的消費者來說，重返是條漫長遙遠的路。但在我心深處，必定有一個未被開發的泉源，當中充滿熱情、能量和目標，正如我在五歲時所擁有的創造力。我懷疑它深藏在我純淨、整齊收疊卻甚少使用的靈魂裡。

如果我說，創造力是人生遊戲得以成功的主要條件，那麼大部分的讀者會覺得自己已經輸了。對大部分人而言，創造力是稀有珍品，是天之驕子才能得到的禮物。

但事實是，每個人都有創造力。當我們還是小孩四處玩耍時，最能證明這點；創造力是輕鬆有趣的，它仰賴於對自身和其所作所為的自信。因此，創造力也與這些常見的玩耍形容詞相關：即興的、毫不費力的、天真無邪的、容易的。馬斯洛寫道：「每個小孩都能即興編歌、唸詩、跳舞、畫畫、演戲或發明遊戲。」所以，我向你保證，我們也可以。有了創造力，就能從不同角度觀物和觀自己。

在發揮創造力、玩遊戲、真正相信自己的時候，身心便會完全打開，進而能接收各種經驗。當我們摒棄成見、充分開啟感官，便開始真正地活著。

因此，創造力就是在平凡中發現不尋常，在不起眼處發現驚奇，在瞬間發現永恆；在舊事物上有新發現，看待每件事物都彷彿是初相見。

不只是小孩與聖人，運動員也是帶著這種創造性的眼光看待我們習以為常的事物，即使是每天、不斷重覆發生的例行公事，也有令人驚異的一面。最重要的是，創造力會使例行公事變得重要而有價值。據說，前洋基隊投手迪馬喬（Joe DiMaggio）在他的選手生涯中，從未失誤投錯壘包。這純粹是反射動作嗎？當然不是。要創下這項紀錄，每一球都得像投第一次投球時一樣專注、熱情且神采奕奕。

迪馬喬將例行公事轉化成具創意的挑戰，新寫實主義派畫家魏斯（Andrew Wyeth）則是用創意來呈現熟悉的事物。「我對新事物或新玩意沒什麼興趣，」他說：「我喜歡一再重複，因為這樣做總是可以找到新的想法。事實上，我對畫新的題目很厭煩。讓舊的東西有新意，這對我來說刺激多了。」

倘若魏斯能在日常的熟悉事物中不斷有新發現，我們也可以。對我而言，我如今就看見創意的無限可能，我所需要的就是信念、自信、放手的能力和對遊戲的態度。然後，我就可以隨時進行創作。不論是和家人親友相聚、獨自書寫、跑步或坐在椅子上看海，這些最例行、最簡單的動作，都可以是有創意的事。

——《跑步與存在》，一九七八年

席翰醫生與我

願意探索，就會忘記害怕失敗

——法蘭克・蕭特（奧運馬拉松金牌得主）

喬治・席翰和我有個共通點，是我們曾被同一個人教導，他就是羅伯・蓋根蓋克（Robert Giegengack），大家稱他為「蓋根」。他擔任過喬治高中時代的教練；他是聖十字學院（Holy Cross）研究所的高材生，還是「斐陶斐」的榮譽會員。喬治就讀的高中即是已廢校的曼哈頓大學預校（Manhattan Prep.）。幾年前蓋根快退休時，曾擔任我在耶魯大學的教練。

我們經常談及蓋根的訓練哲學、風格和理論。我們都喜歡這種蘇格拉底式的教學法，也就是師生間不斷辯證和問答。那深深地影響了我們的跑步生涯，喬治也因此決定轉變為作家。從年輕時代，我們就被教導要認真思考：要怎麼跑？為什麼跑？

每天練習時，我們會先熱身，然後帶著碼表向蓋根報到、聽取指導。我們從經驗上能大致推知，今天的練習會是輕鬆或辛苦，但細節得等到出發前才會知道。訓練時，我們通常看不到彼此的身影，結束後再互相討論就好；我們會描述今天的狀況，並猜想彼此練習的情形。蓋根會與我們進行雙向對話，並給予建議。經過一段時間後，我們學到如何把事情簡化，也就是自我訓練的原則。

這段共同的經驗，讓我更能以個人的角度來欣賞喬治筆下的馬拉松。他寫出了我在長跑時、備賽時的感受，也寫出了我跑超過二十二哩後想說的話。「探索」是浮現在我腦海的字眼；只要你願意去發現努力的結果是什麼，便會忘記害怕失敗。

第3章

找回你的日子

關於你的人生，他們說一切都是爲了獎賞，
因爲一切本來就是如此。
他們說沒有明天，因爲此時此刻看來確實如此。
我們總是在冒險，在賭運氣。

——《跑步與存在》，一九七八年

01 成為你該成為的那個人

各位紐約州立大學南部醫學中心的畢業生、家人、朋友與教職員：

剛才院長說，很榮幸請我擔任畢業典禮的演講者，他還說，請拭目以待，你們將會聽到的演說是來自於出色的心臟科醫生、哲學家也是體適能專家。但這些都不是我來到這裡的原因。真正的原因很簡單。你們的學生會長送出了邀請函，說他們在找一位畢業校友，說話不會沉悶到讓人睡著。但他們經費不足，希望我不會在意。我真的不在意。我今年五十七歲，很樂意說給任何想聽的人聽。

我的確是位心臟科醫生。但我覺得那不是重點。就像大部分的專科醫生一樣，我沒聰明到成為家庭醫生。而且，在所有的專科中，心臟科對個性猶豫不決、舉棋不定的醫學生來說，是最簡單、最安全的選擇。

和許多心臟科醫生一樣，我就像哈姆雷特，總是猶疑著下一步該怎麼辦才好。但幸運的是，病人的病情會慢慢好轉，甚至在我自言自語時便痊癒了。我也承認自己是個自學的哲學家。對我們醫生來說，只有這個方法可行，因為，我們應屬專業人士中受最少教育的了。我們讀醫學系，只是為了證明我們可以搞定醫學院的課程。我們從未被教導過人文學科的重要性，反正科學家不需要知道昨天的事，因為它們已經融入今日的科技中了。

但身為人類，你必須從《舊約聖經》裡的〈創世紀〉開始回溯研究。你必須隨時留意，因為那些與你對話的偉人、作家、思想家、聖人或運動家，他們會反應出你的直覺、性情、身體、心靈和品味。

我承認我體格維持得很好。但那是因為在四十四歲那年，我變得對醫學不感興趣。我之所以申請羅格斯醫學院，窮極無聊是唯一的原因，但隨後就被拒絕了。之後我野心更大了，我打算成為一位四十四歲的慢跑選手。然而，就在我全然、不理性且專心一致地投入這項荒謬計畫中時，我發現了我的身體、我的遊戲、我的視野，最終也發現了我的人生。我發現了真正的我。

我此刻站在這裡，希望傳達一些真理，而且，我也不想欺騙你們。小說家懷爾德（Thornton Wilder）這麼說：「老人會對年輕人說謊，特別是在畢業典禮上的致詞。」每年此時，美國到處都有演講者在談認真工作的重要性、繼續深造的需要以及成為真正的男人和女人的必要。他們鼓勵畢業生要功成名就、服務人群和奉獻社會。

我在這裡要鼓吹其他的價值。我要談的不是工作，而是遊戲；談的不是心智，而是身體；談的不是成為男人或女人，而是請你繼續當個小孩。我要告訴你，在你的成功裡，埋藏著失敗的種子；在服務人群時，難免將傷害你的家人、病人和你自己；在奉獻社會時，你可能到臨死之前，都未曾真正活過。

經驗告訴我，你必須先尋找自己是誰，而且至死方休。只要加強運用身體、專心投入遊戲、如選手般訓練自己，這個過程便會逐漸明朗。

隨時隨地保持自我，維持童年的好奇心。請保有你無憂無慮的能力，自在地笑看人間，不要在意外表。想成功做到這一點，隨時都得保持警覺。建立事情的優先順序。每天留一小時給自己，完整的六十分鐘，不受上帝、國家、家人和習慣的打擾；每周也要有一天是獨處的。

你要學習自我尊重、自我接納。

要知道，你可以成為英雄。

但這並不是件容易的事。總有人等在那裡，想用他們的需索無度殺了你。他們想要你每天工作十八小時，然後是二十四小時。如果可能，最好是三十六小時。就像有首歌是這樣唱的：「如果你讓他們得逞，他們就會殺了你。別讓他們得逞……你是有朋友的。」

但事實上，你沒有任何朋友。親暱直呼你名的那些人最糟糕，他們會希望你隨傳隨到，不論白天或晚上，尤其是你請假的時候。只有你是自己唯一的朋友，你的身體、美麗、遊戲、歡樂、童年與夢想的唯一守護者。在你獨一無二且無法重來的人生中，唯一的劇作家與演員只有自己。

起身面對這項挑戰吧！走你自己的人生道路；成功不能被測量、戴在手上或掛在牆上。成功不是來自於同事的尊敬、社群的崇拜和病人的感恩。成功是你堅定地知道，你已成為自己，成為你應該成為的那個人。

那終會有所回報，最棒的是，此過程中會產生許多樂趣，也能療癒自己。

——《跑步與存在》，一九七八年三章

02 警醒地活著

一九一〇年，英國作家阿諾・班奈特（Arnold Bennett）曾在書中寫下「每日皆奇蹟」這句話；所謂的「奇蹟」，就是時間的供給。每天早晨我們醒來，便神奇地被給予了二十四小時，沒人能從你身邊搶走，也沒有人得到的比你更多，天才也未被額外賦予一小時。我們無法購買時間，而且不論你怎麼浪費光陰，第二天還是能悉數取得。你不可能背負時間的債，明天永遠都在。

在二十四小時裡，我們得在健康、遊戲、滿足、尊重和靈魂進化的複雜之網中打轉。所以，我們的幸福，存乎如何運用時間。

然而，我們當中有不少人，做事總是拖拖拉拉、只活在未來，期待自己能有更多的時間。他們沒有好好利用被分配到的二十四小時，總等著新的一天到來，以擁有更多時間。

「我們永遠不會有更多的時間，」班奈特寫道：「我們所擁有、可用的時間就是那麼多。」讓我們很快地回顧一天的時間是怎麼過的。

英國作家史蒂文生（Robert Louis Stevenson）說：「大部分人所過的生活，只要經過兩小時的內省，就會覺得不敢置信。」

至少，我們會開始留意到在日常生活中被壓抑的不滿。那就是我的切身感受，我就是屬於那群數不清的靈魂之一，眼見一年又一年的時光流逝，還是無法讓自己的人生進入正常軌道。

和許多人一樣，我發現白天過了，事情毫無進展；夜晚降臨了，我還是一事無成。上床睡覺時，我的內心和外在的世界都仍維持老樣子；起床後，賺錢糊口、虛耗光陰。這確實是我正在做的事，彷彿我帶了把刀刺入一頭動物體內，讓牠的鮮血一點一滴地流失。

時間在不知不覺中流逝。每小時、每一天、每星期、每個月甚至是每一年，事情毫無進展，仍在原地踏步，問題懸而未決。「你用青春做了什麼？你用現在的光陰做了什麼？」你總是無聲無息，而永無止境的失信不斷上演著，尤其是對自己不信守承諾。重來是件容易的事，因為我已經重來好幾千次了。

班奈特建議，我們應該想辦法每天挪出九十分鐘給自己。他保證，這一個半小時能讓我們帶著熱情迎接每一天。正如羅馬皇帝奧理略所說，我們將因辛勤工作而奮起，揮別自己未盡全力的老調。

瑞士哲學家阿米埃爾（Henri-Frédéric Amiel）在他的日記裡寫道：「早晨的空氣發散出一

股清新而且歡樂的能量，進入身體的血管和骨髓。每個破曉時分，就是與存在的全新接觸。」阿米埃爾說，黎明是計畫、決心和起身力行的時刻。

「早睡早起。」不論你回家時是否疲累，這都是個好建議。首先，這是核心的生理學知識，是照顧身體的首要法則，也是自然的生活方式。跟著身體的韻律節奏、生理週期，就能順利度過每天被分配到、萬年不變的二十四小時。生理機能的逐漸健全與日益退化，體內能量的累積和消退，都與生理和心理活動相呼應；愈接近大地的脈動，就愈接近內在的節奏。

早起能使我們和那些節奏產生共鳴，所以是個很棒的開始，若能再加上晨間計畫，就是更棒的組合了。

有些人的人生總是處於「即將出發的」狀態，他們總是在等待：期望有所改變、有更多時間、身體不累、升遷、安居下來……等、等、等。彷彿在展開人生前，總要有某件大事發生才行。

班奈特拒絕接受這些藉口。他提議做些細微的調整，謹慎踏出第一步就對了。他給了一個簡明易瞭的建議：早起一個小時、即知即行以及避免口出惡言。他所建議的每件事，只需要意志力就能做到。

心理學家馬斯洛也用類似的話來描述「能充分發揮功能的人」，他說：「自我實現是從這些小事開始著手的：傾聽自己的聲音、誠實、努力。」

馬斯洛說，他們發現了自己是誰，包括人生目標等各方面，諸如「哪些鞋子腳會咬腳？是否喜歡茄子？喝了太多啤酒是否會失眠」。這才是真我的意義。馬斯洛宣稱，這些人找到了自己生物上的本性，以及與生俱來的特質，這些都難以改變或逆轉。

我們必須成為了解自己的專家，包括傾聽身體的聲音，知道它們的強項和弱點，更不允許自己的表現低於這個標準。事情總是有個極限，達到臨界點時，自己也會知道。

要到達這個極限的小方法，就是從認識自己的身體開始。「我的身體有點不對勁？」這項感知通常比下診斷的醫生還準確。內分泌學先驅漢斯．賽萊（Hans Selye）說過，最令他費解的是，人們怎麼會知道自己生病了？許多人會主動來到診所，跟醫生描述他哪裡不對勁。有時連精密的儀器都偵測不到是哪裡出錯，醫師也無法做出診斷，但患者就是知道自己體內的平衡已經被攪亂了。

我們必須做的，是察覺到這些來自體內、難以量化的訊息；它告訴我們，體內有個聰明的生命，正試著想與我們溝通。為了要讓訊息能清楚且大聲地傳遞，我們必須淨化身體，想辦法讓它能正常運作。透過林林總總的研究，科學家希望幫助人們。然而，通常它們只能證明一些我們都已知道的事。

傾聽身體時，教科書大可以放到一邊。只要身體認可你做的事，那就可以確定，這在生理上是正確無誤的。沒有一種檢測像身體那樣，能透露那麼多訊息；儀器也無法偵測到身體所察覺的徵兆。

馬斯洛的自我實現論讓我們發現實現潛能的方法。法國印象派畫家秀拉用迷你小點構成大師級的作品；能自我實現的人，也會關注細微的日常瑣事，以完成人生藝術的大作。他們保證，你會在某個領域成為專家；這種研究自我的科學，能使你成為成功的實踐者。

但班奈特也警告我們，這並非意謂你一定能成功。他提醒，要保持小步、持續前進。絕對不要忘記，你面對的是人性。永遠記得，我們都想抄捷徑、不勞而獲，還會在自己出錯時指責別人。我們會否認自己有能力控制身心。我們成為文明的動物，卻失去了生存的意志以及能力。

我一度質疑，為什麼馬斯洛將自我實現放在最高的需求，而將求生的生理需求放在最初階？顯然地，我們必須學會求生，重新成為那狂野的、直覺的動物，才能清楚看見目前的生活型態多麼具有毀滅性。

我們必須警醒地活著。之後，才能試著變得完美。

——《如何維持一天二十四小時神清氣爽？》（*How to Feel Great 24 Hours a Day*），一九八三年

03 沒有明天

專家們都同意，如果比賽能照著自己的節奏進行，那你就贏定了；反之，你就輸了。籃球迷都知道這一點。一位教練告訴我：「發動緊迫盯人的戰術，不盡然是為了逆轉勝，而是想擾亂對手的陣腳，讓他們開始躁動，忘記思考。」大部分的籃球迷也知道這一點。

但有多少人知道，相同的事情每天在生活中不斷上演？有多少人看得出來，我們總是讓別人插手干擾自己的生活節奏；每天早晨一起床就手忙腳亂，正如要應付波士頓賽爾提克隊的全場緊迫盯人。

這一切，全都是從時鐘開始的。這個機械式的時間分隔器，控制了我們的行動、干預我們的上班日，並告訴我們該何時吃飯、何時睡覺。時鐘讓每一個鐘頭就是一個鐘頭，沒有早上和下午的分別。在電燈的輔助下，時鐘平均地分配出每一分、每一秒，直到電視播放「深夜秀」。然後，一天結束了，晚安！

藝術家，尤其是詩人，早就知道這與事實不符。他知道，不管時針分針怎麼指，真正的時間會縮短、會變長。事實上，我們擁有和格林威治不同的節奏。舉例來說，人生會有低潮，它脫離這個時鐘的規律並朝我們襲來。藝術家了解到，這韻律、這節奏是每個人專屬的，就像指紋一樣個別化，無法改變。

藝術家很清楚這一點，科學家也加以證實。伯特倫．布朗（Bertram S. Brown）在《精神醫學中的生理節律》（*Biological Rhythms of Psychiatry and Medicine*）中寫道：「規律就如同我們的肌肉和骨骼，也是身體結構的一部分……大部分人只會隱約意識到，我們每天的能量、心情、健康和表現會有起伏震盪；而在每周、每月、每一季、每一年，則會有較久、較細微的變化。」

曾經，我們能坐下來傾聽這些律動。但如今在學校、公司等場所，都有叮叮喧鬧的機械式鐘聲，因此我們再也聽不見那些節奏。現在，我們白天通勤、晚上看電視，雖有週休二日，但每天工作十二小時；三月得偏頭痛、四月換胃潰瘍、二十一歲便菸酒成癮、四十五歲就得了心臟病。

有人傾聽過自己內在的聲音嗎？蘇格拉底說：「了解你自己。」美國數學家維納說：「要活得有效率，便要具有充分足夠的知識。」日本哲學家鈴木大拙也強調：「我是生活藝術家。而我的作品，正是我的人生。」每天早上面對塞爾提克隊的緊迫盯人時，必須用這些哲人的話來破解。

傾聽身體想要告訴我們的，了解我們自己，獲得足夠的訊息，便能成為生活藝術家。若非如此，別人便會控制我們的節奏、比賽和分數。

塞爾提克隊發動緊迫盯人的戰術，迫使我們努力工作、滿足時數、符合上級的要求；我們被牽制以迎合他們的節奏、配合他們的擊鼓聲。同時，他們也毀了我們的作戰計畫、毀了成為自己的道路、阻擋我們做擅長的事。

我們變成了囚犯，只能受制於他們所設定的時序或既定時間。不僅如此，他們還準備了最後的禮物：諷刺的是，在我們退休時，送我們一支精美手錶。

俄國政治哲學家別爾佳耶夫（Nikolai Berdyaev）寫道：「美好的人生，通常就是平淡無奇的人生。」因此，我們最大的挑戰，便是如何讓生命變得熾熱、有創意，並禁得起靈魂之戰的洗禮。

對此，我深表贊同。除非你是少數的天之驕子（如詩人、孩童、運動選手和聖人），否則人生大部分的時候是令人厭煩的。如果能選擇的話，多數人都願意放棄今天的現實狀態，而耽溺於昨日的美好回憶，或是明日的美夢綺想。我們夢想能活在任何地方，但絕非眼前、現下。

我知道自己也是如此。從一早開始，我就列出一大串待辦事項，多到完全忘了我現在正在做的事。

到了辦公室，早餐吃過什麼都忘了，也不記得今天是什麼日子。我永遠都在想著，等一下要做什麼。

有許多人也把生活塞滿，不過方向恰恰相反，也就是逃避現實，緬懷於過往中。「懷舊」——就是他們的生活型態。對他們來說，昔日的美好永遠無法媲美，也無從複製。因此，這些人很難振作起來做點事。

但對於那些身心靈活躍的孩童、詩人、聖人和運動選手而言，時間永遠就是現在；他們永遠活在當下，而且是帶著熱情參與、投入於其中。事實上，他們必得如此。例如，運動選手必須在分秒間做出決斷，若他轉移了注意力，一定會招致災難性的後果。若他遲疑了、心思飄到下一個坑洞、下一場次或下一局，那他就完了。對他來說，當下就是一切。

還有聖人，他所談及的天堂與來世無所不在，包括此時此地；他知道，每個人的靈魂就存在於眼前的那個人心裡。他知道，宇宙正在運行，每一秒都必須在無限可能中做出選擇，所以無暇想到未來。

詩人亦然。他必須隨時留神，永遠保持警醒和敏銳的觀察力，這樣便能教導我們如何活得更充實。「生命的感覺蘊藏在每一行詩的字裡行間，」美國詩人迪基（James Dickey）如此評論希臘作家卡山札基（Nikos Kazantzakis）的詩作《奧德賽：現代序篇》：「讀者一次又一次地體悟到，自己在生活中願意接受的事物是多麼的稀少，而世界是多麼的寬廣，充滿了神奇、無限與不可思議的創作物。」

對於詩人來說，完美的過去不具有任何的吸引力；聖人或運動員也對此不屑一顧。上天賜予他們的特質，是思索未來的勝利果實：天堂、曠世巨作或是世界紀錄。

沒有一位運動選手、聖徒或詩人會以緬懷昨日的方式活著，或費神地回想那些時日。他們在意的，就是現在。為什麼我們平凡百姓要不一樣呢？在某種程度上，你我不也是詩人、聖人或運動選手嗎？但我們不肯下定決心，拒絕接受自己真實的一面，也不願配合現實的腳步；於是我們活在本可實現的過去，或者永遠不可能成真的未來之中。

我們需要的，是一種會在自家門前出現的立即危險，它類似於一場悲劇，並夾帶著巨大、無情的力量。它會對尋常生活產生威脅，隨時都能在瞬間內強化生活的價值。

幾年前，這種事就發生在我身上。我在奧勒岡馬拉松跑出了個人最好的成績；回家後，我滿腦子想著要在波士頓馬拉松更上一層樓。五天後，我因流感病倒，當下每件大事的排序立現。我不再關心波馬，事實上，我根本不在乎參賽的事；我最關心的是健康，然後是能繼續跑下去。

我只想好好跑步，讓自己汗水淋漓、大口呼吸，並感覺到雙腿的力量。我想再去體會翻山越嶺、咬牙撐過難關的艱苦，以及在賽後精疲力盡的快感。任何過去或未來的勝利都無法撫慰我。我已經準備好向上帝懺悔和聆聽召喚。

這時，我才了解到每位詩人、孩子、運動員和聖人所了解的事。他們說一切都是為了獎賞，因為凡事本來就是如此。他們說沒有明天，因為，從此時此刻看來，確實從來沒有明天。我們總是在冒險，在賭運氣。

——《跑步與存在》，一九七八年

04 破釜沉舟

執業當醫生、每天跑步、每周撰寫運動專欄、還參加每周日的路跑賽……人們總是忍不住問我，我是怎麼辦到的，二十四小時似乎做不完這全部的事。我如何有效運用時間？

剛開始確實很難。我發現，跑步很難直接插入行程表中。我不想在早起時跑步，睡前跑步也太累了；我總得做某些調整，讓跑步和寫作能順利進行。

跑步和寫作都是遊戲，也就是身體和心智的遊戲。從這個角度來看，我才能把它們放入行程中。一旦你發現某件事是好玩、會上癮、令你心滿意足的，你每天的規畫就會隨之調整，新的優先順序也會就位。你會用新的角度看生活，並調整各種活動的佔比。首先我是跑者、然後是作家，時間安排會以此為依據。

一段時日後，我取消了日常生活中的一些活動，但這種大刀闊斧的改變對我而言不痛不癢。首先，我發現吃午餐是不必要的，因為我吃了豐盛的早餐。我當然會懷念在診療桌邊與同事閒話家常，但沒有這些活動，也不是什麼重要的事。梭羅曾經說，你不該與別人共進午餐，除非你有新的想法要傳達。因此，我的午餐次數減少到每個月寥寥可數。

不看電影也不是問題。大部分的影片都不值一看，每年只有幾部好片能讓我大哭、大笑或奮發振作，其他都只是消磨時間用的。

選書的原則也同樣簡單。我只讀經典之作，而且偏好已辭世或比我年長的作者。如果你不同意這個理論，就拿一本十年前的暢銷書來讀讀看！你會發現它到今日還有許多價值。經典是代代流傳的。

當有人催我看某本新書時，我都寧願回家讀舊書。讀小說的好理由不多，詩人佛洛斯特（Robert Frost）從不看小說，因為他忙著過自己的人生。

看電影和讀小說時，我都處於被動的角色，所以我放棄這些活動。像佛洛斯特一樣，我不想當個旁觀者，而是希望實際參與行動。看電視、電影和閱讀的好處，在於吸收新觀念、從名言佳句中獲得啟發。（關於名言佳句，偉大思想家所撰寫的是上品；一般人在報紙上發表的，來自真實生活而非杜撰的則次之；電影裡的不好，電視上的最糟。）

哪怕你看了好幾個小時的電視，也聽不到一句值得再三玩味、有深度且有智慧的話語，更遑論是發人深省的雋永名句。同樣，看好幾個月的深夜節目，也學不到任何一件足以改變或啟發你人生的新事物或觀念。

我規畫二十四小時的原則很簡單，就是不吃午餐、不看小說、少看電視。此外，我極少看電影、翻雜誌，報紙也只會瀏覽一下。就這樣，我縮短了當消費者或旁觀者的時數，增加了過自己人生的時間。

不要小看這種全新的態度。注意，即使是日常生活的細微改變，都可能遇到龐大的阻力，更不要說下定決心了。

我們相信，改變取決於意志力。只要有足夠的決心和堅定的意志，新生活便會就此展開。只是，事情不會這麼順利。的確，我們得先承認改變的必要性，也必須鄭重發誓，自己說到做到。不過，唯有透過長期的觀察與判斷，才能看出此承諾的效力。但不論準備期有多長或多周延，不論動機有多強或能持續多久，若不先排開某些事情，便無法在生活中加進任何新活動。

以健美為例。你決定要把身材練好，但你每天的時間都會用光，所以你必須捨棄某些事，以挪出空檔做新的安排。

何不把它加在一天之始或結束時？若要減少睡眠時間，那絕對會失敗的；這一招有時會成功，是因為剛展開計畫時，身心還沒那麼累，也不用睡這麼多。但隨著訓練課程增加，睡眠的需求也會增加。

要決定捨棄哪一件事，也不是容易的。我們得在好芋中抉擇，而不是在好芋和壞芋中抉擇。我們有過多的寶物，每一件都有其價值、都值得去嘗試，但必須做出取捨。若不想維持現狀、懷抱遺憾過日子；就要打破成規，改變跑道。

不論是追求哪一種成功，都得先放棄目前生活中的某件事物，以新活動取而代之。這有多困難呢？

從某個與市政有關的案例就知道了。

傑瑞．布朗（Jerry Brown）競選加州州長時，他的口號是「減少政府支出」與「縮減不必要人事成本」。當選後，他立刻發現這件工作有多困難。每一個職位，不管它重要性的高低，都會有其支持者。總有一群人或某個團體準備反抗想改變現狀的人。最後，布朗發現，要減少公家人事開銷的唯一辦法，是在私人機構增加職缺。

人類的潛能也是一樣。你得了解，在你每天做的事情背後，都有強大的理由。它滿足了某種需求，也提供了心理上的支持。因此，「兩害相權取其輕、兩利相權取其重」，就從最值得被犧牲的活動開始做起吧！

——《跑者世界》，一九八二年十月

05 日本手錶

有位達拉斯的朋友送我一支手錶。我十多年來沒戴手錶也活得很好，生活中用不到，也不覺得有此需要。事實上，我上一支手錶是在耙葉子時弄丟的，此後，我沒有再耙過葉子，或戴過手錶。我相信，透過一些徵兆，就能知道現在是幾點。

即使如此，我還是收下了新手錶。他是我的好朋友，也很堅持要送我。事實上，他是從自己的手腕上脫下這支錶，所以我便戴了起來。它也確實是現代精密工藝的傑作，不只能顯示時間，也能當碼錶，告訴我跑一圈所花的時間。它會顯示日期，也能當鬧鐘，提醒我演講時間快結束了。

當時我告訴他，我能了解這支錶所有的功能，除了日期之外。跑步的時候，我的腦袋裡沒有時間概念，也不知到底跑了多久，所以，碼錶在比賽或訓練時相當有用。而且我習慣長篇大論，對我這種年紀老又生長在大家庭的人來說，能暢所欲言不被打斷，也是少有的機會。所以一旦和聽眾開始互動，我便渾然忘了時間，的確需要某人或某個東西把我拉回現實。

但是，日期——誰需要手錶上的日期？為什麼它需要附加這個功能？對我來說，這簡直是太過火了。這支日本製的手錶有此太多餘的功能。「艾爾文，」我當時跟朋友說：「我不需要被提醒的唯一一件事就是日期。」

但到如今，我已不知今夕是何夕了，反正手錶會告訴我。我讓科技介入我和我所感知的世界，成了我所謂的「日製手錶症候群」的受害者。

不需知道日期，就可以過得很好。事實上，想成為孩童、運動選手或聖人，就得達到這個境界。

如果常常得記住日期，那意謂著你因過往或未來而分心，這是與真實生活相違背的。查詢日期這件事，很少是伴隨著快樂的心情。

而我會關心今天是幾月幾號，通常是無所事事、胡思亂想的時候。有時我會把過去、現在和未來的事情相互混淆，這時，我才會去查日期，想要從那神祕的時刻回到現實。

除此之外，我還是喜歡自己想起今天是星期幾、現在是幾月，而不想參看那討人厭的手錶。我人生的目標，是盡可能地獨立生活，但這支手錶卻一再地讓我無法達標。可惜的是，我愈來愈依賴它，而每天都必須反抗這種心情。

若你仔細看看，會發現四周都是令人愈來愈依賴的東西。機器（或坐在機器後面的專家）會監控你的動作，取代你的本能和直覺；它扮演著具洞察力的審判長，告訴你該怎麼辦。過程中，我們體內的動物本性被束縛、本能被消音，所以我們不再需要時時保持警覺。

我們需要的，是完全不同的、更好的道路。而要成為敏銳的動物，就必須活在機警中。我必須培養本能，以得知並解釋身體的現象；我不能對身體裝聾作啞，不能只想貪圖科技的方便，而犧牲掉身體的功用與能力。

我們必須客觀看待科技，包括它的好處與壞處。當然，它縮短了工作時間，解放了人類，使我們從苦差事中解脫。它改變了社會，給人們更多的休閒時間，而且能像希臘人一樣，有機會進入學習的殿堂並成為自己。

然而，科技也解除了四肢和身體應承受的壓力，導致它們萎縮，愈來愈肥胖；這在富裕社會中最為常見。它還越俎代庖、插手我們在日常生活中的選擇過程。現在，電腦會告訴我們該吃什麼、怎麼睡好覺、穿哪種樣式的鞋子、該運動多久以及用多少力量？只要設定好結果，專家就會寫好相關的程式。我們不需要運用天生的感知力，就能知道自己用了多少力氣在跑步，因為跑步機會幫我們算好。我們也不需要覺察身體所發出的訊號，因為儀器會跑出十八頁的檢驗報告，正確地指出我們現在感覺為何。

這種事情一發生在我身上，我就變得和導彈沒兩樣；人生的運行曲線已經畫好，我失去了成為自己的機會。現在，我被時鐘、日曆、行事曆和行程控制住了，活在一種無法自我調整、而且幾乎毫無生理壓力的環境裡。

馬斯洛提過一套理論稱為「主體性生物學」(subjective biology)，或可稱為「經驗式生物學」(experiential biology)。他指出，每個人都能察覺體內的訊號，也很需要聽到這些「真我的聲音」，以清楚自己好惡，包括喜歡或討厭的人、感到愉快或厭惡的事情、以及進食、休息、上廁所和睡覺的最佳時機。

我的日本手錶就是個科技的代表物。我也許真的不需要知道日期，但無疑地，我已不再知道今天是星期幾。我們的任務是使用科技、但不役於此。它應該要幫助我們成為真正的人，而不是讓我們背道而馳。

——《跑步人生》，一九八〇年

席翰醫生與我

相濡以沫

——美國奧運跑步選手傑夫．加洛威（Jeff Galloway）

一九六〇年代中期，很少醫生懂得跑步的運動傷害，更少醫生願意幫助受傷的選手回到田徑場上。有次我在衛斯理大學跑步時受傷，當下只有粗糙的包紮，後來我的室友、波士頓馬拉松金牌伯福特（Amby Burfoot）連絡上喬治，並給我他的地址。我還清楚記得，喬治回信說我會康復，能和以前一樣跑；當時我心中感到非常安慰。很顯然地，他了解、且尊重我們對跑步的熱情。

喬治與我連絡，因為他深以大學運動員的身分為榮，他改行成為人人稱羨的心臟科醫生後，一直有種「揮之不去的失落感」。他過著成功的人生，但工作愈來愈多，後來得了「匆忙症」，與他建議病人的生活方式南轅北轍。於是，他在四十五歲左右，決定要去執行他開給病人的處方。

首先，他成為一頭「健康的動物」，感覺身心靈重生了。接著，他發掘了「書寫」這段旅程的喜悅。在編輯韓德森的鼓勵下，喬治先在《跑者世界》發表醫療常識與建議；之後又督促我們在跑步時，去發現自己到底是誰。

在衛斯理大學傷後諮詢的十多年後，我和喬治在幾次合作與深入交談後，成為了朋友。我們雖然在一些議題上意見相左，但都熱愛追根究柢、分享經驗。

他啟發了我們所有人，而且不僅是經由文字作品。喬治是意志力堅強的選手，熱愛每次痛快淋漓的時刻。他體認到，健康只是跑步眾多的好處之一，而過程中產出的哲思瑰寶更加重要（也收錄在本書中）。我從他身上學到許多。而且，我也要謝謝他啟動了我幫助別人的熱情，讓更多人發現，每天跑步能帶來獨一無二的活力與精神力量。

第4章

現代醫學的誤導

先不論要花好幾百萬元的醫療費用，
如果你病了，美國是最好的地方——
但如果你想好好活著，美國就是最不該待的地方之一。

——《席翰醫生談跑步》，一九七五年

01 久病成良醫

在四十五歲左右開始跑步後，我改寫了自己的人生故事，這是一部痛苦的自傳。我在受苦中，找到新的志業。我發現，四十多歲的人最適合當運動醫學研究的白老鼠，在運動選手身上的任何毛病，都會先出現在四十多歲的運動員身上。

在醫療數據上的進步並非是我的初衷，我想要變有趣、健美以及得到成就感。我希望擁有運動選手的動作、自信；外表變得光彩、行動敏捷，還顯得天賦異稟。這可能是為了補償我大學時代不怎麼傑出的運動紀錄。

但我很快學到，運動傷害將是我新生涯的主調；「跑步疼痛」變成家常便飯。雖然這其中的確存在著趣味、健美、智慧和其他我沒有料想到的價值，只是我也並未變得光鮮亮麗、行動敏捷或天賦異稟。我看起來還是很邋遢，而且動作緩慢、手腳不協調，還常常跛腳。

隨著時間流逝，跑步的里程數增加了，書裡提到的每一種跑步傷害也陸續出現，有些甚至是書裡沒有提及的。我惡補了一下運動醫學；與其說我研讀了這些疾病的概況，不如說是我得到了這些疾病。我成了一座行動醫療博物館。

最後，我採取超然的角度來面對這些痛苦。人類的弱點其實是來自人類本身，細菌和微生物都不是問題。這些病痛，不是病毒造成的。我要處理的，是身體失去完整性、平衡感，也失去了與環境互動和面對問題的能力。

我的小災難、小悲劇，成為找回完整性、平衡感以及消除訓練壓力的良機。我開始問問題、尋找解答：包括了前腳掌痛、足底筋膜炎、阿基里斯肌腱炎、假性阿基里斯肌腱炎、腳跟骨刺、脛前疼痛、膝蓋痛、股溝拉傷、疲勞性骨折和坐骨神經痛。

有些疼痛持續得比較久，因而給了我很大的教訓。四年的坐骨神經痛教會我怎麼睡（躺不痛的那一邊、把痛的那隻腳抬起來）、怎麼開車（只能坐在凹背單人座椅上）、怎麼坐（腰一定要比膝蓋高），以及如何培養耐心（有一位年紀更長的跑者告訴我，他曾罹患坐骨神經痛長達兩年）。我是一位充滿能量的學生，雖然起步遲緩，但鬥志十足。

在路上痛苦不堪地跑著，每一公里都增進了我的醫學知識，但要度過運動傷害依然很不容易。病痛降臨時，我和每位病患一樣，經歷了「難以置信、恐懼、生氣、沮喪」這一連串熟悉的過程。

然而，我應該有很多時間來研究這些問題。畢竟，任何會發生在運動選手身上的毛病，都會先發生在一位八十歲的老運動員身上。

——《跑步得勝》（*Running to Win*），一九九二年

02 天然興奮劑

先不論要花好幾百萬元的醫療服務，如果你病了，美國是最好的地方——但如果你想好

好活著，美國就是最不該待的地方之一。

最近的數據顯示，飲食過量、運動不足的美國，是全世界平均壽命排名第三十七的國家，男人的平均壽命只有四十歲（二十年前，我們的排名是第十一），女人的平均壽命比男人長六點八歲，而在其他排名領先的國家，男女均壽差距只有三點四歲。

因此在一九六〇年代後期，有志之士組成了美國慢跑協會（National Jogging Association）。協會是由曾擔任軍醫的波漢納（Richard Leland Bohannon）中將所發起的，他鼓吹慢跑是「最簡單、最經濟、最不麻煩、最可行的欲動，能有效強健心肺功能」。中將並未向醫學界尋求支援，他認為醫學界並未看出當前健康觀念的斷層，「這一端是無病無痛，但遙遠的另一端則是真正的生命喜悅，包括了能量、活力與幸福」。

波漢納中將詳述了他的計畫：八分鐘熱身操、二十分鐘的邊走邊跑或慢跑，最後是走路五分鐘的緩和運動。以上每周要做三次。他說：「現在，時候到了；每個美國人都要找出適合自己的健身計畫，並開始動起來。」然而，美國慢跑協會的會員最多只有數千位之譜。

另一位來自空軍的肯尼斯．庫柏醫生，也在六〇年代後期推廣慢跑的相關訊息，結果造成了革命性的影響。他於一九六八年出版《有氧運動法》（*Aerobic's*）一書，促使百萬人開始慢跑。但有不少人在幾天或幾星期後便失去了熱情。

庫柏醫生是一位嚴謹的研究者，他做了大量的運動成效研究，歸結出運動對心肺與肌肉都有好處。他甚至做了系統化的分類，以指出肌力運動與未來健康的關係。他說：「我正在做預防醫學。」

這項有系統且科學化的做法，讓他的書有了堅實穩固的基礎，也使他深信，每個美國人都應遵循他的計畫。但顯然，並不是每個美國人都買單。根據《時代雜誌》的調查，庫柏號召了八百萬人參加他的分級運動（大部分是慢跑），目標是為了防止冠狀動脈疾病與死亡。但這些受訪者必然也包括了宵禁後還在路上遊盪或只是問路要去青年旅館的人。

我猜想，「有氧運動」未激起更多人效尤，是因為庫柏把健身當成獨立而毫無內涵的活動。庫柏的圖表冷冰冰的，正如參議員羅伯・甘迺迪對國民生產毛額報告的看法：「這數字說明了一切，就是沒說出生命有什麼值得留戀的。」甘迺迪說，它無所不包，唯獨沒有告訴我們為什麼身為美國人是件光榮的事。庫柏的數字也說明了一切，唯獨沒有指出，人們為什麼喜歡跑步、騎車、游泳等運動。

當然，這是關鍵。當庫柏與眾多養生人士對此說清楚、講明白，我們才會有所進步。如你所見，他們仰賴的是個人的造化。即使是美國建築師富勒（Buckminster Fuller），這位堪稱全世界最偉大的樂觀主義者，也對改變人們缺乏信心。富勒建議，要先改變環境。當然，也可以不要這麼做，但剩下的方法就是硬著來，就如我們打敗天花和小兒麻痺那樣：每人打一劑會變成運動選手的疫苗，而且要有醫藥權威在後面背書。

「注意了，美國人！現在就開始跑、跳！做任何運動，讓你的心跳加速到每分鐘一百二十下，每周要持續三十分鐘。」

「讓身體保持在運動員的狀態、以運動遠離心臟病」，除了這個有氧運動計畫外，還有另一個選擇，就是請教你家附近友善又有運動習慣的鄰居，不論他是喜歡慢跑、網球或是打三對三的鬥牛，問他為什麼要做這個運動？

綜合來看，這種「急先鋒式」的運動員，看起來和其他街坊鄰居沒什麼不同。他不怎麼關心未來；基本上，從哲學的角度來看，他就是所謂的「及時行樂、活在當下」的世代；不管他現在是幾歲，產生立即的滿足，就是他的目標。

此人已體悟到英國小說家葛蘭斐爾（Brian Glanville）所說的真理：「身體不運動的話，它就會腐壞，而且心智也會跟著腐敗。」

在住家附近運動的鄰居會很願意與你分享這個祕密。因此，跑步是值得的，今天就去做。運動會產生立即的歡愉效果，這是一種合法的天然興奮劑。因此，我們必須為每個運動上癮的人量身製作適量的「運動快樂丸」，根據他的體格、心理需求以及氣質來選擇運動項目。一位一百七十公分、體重六十公斤的孤僻人，會令他感到幸福的活動，應該不同於心寬體胖、愛社交、愛錦衣玉食的外向人。而體格壯碩、全身肌肉、開朗活潑的人，也有其適合的運動。

有些人需要比賽型的運動，那本質上是和自己競賽；其他人可能需要遊戲型的運動，那是有助於人際互動的學習空間。遊戲種類依個人喜好而異，比如是單靠運氣或是需要技巧、策略。我們不應該煩惱這些理論和分類，它們只是要解釋，為什麼有時運動計畫會失敗，並指出每個人應該採取合理的方案。

除了這些原則外，庫柏醫生還舉出比爾・艾倫（Bill Allen）所提的「佛蒙特方案」，這個想法可與運動相提並論。艾倫如此描寫佛蒙特：「在這個充滿苦難、殘酷和混亂的世界，它提供了一方清醒與庇護的綠洲……至於一九七〇年代常見的問題：『人出生有甚麼意義呢？』答案不在於狂亂或充滿幻覺的人生，而是去追求心靈的渴望以及跨越困惑的恩典。」

遊樂、遊戲和運動提供了相同的綠洲。只有不運動的人，才會認為這樣的說法是誇大其詞。

——《席翰醫生談慢跑》，一九七五年

03 樂在運動

跑步會像呼拉圈、扭扭舞、心理分析一樣，只是一時的流行風潮嗎？這個論點在之前《紐約時報》「城裡大小事」的專欄裡被誇大了。

「慢跑是一種極度無聊的休閒活動。」有位文化評論家只看見跑步無聊的一面，說跑者回家後只會「繼續打個小盹、喝點馬丁尼酒、看晚間新聞」。

對一位超過四十八小時沒跑步就會出現戒斷症狀的跑者而言，這個論點簡直是匪夷所思。當然，我們手眼不夠協調、肢體不夠靈活，所以沒辦法去參與高爾夫、網球這些難度與趣味性高且不會顯得手腳笨拙的運動。但評論家也不該將我們的嗜好當作反面案例，這完全誤解了跑者所投入的精力與心力。

當然還是有人臨陣脫逃，而且還為數不少。英國作家卻斯特頓（Gilbert Keith Chesterton）寫道：「做任何事情時，絕對不能『只因為它對你有好處』。這麼做的人，一定會被發現，而且將轉身尋找更有樂趣的事。」

對於繼續留下來的人，跑步將帶給他們人類夢寐以求的所有價值，像是在孤獨長跑中沉思的習慣、與同伴一起跑步時交談的藝術、參加社區活動時培養的社群意識、競賽時抵達終點的放鬆快樂以及培訓體能的最大極限。這些事情都有助於個人發掘心靈與聰明才智的最大潛能。

這可不是小禮物。若《紐約時報》的撰文者只注意到慢跑者臉上無聊的表情，那是因為他將其投射到都市人苦惱的臉龐。慢跑者臉上的表情不是無聊，而是沉思，這是神學家阿奎那所描述的、排名第二的人類活動，而且跑者將沉思的結果付諸行動。

我保證，真正的跑者不會受到《紐約時報》文章所影響，就如同前一個世紀的前輩未被《科學人》雜誌擊潰信心。《科學人》曾在社論中抨擊划船選手和長距離走路的人「誘稱能促進健康和其他功效」，還警告說，這些運動一點益處都沒有。

確實，我們也想追尋陳腔濫調的身體健康論，但更關心「其他的好處」——例如沉思、對話以及這些活動形成的社群。「慢跑者可能提早跑進墳墓。」看到這樣的斗大標題，你怎麼辦？當然是繼續往下讀！你因此知道，舊金山的研究人員在統整冠狀動脈疾病的猝死報告後，發現當中超過一半的案例，是發生在一般活動或激烈運動中。這時你該怎麼辦？跑還是不跑，這是個大問題。

做這個決定時，你需要理智、思辨和直覺。我如何成為最好的自己？什麼是我真正想過的生活？如果沒有每天做有活力的運動，依然能擁有美麗人生嗎？

對於這些問題，我深感懷疑。我也認為激烈運動的風險被誇大，價值亦被低估。許多研究報告顯示，跟不運動的人相比，經常運動的人心臟病發作的機率較低。研究也指出，即使心臟病發作，後者存活的機率也較高。

在紐約，健康保險計畫的研究人員在三年內追蹤了十一萬個樣本，結果發現，經常運動的人，心臟病發作的人數只有不運動者的一半；而當中最常運動者，只占了死亡人數的八分之一。

這樣的研究結果，同樣出現在英國一份針對一萬七千名公務員受訪者的研究中，參與激烈運動的男人，發生冠狀動脈疾病的機率，是不運動男人的三分之一。

甚者，愈常運動，保護力就愈強。《美國醫學慢跑者協會》（*American Medical Joggers Association*）會刊的編輯湯瑪斯・巴瑟勒（Thomas Bassler）說，里程數才是最佳的保護傘。不論年紀，他還不曾發現有馬拉松選手罹患致命的冠狀動脈疾病。（畫外音——提姆・席翰：「我父親有點太不在乎這方面的危險性。但根據目前最新的醫學建議，即使看起來健康的長跑選手，也都應該做壓力測試。」）

本身為病理醫生，同時也是馬拉松選手的史坦納（Richard Steiner）說：「長跑有助降低血壓、減緩脈膊。」除此之外，跑步的人也會戒菸、減重，在面對人生的荒謬時，也會培養出一種放鬆、玩世不恭的心態。長跑，這種能淨化動脈的添加劑，也會澄清心智與靈魂。

從這個角度看來，每天的活力運動對於冠狀動脈的患者和高風險群族都是必要的。心臟疾病可說是重要的運動指標。運動並非不具風險，何況開車和過馬路也都有風險。你得學會小心翼翼地運動，就像開車一樣。但至少碼錶和里程數不會背叛你。

「並無證據顯示速度對身體更有保護力，」巴瑟勒醫生說：「但里程數會。」

那麼，步調就是最重要的。古爾頓（Thomas Cureton）醫生找了一萬兩千人參加他的體適能課程，過程中沒有人意外猝死。他只用了很簡單的常識就能解釋此事：適當的熱身（至多二十分鐘），能讓身體做好準備，接著再用一種以有氧運動為基礎，以及身體能負荷的步調來慢跑。

「每個人的步調不同」，這個概念來自蓋倫，他是羅馬皇帝奧理略的醫療顧問。寫到打球，他說，那是對身體和肺部最好的運動，也是最激烈的一種運動。所以他警告說：「要在練習中找到適當的強度，但這無法以文字來精準描述。」

這項準則在今日就是田徑教練鮑爾曼（Bill Bowerman）提出的「說話測試法」。鮑爾曼說，在慢跑時，速度就落在能和同伴邊跑邊說話。如果你已跑得很慢，但還無法交談，表示你得先從走路開始練習。

遵循這項建議，你就會領悟到培根於四百年前所說的：「一種安全、便利、文明的長壽與重生法。」

許多人都捨不得花幾百塊參加健身課程，這對於健身教練、體育老師和健身鼓吹者來說，更是感觸良多。人們就是不相信運動是真的有效。他們開的課程看起來是這麼合理，如此符合人的本能，但大眾居然不願意接受。事實就是事實，和科學作對是徒勞的。如果一架飛機飛不起來，工程師卻爭辯說，從設計圖來看，它真的會飛；此舉是多餘的。橋要垮的時候，才不會在乎任何一種建築理論，更不會回應人民的誓言或祈求。除非找到適當的說服方法，否則我們的鄰居也不會突然奮發，加入運動行列。

威脅是沒有用的。人們對於未來可能會發生心臟病、糖尿病、中風等警告，已經如預料中充耳不聞了。人們不會因為某件事對他們有益，便打算去做。學校選擇運動選手的標準，應該要先看老師們自己想做些什麼。這是根據《如何在自己的家鄉活下來》（*How to Survive in Your Native Land*）的作者詹姆斯・荷頓（James Herndon）的準則。荷頓發現，你不會做的，學生也不會去做。

「為什麼我們要假設孩子會去做一堆我們不會做，也不會自願去做的事呢？」他問了這個問題。「數學老師晚上回家後會做幾何題嗎？英文老師晚上回家後會練習句型嗎？」

體育老師呢？其他科目的老師呢？他們能讓學生看到戲劇中的活力，或是從運動中創造美感嗎？我們找到的教練，能否把學生培養成終身運動員？

我們忘了，我們正在談論的是遊戲，它是人生最重要的範疇，且許多元素無法用邏輯來解釋。比起實用性，遊戲具有更深層的基礎，所以是獨立存在的。

若將遊戲與「體格變健美」、「防止心臟病發作」等聯想在一起，就等同是把金子變成碎屑。正如數不清的童話故事告訴我們的，選擇財富而揚棄真理，結果總是失敗的。因此，我們需要的，是保留遊戲中那些神祕的、令人捉摸不定的元素，讓它本身就成為報償。我們必須去除任何以「實用性」為標準的東西。我們做的事情，一定要有趣、不實用又一無是處，否則就不用去做了。如果我們真的身材變好變壯、不受心臟病等可怕的疾病所擾，那是因為我們不畏懼在熱愛的活動中猝死。

我們從事運動，不應該是因為它很實用，而是要因為它不實用；不應該因為令人感覺良好，而是因為我們不在乎感覺；不應該是因為體格變健美，而是因為我們興致勃勃、樂在其中。

遊戲是關鍵。我們都喜歡遊戲。我們只喜歡含有遊戲成分的工作。對大部分人而言，任何蘊含實用成分的，如體育或體適能，通常連一壘都還上不了。

——《席翰醫生談跑步》，一九七五年

04 跑步的黃金定律

經實驗有效的路跑守則如下：

1. 記錄每天早晨的脈膊

醒來後，躺在床上數分鐘，然後測量脈膊。隨著訓練的進展，你將發現脈膊漸漸變慢，約三個月後，會停留在一個穩定值。之後，若發現脈膊較平常晨間的穩定值高出百分之十或更多，表示你還未從前一天的跑步、比賽或其他活動中恢復。你得休息一天或更多天，直到脈膊恢復正常。

2. 定時量體重

起初，你的體重不會減輕太多，而且還經常上上下下地，讓你感覺很煩。接下來體重減輕的速度，約略是每星期二百五十至五百公克，相當於每天從吃進的食物中，消耗掉二百五十到五百卡路里。你從脂肪消耗的體重，會跑到肌肉去。每跑一哩（一點六公里）會消耗一百卡路里，而消耗三千五百卡路里可減輕五百公克的體重；可見體重減輕的速度不會很快，除非你跑很遠。

3. 每天運動

跑得愈多，愈容易發生肌肉不平衡的問題。小腿、後大腿和後下背的肌肉會收縮、變緊，也會變得沒有彈性，你必須將之伸展開來。另一方面，脛骨、前大腿和腹部的肌肉會相對變得鬆弛，必須要加以強化。有些運動特別能強化這些部位的肌肉。

4. 吃過再跑

吃一頓豐盛、具高蛋白質的早餐，而午餐只需輕食。用餐後至少隔兩小時，最好是三小時後再跑步。跑完之後再補充碳水化合物，以補充肌肉的醣份。（編註：最新的觀念是，跑步前先補充少量的碳水化合物，讓身體有足夠的能量燃燒，而非冒著可能燃燒掉體內蛋白質存量的風險。）

5. 喝足量的水份

在跑步十五分鐘前先喝一些無糖飲料。接著，快出發前再喝三百五十至四百五十公克易消化、含一些熱量的果汁，或是加入蜂蜜或糖的茶、無氣泡的可樂等。冬天時，喝這些就夠了。在夏天，跑步時每二十分鐘還要補充喝三百CC的水份。

6. 排便完再跑步

跑步會增加腸蠕動、腹絞痛，甚至腹瀉的機率。跑步之前先排便，尤其是參加比賽前，如此可以避免身體不適的症狀。

7. 穿著適當的衣服

在寒冷的冬天，穿保暖的內著，套上幾層棉質的或羊毛襯衫，至少一件高領毛衣。戴上滑雪面罩，並戴手套。若有需要防風和防濕，可穿上尼龍、Gore-Tex、合成彈力纖維或聚丙烯材質的衣服。夏天時，最主要的敵人是輻射熱。記得穿上白色衣服，使用某種頭罩。

8. 找一雙鞋子，而且每次都要穿那雙。

體重較重的人適合穿網球鞋和籃球鞋。腳形較彎的腳適合根部較窄的鞋子。有摩頓腳

（Morton's feet，也就是大姆趾較短，第二趾較長的人），可能需要在鞋子裡加裝輔助鞋墊。如果鞋子合腳，就穿著它練跑、比賽，也可穿去上班。

9. 健身的方程式是以舒適的步調跑步，每星期四次，每次三十分鐘

身體應該能夠告訴你什麼是「舒適的」步調。如果不確定，就用「說話測試法」，也就是用可以邊跑邊聊天的速度跑步。

10. 用最少的力氣跑

不要跳躍或跨大步。想加大步伐時，應該是身體往前，而不是腳往前跨。不要讓腳超出膝蓋，因為這樣會使膝蓋在腳著地時輕微扭到。用屁股以下的部位跑，上身保持挺直，以維持平衡。放輕鬆。

11. 用腹式呼吸法

這並不容易，而且必須在跑步或比賽前練習。要有意識地做。方法是將空氣吸入腹部，然後輕輕吐氣，可以噘嘴吐，或者以咕噥或嘆氣的方式吐氣。這樣橫隔膜才能適當運作，並避免肋部刺痛。

12. 等待喘氣後再恢復正常呼吸，也就是「再生氣」(second wind)。

身體需要六到十分鐘以及體溫升高一度後，才能將血液調度到運動中的肌肉。再生氣出現時，你會感覺到微溫的汗水，並了解「再生氣」所代表的意義。你必須慢慢跑，直到再生氣出現。之後，你可以將自己調撥到「舒適」的階段，轉為自動駕駛模式，盡情地跑。

13. 與車行逆向跑

要避免交通事故，兩雙眼睛會比一雙眼睛有用。若你背對著駕駛，這無異於放棄自己生命的主控權。在夜間要穿著一些反光物，或者帶一支小型手電筒。

14. 留空間給狗

跑步遇到狗時，先跑到馬路對面，撿起某個可以丟向牠們的東西。不要嘗試跑給狗追。面對狗，跟牠說話，直到安全了，再繼續跑。

15. 解讀自己的身體訊號

注意跑步過量的徵兆。如果「再生氣」出的汗冷而濕黏，就先回家休息。遠距離跑步時，你要設定預警的底線，以警告自己可能發生的災難。例如，懶洋洋、早晨脈膊跳太快、輕微頭暈、喉嚨搔癢、內分泌腺腫大、失眠和心悸，這些都是常見的不祥預兆。

16. 感冒時不要跑步

感冒意謂著你已過度練習、跑太多了。休息三天，多幾天更好。在你平常用來跑步的時間，小憩一會兒。

17. 睡眠要充足

重度練習時，多睡一小時。每周至少安排一次或兩次午睡；周末長跑後，睡個長午覺。

18. 受傷時，找一個替代的運動維持健身

將平常跑步的時間和天數，改成散步或游泳、騎腳踏車。

19. 大部分的運動傷害是發生在訓練時所做的一些改變

例如，換了鞋子、增加里程數（從每周四十公里增加到八十公里），坡度、速度或路面改變，都是造成運動傷害的可能因素。另外，運動傷害也總是和腳無力、肌肉張力（彈性）不均衡或長短腳有關。

20. 重返無痛的跑步之前，可能需要墊鞋跟、足弓鞋墊、換跑鞋以及做復健練習。

21. 要訓練，不要操練

訓練是漢斯・賽萊的「一般適應症候群」（人與動物對各種不同壓力源所引起的抗拒反應）的實際應用。施加壓力的時候，器官會啟動反應，身體需要一段時間重新建立平衡；接著再施加一次壓力。每個人都能忍受不同等級的壓力，也需要不同的時間重新適應，你就是實驗品。建立自己的時間表，不需跟著別人起舞。傾聽你的身體。

——《跑步人生》，一九八〇年

05 醫生不知道的運動好處

我曾到達拉斯宣揚肺疾患者從事運動的好處。當時，我參加呼吸道治療的年會，傳布「全人醫療」這個很普通的訊息。專家容易忽略這件事，他們忘了疾病只是問題的一部分，病人的狀況必須從整體來看。

疾病是一種生物進程，是在病人生理上所產生的影響，其心理狀態也是一種困境。在某些案例中，疾病也許無法改善，但改善病人的生活情況，卻可以產生奇蹟似的結果。

這些呼吸道治療師都是專家，對疾病了解太多，對健康卻了解太少；對身體的極限了解太多，對其潛能卻了解太少；對他們的本行（肺部系統）了解太多，對身體其他部位則了解太少。

在達拉斯的演說開始前，我在大會所在的樓層逛了一圈。一個又一個的攤位，展示了各式各樣用來診斷與治療肺部疾病的新穎儀器。有一台機器可以將家裡平常的空氣，變成百分之九十五的氧氣。另一台儀器則可以在我深吸一口氣後，列印出一張電腦報表，顯示我這口氣的五、六項檢測結果和圖表。

後來我在演講時，請醫療專家們轉身看一下這些令人眩目的儀器。我要他們放下自認為是人體專家的想法。在演講的那數分鐘，我想要對通才說話；後者能看出事物間都有關連性。我告訴他們，肺部，不是存在於真空管裡。在真實的生命中，它連結到心臟、心臟連結著循環系統、循環系統又連結到肌肉。解剖學不是從樹枝狀的支氣管開始，也不是在那裡結束。

對病患要採取全人的觀點，這在治療肺部疾病時極為重要。少了它，治療者可能就無法了解運動在治療中該如何應用。你應該知道，運動在肺部專家看來是聲名狼籍的，因為它不會增進肺功能，許多研究都在在證明了這點。

一位研究人員報告說：「在控制條件下，患者所進行的呼吸運動和體操活動，對於阻塞性肺病沒有幫助，也無法改善肺通氣量與血液氣體張力。」他繼續談到，任何的進步都屬心理層面，而這都要歸功於醫生的努力不懈。

我環視在場的醫療人員，同時立刻抨擊這個論點。我承認，肺部功能的測試有其道理。但我告訴他們，先忘掉那些測試，學習運動生理學吧！要知道，適應運動模式主要是發生在心臟、循環系統與肌肉。沒錯，肺部會送出氧氣，但強大的心臟和肌肉能更有效地利用它。先不論肺活量，會影響有氧能力的，主要是循環系統和肌肉。的確，即使心臟功能無法改善，但增強肌力能提升有氧能力。丹麥運動生理學家沙爾亭（Bengt Saltin）已多次表明這一點。

他寫道：「在運動習慣調整後，最大肺活量會提升，主要是因為肌肉血流量和肌肉微血管的密度增加了。」

我告訴在場的醫療人員，丟掉那些與肺部相關的老舊認知吧！它們不全然重要。我說：「肺，不過是一個瓦斯桶，是用來裝載氣體的，也就是氧氣。有肺部疾病的患者，通常是因為他的瓦斯桶比較小。這種情況的確不好，但不是無藥可救。符合邏輯的作法是增加卡車和引擎的效率，讓氣體能輸送得更遠。」

這就是運動的作用。首先，它能減少體脂肪，讓血液運輸更流暢。接著，血流量和肌肉組織的微血管都增加了，身體輸送的氧氣也更多，心跳也改善，肌肉能吸收的氧氣也更多了。研究顯示，輸送到肌肉的氧氣和從靜脈帶去出去的肌肉氧氣，兩者的差異增加了。

大會上所展示的任何一件科技儀器，都做無法發揮這樣的成效。因此，我們所需要的，是更加深刻理解運動生理學。之後，這些專家才能在樂觀的氛圍中，充滿信心地醫治病人。熱情總是很有用的，但如果你能知其然，一樣也會很有助益。有決心要治療「病人本身」是不夠的，首先你必須知道病人的全身系統是如何運作的。

——《如何維持一天二十四小時神清氣爽？》，一九八三年

06 醫院是沒有體適能課程的地方

在波士頓機場有個人問我：「你有沒有發現，有一個地方從來不會有體適能課程？」這個人是位體適能專家，也是將業餘嗜好轉變成謀生方式的跑者。他前一天剛跑完馬拉松，此刻正要返回加州，他在那裡成立了間公司，專門為一些公司與機構規畫體適能課程。我也是這方面的專家，有時，我全部的時間都被體適能占據了。我持續與一些投入體適能活動的人有所接觸，但我無法馬上回答他的問題。

我問他，這個從來不會有體適能課程的地方是哪裡？他回答說：「醫院。」

他此言不虛。除了少數的心臟復健科之外，大部分的醫院不論是對員工或病患，都沒有提供體適能課程。在醫療院所，很少有人在教授有氧運動。醫院也很少鼓勵病人努力健身、維持身材。

在這段對話後不久，我親身得到印證。

我的小腿肌肉受傷，不能跑步，所以到物理治療部門報到；我要改騎健身車，讓肌肉慢慢恢復。

我已有一段時間沒去那裡了。過去兩年，我的醫療工作只剩下讀心電圖和進行壓力測試。我不再每天接病患，所以不需要在醫院其他地方走動。

物理治療部門比我印象中還大兩倍，到處可見各式各樣的新型電動器材。每個小隔間都有病人躺在小床上接受治療。在這令人印象深刻的專業場所中，我看到有台孤單的健身車，是Everlast的鑄鐵古董。

我騎上健身車，疾速踩踏約半小時。結束時，一位治療師走過來。「醫生，」他說：「你是近兩年來第一位騎這輛健身車的人。」

一台在物理治療部門的訓練器材，病患或身障人士的體適能課程都用得到，居然這麼久沒人用！

他說：「前一個使用的人，是菲力克斯。」

我記得菲力克斯。他是我的病人。他的慢性肺病使他在平靜時也會呼吸急促，連從床上走到洗手間都有困難。菲力克斯頻繁地進出醫院，像進入自家廚房般。我打算看他之前的就醫紀錄，而醫院的人告訴我，他們可能得用推車才能把全部的資料送來，這不論對他或醫生而言都很麻煩。

有一天，我突然靈光一閃，想到體適能訓練也許對他會有幫助。因為在我自己開始跑步之前，光跑一百公尺就氣喘如牛。

我在耐力上的進步，並非歸功於肺部。我的肺活量總是高於正常值，這從來沒改變過；但體適能狀況可就不一定了。也許菲力克斯在肺功能沒有改善的情況下，也能有所進步。

「菲力克斯，」我告訴他：「你明天開始接受物理治療，坐上那台健身車，每天都要踩，直到累了才能回家。」

他照我的話做了，改變顯而易見。他休息的時候還是會咻咻喘，但走路的情形則大大進步了。菲力克斯出院時，比起前幾年的狀況實在好太多了。

他後來又回醫院求診。因為他一回家，就開始坐著。你不能把體能「存在銀行」，而是每天都要「賺」一點。所以，菲力克斯又回院治療了，但比以前間隔久一點，而且待的時間比較短。每次回診，他都會去騎那台健身車，直到療程結束。現在，沒人騎了。在這間有六百個病床的大醫院裡，沒有一位病人做耐力訓練，沒有人做體能運動，沒有醫生採用生理學治病，沒有醫生採用全人治療法。

對此，我也難辭其咎。我不再執業時，也忘了這整件事，而菲力克斯也是唯一一位我送他去騎健身車的病人。當時，我還沒想到它對醫院裡的體適能規畫有如此重要的角色。

為什麼醫院沒有體適能課程？這相當容易理解。因為醫生們對疾病了解太多，對運動生理學卻了解太少。他們可以立刻說，並無證據顯示，疾病會受到運動多寡的影響。但他們對運動所知甚少，所以沒有警覺到，每位病患，不論他們的病灶為何，都或多或少能從體適能訓練中受惠。

增進體適能也會提升抵抗疾病的能力，訓練過的肌肉能補償其他系統的不足之處。醫生必須加強病患對於體適能的認知，也要嘗試發展自己的體能。病患會聽從指示，去做物理治療或在健身車上踩到精疲力盡。可惜，這個讓醫生和患者運用體適能的良機，太常被浪費了。

——《跑者世界》，一九八一年十月

07 關於健康，太陽底下沒有新鮮事

人類不像科技時代的汽車，或日新月異的電子產品，它沒有新的或進化的款式。今年出生的嬰兒和西元前五世紀出生的嬰兒差異不大。擁有健康的身體，才有健全心智，此原則依然放諸四海而皆準。在健康與健美方面，太陽底下真的沒有新鮮事。

當然，今日科學已複雜許多。我們發現了更多關於身體運作的繁複機制。但我們所知道的，都可以歸結到一個原則，那就是：「善用優勢，否則就會失去優勢。」還有另一條警語：「正確使用這些優勢。」

這個通用的法則也適用於身體。每個人必須知道，什麼對自己最好。二十一歲時，大家都應該準備好要過健康生活，並遵守布萊斯洛（Lester Breslow）的健康七守則。根據這位加州大學洛杉磯分校的公共衛生專家的研究，這些通則如下：

吃一頓營養的早餐：不論從文化、經驗和傳統等各層面來看，早餐應該是主餐。對於做粗重工作的人來說，享用豐盛的早餐是必要的。旅行各地時，我在菜單上找到了證據。在亞利桑那州有牛仔早餐，在加州安那翰有卡車司機早餐，在明尼蘇達州則有農夫早餐。

餐與餐中間不進食：吃了營養豐盛的早餐後，這條守則便很容易遵守。否則，我們就會跟嬰兒一樣每九十分鐘吃一餐。對成人而言，這種行為並不適當，因為這樣等於在回應根本就不存在的生理訊息。

維持體重：這裡指的是「淨體重」（總體重減去脂肪）。我們不應增加脂肪，也不該減少肌肉，而要維持年輕時的體重。若能如此，老化的速度會慢到看不出來。維持體重和體脂肪的比例，才算是對自己的體型負責。

不抽菸：香菸顯然是危害健康的物質；盡可能避免吸入任何劑量的汙染物。

適量飲酒：不像香菸或其他有害物質，少量的酒精似乎能延長壽命。長跑者從不吸菸，但有些人每天三或四杯酒。愈來愈多研究顯示，每天喝兩杯酒的人，似乎活得較久。

每晚睡個好覺：睡眠長度因人而異，而找出自己的需求是很重要的。大多人會懷疑分段小睡法的功效，但可能真有些好處。

規律運動：體適能訓練有不同的模式、強度、頻率和持續時間。我們必須使用大量的肌肉群，比如走路、騎健身車、游泳、慢跑、越野滑雪、划船或其他類似的運動。運動應該以一種舒適的步調（介於激烈和輕鬆之間）進行三十分鐘，每周四次。

有些人認可這幾項守則，可能不是因為它們可回溯至希臘與羅馬時代，而是因為想到紐約大都會隊、尼克隊和遊騎兵隊。

——《如何維持一天二十四小時神清氣爽？》，一九八三年

席翰醫生與我

爲身心靈充電

——美國田徑教練艾伯特・薩拉扎（Alberto Salazar）

當我和你一樣，還是年輕的運動員時，曾瘋狂閱讀資料，想知道世界頂尖的跑步選手是怎麼訓練出來的。我得承認，我會直接跳過喬治・席翰醫生的專欄和散文，因為我一心一意只想要打敗對手、打破自己的紀錄。當時，我對於席翰醫生妙筆生花寫下的跑步哲學與健康問題，並不怎麼關心。

這種態度雖然促使我贏得了許多冠軍，締造諸多紀錄，但一絲不苟的嚴格訓練、不斷參加知名且需拚死拚活的賽事，卻讓我每下愈況。這很可能是我的選手生涯提早結束的原因。身體和理智都告訴我應該休息一下，等待體能復原，我沒有好好傾聽這些內在的訊息。席翰醫生寫過，許多人都犯了這些毛病；比方說，假設你是住在身體裡的房客，那對於屋況必然是「不聞不問」。

如果我在年輕時多讀一些席翰醫生的文章，我會早一點學到，除了在跑道上不斷累積艱苦的里程、追求個人成功，留些時間為自己的身心靈充電，也是很重要的。幸運的是，我從錯誤中得到教訓，因而成為更好的教練。

現在我知道，席翰醫生的文字，不僅僅是給懷舊、愛幻想或熱愛哲思的讀者。如果你心中有股想競賽的熱火，而且你願意、也能夠敦促自己達成已設定目標；那麼，多讀席翰醫生的文章。所有解放潛能、達成目標的鎖鑰，全在他的散文裡。

第5章

訓練

我只需要以舒適的步伐跑。
快到能讓我拋開世俗的煩惱，快到能讓我能享受身體的運作；
慢到能讓我觀察周遭的世界，慢到能讓我逃進內心的世界。

——《跑者世界》，一九八八年十二月

01 身體休耕計畫

我的跑步計畫可回溯到三十年前，從路跑賽開始。我師法比賽中的老前輩，每天練習五哩，每星期五天，一天休息，然後再參加比賽。幾年之後，我調整了這個訓練計畫，改成休息更多天，然後在其中一天進行四百公尺的間歇訓練，但每個周末仍去參賽。

有幾次我驚訝地發現，體能達到某個巔峰後，所需要的訓練竟然是如此地少。有時，我把跑步計畫減少到每周只參加一次路跑賽，中間沒有進行任何練習。我持續這樣的計畫長達一個月，但對比賽結果看不出有任何影響。有些跑者也有一樣的體驗，因為某種原因，得將跑步時間減少到每周只參加一次路跑賽。有位和我同年齡組的高手只在周末跑步，一次跑二十哩，周日再參加一場比賽；我很少贏過他。

如今，許多跑者也發現「少即是多」的道理。南卡羅萊納州哥倫比亞市的「最低里程俱樂部」(The Bare Minimum Track Club）進行了一項和我類似的計畫，而且成效卓著。雖然每周的總跑量只有三十哩，但他們的會員在十公里賽事與馬拉松比賽中的表現都相當出色，令人感到不可思議。

這個俱樂部的主要活動，是周末的團體長跑以及每周三晚上的跑道練習。會員認為，他們的成效是因為此計畫有許多特點。首先，開賽後，這些「少量練習的人」不會一路奮勇向前，而是讓其他選手先跑在前面，且慢慢增加自己落後的距離。此外，他們跑步時臉上的表情如鱒魚般，嘴巴微開、完全放鬆，試著以最少的力氣得到最好的表現。

然而，研究人員仍將最低里程俱樂部的成果以及我的體驗歸結於高密度的訓練。在《應用生理學期刊》的一篇報告中，研究人員想知道，若要培養有氧運動的長短期耐力，練習的時間、頻率與強度哪個最重要；結果是強度。

剛開始，受試者每天盡全力跑四十分鐘，每星期六天。接著，受試者在接下來的練習中分別降低頻率、時間或強度。若強度不變，頻率降低三分之一（原本每周跑六天，減為四天），或時間減少三分之一（原本每次跑四十分鐘，減為二十八分鐘），對結果並無任何影響。然後，再將頻率減少三分之二（每周只跑兩天），或時間減少三分之二（原本每次跑四十分鐘，減為十五分鐘），經過十五星期後，對結果也只產生些微的影響。

然而，當頻率與時間都維持不變，只降低運動強度時，在五周內，攝氧量、心臟功能、長期與短期耐力（這些都是生理機能的指標）都會下滑。結論是：頻率對於跑步能力的影響有限，而時間減少到三分之二時才會有所影響。

這些結果都顯示，跑者大量刪減跑步計畫後，仍然可以得到一樣好（甚至更好）的成果。

因此，每周你可以休息三天，並在剩餘的四天裡運動共三小時，其中可包括短距離的四百公尺間歇訓練，或是時間較長（四十五分鐘至一小時）的輕鬆跑。

這並不是說頻率和時間不重要，研究人員指出，高強度的運動（如間歇訓練與比賽），才能讓你用最少的時間開發最大潛能。

當然，這種訓練計畫也是有風險的。高強度的練習以及高里程數可能會使人疲累，甚至產生運動傷害。我自己遇到的困境，很少是導因於過度訓練，而多半是因為參加太多比賽。所以，特別是在打破個人紀錄後，我會暫停間歇訓練，練習時改以輕鬆的跑步，好讓身體得到舒緩與復原。如法國農夫所說的：「土地也必須休息。」

——《跑步得勝》，一九九一年

02 意志的力量

一開始我拾回跑步的興趣時，企圖心並不大：我在後院畫出跑道，繞十圈即為一哩；等到能繞出五哩後，我就開始到馬路上跑；在外頭能跑十哩後，我就去參加比賽了。

送出第一張報名表後，我就進入了一個新的世界。從路跑進展到馬拉松，眼前是一個聚寶盆，盛滿刺激與成就感。一開始，我的生活有點失序，至後來則變得狂熱。

人是難以滿足的動物。當你以意想不到的速度，跑了一段不尋常的距離後，就會想要愈跑愈好。你也許認為跑完三哩是不可能的，或是每哩用十分鐘跑完很厲害，但等你達成這些目標後，就不會再以此為滿足。這張報名表改變了一切。新手加入比賽後，就會產生新的標準與價值觀。遊戲變成了運動，其條件與獎勵都升到更高的境界。

運動是嚴肅的遊戲，它要求每個人得全力以赴，其他都免談。

比賽對我來說是課堂，而我很快就學到兩個新的變數：地點和時間。地點是隨著參賽人數的多寡而有所差異；場地愈大，愈多人會贏過我，我也會贏過更多人。因此它是次要的因素。

時間才是重點。我會趾高氣昂或垂頭喪氣地回家，端看我今日的跑步成績。困擾每位跑者的，就是每哩跑幾分鐘的這些數字。它們的成長常會遲滯，曲線呈平穩狀態，似乎無法再進步。此時有人會抱怨：「我已經跑這麼好，為什麼不能再進步？」這並非練得太少，而是沒有進行正確的訓練。

你需要長距離的慢速訓練，以增強耐力，但也需要無氧類的練習，以增強速度和耐力。如此一來，你就能在缺氧狀態下產生大量的能量，但不會產生過多的乳酸。要訓練這種能力，就是要以設定好的步調，進行四百四十時秒或八百八十秒的間歇訓練。

當我終於接受這項事實後，便加入了某高中的田徑隊，和他們的一哩賽選手開始進行每周兩天的速度練習。開始跑步的五年後，我跑一哩的最佳成績是四分四十七秒；跑了十年後，我的全馬最佳成績是三小時又一分。

我才發現（你也應該知道），進步的軌跡不是直線，而是隨周期循環、上上下下的。我也發現，體能不像金錢，你無法把它存起來；你必須不斷地練習、努力，以期待下次的進步。

如果你想再次達到一哩五分鐘的成績，就要進行一連串的「打底」以及痛苦的「精煉」訓練。

我曾和班尼斯特（Roger Bannister，四分鐘跑完一哩的第一人）談到，是否有其他可行的進步方法，像是多參加五哩與十哩賽、做階梯訓練或進行長跑練習。

「喬治，你在逃避現實，」他說：「間歇訓練是唯一的答案。」

良藥總是苦口。但就像所有的藥方一樣，必須要有醫生指示。

一年夏天，我有隻腳受傷，久久不癒，長達兩星期不能跑步。於是我改變訓練項目，在海裡長泳，也在游泳池做間歇衝刺訓練。

泳池的長度約五十碼，我以接近最快的速度游一趟，之後爬出泳池，走回去，再游一趟。快速游五十碼相當於在跑道上衝刺兩百碼。這種訓練法使我精疲力竭，比在陸地上跑步還累。

每次的感覺都大同小異。每游一趟，痛苦就增加一些。身體會有點不舒服，接著是手臂和腳部沉甸甸地痛，最後，全身都在哀號。每一回合的間歇訓練，痛苦指數都會提高一至兩級。

有一天，我已到了訓練的最後階段，覺得痛苦不堪，從表情就看得出來，但我仍勉強苦撐著。

一位觀察我良久的女士走上前來。

「席翰醫生，」她說：「希望你會把這整個過程寫出來。」

她覺得這整個事令人難以理解。但她也知道，其中必定蘊藏著某些有價值的東西，所以我才寧願付出努力與受盡煎熬。

當然，間歇訓練是有其生理學基礎的。為了取得最佳的成績，跑者得用這些高超的技巧做最後的一搏與準備。間歇訓練能提高無氧閾值，避免乳酸爆增，使我能以較快的速度前進。一周一次的四百公尺間歇訓練，在一個月內就能明顯提高我的跑速。

但這個誘因不是讓我一再測試自己的理由。從生理學來看，最後那兩、三次的訓練並不必要；愈感到痛苦，就愈沒有必要做。那麼，為什麼要繼續下去？進行這些間歇訓練，究竟為了什麼？

在我看來，間歇訓練是對意志的訓練，恰如對身體的鍛練。我在為比賽訓練我的意志。事實上，我是在做賽前演練。四百公尺的間歇訓練，感覺就像比賽中的最後一圈，這讓我在心理與體能上都做好準備。

在四百公尺的間歇訓練中，意志力是至高無上的，它能促使我達成目標。它能匯集能量，然後讓我再進行下一次的練習。威廉・詹姆斯對於「如何啟動深藏體內的力量」極感興趣，所以寫了很多相關的文章。

從詹姆斯的觀點來看，「努力的過程」即是每個人的人生刻度。

他寫道：「成就，絕對不是因獲取而得，而是來自於我們對世界的貢獻。」至於其他的事物，都是我們獲贈的，包括健康、力氣、天資，及身體、心理或靈性上的各種能力。努力是我們唯一可以添加的元素。詹姆斯說：「有志者，本身即會快樂，其餘的都是徒勞。他懂得如何運用意志，其他人則是被意志所利用。」

佛洛依德的門徒奧圖．藍克（Otto Rank）也進一步闡述相同的主題。和詹姆斯一樣，藍克關注英雄主義以及人生的豐富性。從他的觀點看來，意志力是一切，是面對人生各種境況時，唯一真正的資源。藍克認為這是一種非理性的情境，令人無處可閃躲。我們必須正視這項事實：雖然每個人都會死亡，但我們帶有意志力，因而得以邁向永恆與不朽。

每個人都以自己的方式來回應這項弔詭，像是忽視、顧左右而言他，以信仰或來世的觀念尋求庇護，或以個人的力量去面對。藍克說，這最後一種，便是仰賴意志力。他認為，人是用意志力來證明他的個性；人的存在意義，即是他在世上展現意志力的能力。

就我所知，在意志力與努力結合的層次上，很少有方法能超越四百公尺間歇訓練。人生的解答變成了簡單的「是」或「不是」，而不需要解釋、談條件或找藉口。難不成要等到最後一圈，我才要決定是否想繼續跑下去？

記得有一次，我在一所高中的體育場做間歇訓練，當時，場上有五十多位美式足球隊員正在集訓。我重覆進行一次又一次的四百公尺間歇訓練，但他們並沒有注意到我。那天和平常一樣，一圈比一圈更困難。每進行一次間歇訓練，我的痛苦就更明顯；喘息更引人注意，呻吟更大聲。

最後，我癱在草地上，只剩一圈就完成今天的訓練了，端看我要不要勉強自己。我躺在那裡好久。過了兩分鐘，終於起身，用雙手和膝蓋撐起身體。這時，我發現隊員們已停止練習，正盯著我看，想知道我接下來會怎麼做。彷彿我是一隻跑了很遠後被獵槍射中的動物；他們等著看我是否會站起來，漫步跑回到森林中。

後來，我真的爬起來，慢慢地跑回起跑點。在我身後，我聽到歡呼聲，接著，有人大喊：「加油，醫生！」

我不會長生不老，但我清楚知道，我曾經在那裡奮鬥。那天，他們也是。

——《跑步人生》，一九八〇年

03 過猶不及

訓練時，我會將自己逼到絕對的極限。我不斷提升身體的統合協調力、尋求生理上的臨界點，並試著超越自己的紀錄。每當突破這個極限，我都會得到一點溫和的懲戒和處罰；這是明確的信號，以警告我已超越了自身的能耐。

我還真得到報應了，那就是所謂的「無精打采」，其中包含了各式各樣的症頭，加總起來，都在提醒我是個凡人。

當我提不起勁時，我只好接受自己能力有限的事實。於是，我開始放鬆，渾渾噩噩度日；吃了又吃，睡了又睡。平常每天跑一小時，現在每天打盹一小時變成例行公事。最後，我便會非常懊悔，過了一星期或十天，就又回過頭，以適合自己的低強度跑步。

然而，有些跑者發現，再怎麼吃、睡、打盹都不夠。對他們而言，疲乏揮之不去，沮喪繞梁三日，熱情召喚不回，詛咒無法解除。對這些跑者來說，日復一日、周復一周、月復一月的跑步變成苦差事，場上表現大不如前，內心也處在靈魂暗夜。

奧運一萬公尺金牌選手布藍登·佛斯特（Brendan Foster）說，每個長跑選手都帶著疲憊上床，而隔天早上起床時卻更累。我認為他錯了，那是即將出問題的長跑選手，應該休息與重新評估其身體狀態。

柏拉圖說，我們需要更複雜精緻的訓練，現在是該聽從他建議的時候了。跑步，就像人生中的每件事一樣，過猶不及，適中就好；訓練多一點是不錯的，但不要參加太多比賽。要抗拒比賽的刺激感和挑戰性實在很困難，所以，跑者總是參加太多比賽，網球選手、高爾夫球選手也是。

我的信箱總塞滿類似的求助信件：高三學生沒辦法維持自己在高二時的好實力；大學生無法跑出自己在高中時的速度；參加跑團後成績不但未步步高升，反而節節敗退。世界各地的跑者都在問：為什麼自己的身體失靈了？

無精打采的症狀——雙腳無力、脈膊加快、經常感冒、失去熱情、表現失常，就像難解的謎團一樣，沒有專家能搞清楚這究竟是怎麼一回事。此外，也沒有任何一項測試，能警告我身體負荷已達頂點，只要再參加一場比賽或訓練，我就會把自己帶到懸崖邊，跌落到精疲力竭與沮喪的深淵。

我們極需要這方面的知識：到達巔峰的跑者，其實正站在災難的臨界點。跑出個人最佳成績，這當然是令人歡欣鼓舞的時刻，但跑者也應該要有所警覺，避免急著立刻再破紀錄。我的心得是，跑出好成績後，最好能休息一星期，慢慢品嘗成功的甜美滋味。

聰明的跑者就會這麼做。事實上，有位在南非八十八公里的「盟友馬拉松賽」(Comrades Marathon）中獲得冠軍的跑者，就曾休息了六個星期，才重新開始訓練。然而，極少數人具備這項常識。我們很少人能解讀自己的身體。我們都深信，完成一場偉大的比賽後，就能醞釀出另一場更精采的比賽。再增加一點速度訓練，再增加一些坡道練習吧！誰知道會發生什麼更美好的事？然而，這些期待通常將會變調為悽慘的抱怨。

無精打采所產生的最明顯警示，就是表現失常、熱情消退，這意謂著跑者已過度訓練，但他們還是會在衝動下出門再加強訓練。於是他們愈陷愈深。這是人人都會遇到的問題，而最佳的解決方式，便是臣服於《傳道書》中的智慧：「凡事都有定期。」比賽必有時，不比賽必有時；得意必有時，喪志必有時；成就丘陵之王必有時，跌落谷底必有時；訓練必有時，打盹也必有時。

將《聖經》的步調融入生活中，就能坦然接受自己無精打采的狀態。到達這個境界時，疲累不堪的情形也會自然消失。

——《跑步人生》，一九八〇年

04 距離從來就不是跑步的重點

幾年前，在一篇文章裡，我反對比賽以公里數來計算：「我們是用『哩』來思考和做訓練，也應該要以『哩』來比賽。」現在我已年逾七旬，我想修改這句話為：「我以『分鐘』來思考和做訓練。也應該以『分鐘』來比賽。」

跑者應試著忽略里程數，這一點我是聽從運動生理學家的意見。他們總是說，成功的健身方程式是關乎頻率、時間和強度。麥可・波拉克（Michael Pollak）博士與他的同僚設計了一套結合慢跑、騎自行車、走路的有效健身訓練，但完全沒有提及距離。同樣的，大部分在科學期刊或流行報刊裡出現的健身課程，都是以頻率、強度和時間來規畫，你不會在裡面發現「里程數」這樣的字眼。

在即將邁入八十歲大關前夕，我可以將這個概念應用到跑步裡。現在我明白：「距離從來就不是跑步的重點，它只是強度在時間下的產物。」這個方程式所產生的結果從舒適、痛苦甚至到極度痛苦，而以此跑出來的距離，實在無關緊要。

隨著年齡增長、體能衰減，這份體悟也更加深刻了。如今，我在既定時間內施展百分之九十五的力氣，能跑的距離是十年前的三分之一。對我來說，十公里賽變成了長距離的賽事，我六十歲出頭時能在四十分鐘內跑完，但如今過了四十分鐘後，只完成了七點五公里。

過去，我認為五哩賽（約八公里）是最理想的比賽。如今，我跑五哩所花費的時間，比過去跑十公里的平均時間還長。所以，我現在傾向花二十五分鐘跑五公里。

在炎熱的天氣裡，分鐘數變得很重要。路跑主辦單位通常會將第一個補給站置於五公里處。這對於位居領先群的跑者們是沒問題的，但對我和我的朋友來說，跑到那裡需要二十五至三十分鐘，這段時間就太長了。所以，我得在起跑槍響前盡量補充水分。跑到補給站時，我喝下比早年還多一倍的水，因為，我現在要花更長的時間才能完成比賽。

主辦單位當然不會管我怎麼訓練，這是我個人的任務，所以我用時間長短來設定訓練計畫。我在海濱的木棧道上跑步時，常有人問我跑了多遠。我通常會回答「四十五分鐘」或「一小時」。身體知道時間與強度，但不會在意距離。

以舒適的步調跑步，我便能利用這段時間進行深度思考。但跑了一小時後，身體會開始抗議。這時我便停止思考，一心想趕快回家。

年輕一點的時候，我也是以思考的速度跑步，但跑得比較遠。當時，我會知道那星期跑了多遠，但現在已經沒概念了。然而，我跑的時間依然相同，這樣的訓練模式從來沒有改變過。

同樣的現象也發生在間歇訓練上。十年前，每一回合四百公尺的間歇訓練，我七十秒便累癱了，但會反覆進行。現在，我仍然在七十秒就精疲力盡，但不管做到什麼程度，都會停下來休息。我把握住的原則是，用和以前同樣的時間與強度進行訓練。

要避免運動傷害，訓練方法得符合自己的體能。書本上說，每星期里程數累積到四十哩時，發生運動傷害的頻率會暴增。運動傷害是雙腳不斷重覆觸地造成的，而大部分的跑者，不論其年齡或能力，每小時每隻腳會觸地五千次。所以，運動傷害的關鍵因素是時間，它從每周四小時的訓練開始，而不是肇因於跑了四十哩。

不以時間而以里程度量跑步，是個很大的錯誤。當成績隨著年齡走下坡時，以時間和強度當成指標，才能令你做出必要的調整。隨著年紀漸長，我的跑步活動並沒有改變，祕訣就在全心全力投入相同的時間，而非相同的里程數。

——《跑步得勝》，一九九一年

05 舒服的速度

有次我沿著濱海的路邊跑步，一位年輕人跟上前問我：「你跑多快？」他顯然期待我回答一哩要花多久跑完。他問的是一個新手的問題，而我給他了一個老手的答案。

「舒服的速度。」我說。

我的步調不是用來測量能跑多遠，或者是能跑多快。我與身體商量出一個強度，而不是依靠碼錶或里程標示牌。我調整身體和步調，讓自己跑起來舒適，既不考慮、也不在乎每哩實際的速度。

剛開始跑步時，我就像先前提問的年輕人一樣，很想知道自己到底跑了多遠，以便能算出速度。我計算在跑道上跑了幾圈，甚至用開車的方式行駛跑過的路線，以便精準估算距離。有時候，我會感到很沮喪，因為忘了自己數到第幾圈。我用手指計算，從一隻手到另一隻手時更容易錯亂，是跑了二十或二十一圈？現在回想起來，我發現這種計數真是可笑！待身心日漸成熟後，我明白，距離和速度都不是重點，最重要的是在既定的時間內以舒適的速度跑步。

當這位跑者追上我時，我不清楚我是每哩跑八分鐘（每公里五分鐘）或是十分鐘（每公里六分十五秒）。其實我也不在意。當我把身體調到自動駕駛模式後，便隨思緒神遊了。這是我思考的步調，也是我可以一直保持的速度。有時候會快一點或慢一點，但都是舒適的速度。

我希望他會停下來聊幾句，但他加速跑遠了，我目送他離開。若和他一起跑步，我就會離開舒適圈，在日常訓練中，我很少需要多費那樣的力氣。我訓練的時間是用來思考或說話、沉思或對話，若加快速度，將只剩下跑步。

平常的跑步練習中，我不會出現痛苦或上氣不接下氣的情形，我不會勉強自己挑戰極限。那些酷刑只發生在周末，並充斥在每一場比賽中。週間的跑步能帶來喘息的時間，令我能躲進內心的避風港，或是和朋友傾吐心事，以遠離所有的身心壓力。

有天，我和另一位跑者完成了一趟來回跑後，他告訴我：「以我最近的練習來看，這是時間最短的一次。」我們一邊跑，一邊意氣相投地聊天。我們進入到超脫於汗水之外的另一個世界。在那裡，能力和自尊都提升了，所以我感覺超好；平常認為太隱私的想法與感受，便自然而然地從嘴角溜出。近來，我常和女兒慢跑一小時，一起創造最難忘的聊天時光。

要享受這些跑步的意外贈禮，該跑多快呢？達到限定的跑速才會有這些驚喜嗎？非也。只要以舒服的速度跑就可以了。快到讓你能拋開世俗的煩惱、享受身體的運作；或是慢到能觀察周遭的世界，或逃進內心的世界。

舒服的步調不只關於生理狀態，也會影響到心理狀態和情緒，可以說，我整個人都變好了。我終於能與自己安然相處，變成一隻回到領地的快樂動物，對自己與人生充滿了正向的能量。在舒服的步調中，我得以沉思人生的挑戰，並得到一些想法，讓我面對人生。我都以此來挺過人生的困境，直到明天再次舒服自在地跑步。

——《跑者世界》，一九八八年十二月

06 伸展運動

訓練時，肌肉會發生三種狀況，其中兩種是不好的事。主動肌（完成動作的主要肌肉）會變緊、變得較無彈性；拮抗肌（配合放鬆以完成動作）則會變弱。這種力量與彈性的不平衡，是造成運動傷害的主要成因。

一個動作只要重覆成千上萬次，這種不平衡的情況便必然會發生。例如，長期訓練腿部後，後腿、大腿和下背肌肉會比較發達；而脛骨、前大腿、腹部和臂部的肌肉會變弱。

這些部位的弱點會在腳、小腿、膝蓋、大腿和下背造成不正常的壓力，而使用過度帶來的症狀便會出現。假如相關的結構也很虛弱，情況就會更加明顯。

例如，短而有力的小腿肌肉配上無力的脛前肌肉，會造成脛骨疼痛、阿基里斯肌腱炎、足底筋膜炎與小腿抽筋等運動傷害。

膝蓋以上的部位若有肌肉失衡的狀況，就會導致骨盆歪斜，而下背、坐骨神經與髖關節也會有問題。

最好的預防方法，是規律地做矯正運動。身體後面的三塊肌肉群需要伸展；相對地，身體前面的三塊肌肉群則需要強化。

伸展運動的內容很簡單，也很容易做到，但做的時候要非常小心，絕對不可有疼痛或不舒服的感覺，最多只應感覺到張力：

第一式：站在離牆壁一隻手臂長的地方，雙腳平踩在地板上。身體前傾，直到胸部與牆面接觸，但雙腳仍保持平貼地面，身體從腳跟到胸部成一直線。持續十秒鐘。然後回復直立狀態。重覆十次。

第二式：單腳站立，鎖住膝關節，避免它屈垮，將另一隻腳放平在台階、板凳或桌子上，高低視你的彈性而定，並一樣鎖膝。試著將頭碰觸到膝蓋，也許你只能大略碰到，或是無法完全碰到。同樣地，不要勉強或有壓迫感，持續十秒鐘，回復直立狀態。重覆十次。

第三式：往後。平躺在地上，雙腳伸直，鎖膝。將雙腳往上抬，越過頭部，朝頭頂方向的地板伸展。如果可以的話，讓雙腳碰觸地板，但絕對不要有壓迫感。持續十秒鐘，然後回復休息狀態。重覆十次。

若要增強肌力，則要活動與伸展部位相對的肌肉。以前兩種運動來看，可以利用二點五公斤至四點五公斤的重物，或者用水桶裝水。

首先，坐在桌子的邊緣，將重物放在腿上，屈膝後將腳往上抬，維持十秒不動，再放鬆。如此重覆十次。

接著，仍是坐在桌邊，將重物掛在腳上，然後把腳伸直，鎖膝。持續十秒後。放鬆。重覆十次。

還有最後一個運動是屈膝仰臥起坐。躺在地上，膝蓋彎曲，緊縮臀部，與地板呈四十五度，起身將頭彎至靠近胸部，持續十秒，然後放鬆，如此重覆十次。如果有需要，可請人按住雙腳，或者將雙腳卡在椅子下固定住。

每天持續做，這些小運動能大大地預防困擾運動員的各種傷害。當傷害發生的時候，也可以做這些運動，並配合其他形式的治療。

——《跑步得勝》，一九九一年

07 多喝水

夏天來了，在我們海濱住家後院的噴泉又開始運轉了。在這炎熱、潮濕的天氣裡，跑者成了這塊綠洲的常客。他們在海濱木棧道上停下來，用乾淨清涼的水提神，然後繼續前進。

這個噴泉是我太太的點子。她認為，喝再多的水也不嫌多。她是對的。我們目前有一半的問題以及未來將發生的可怕病痛，就是出於水喝得不夠。我們並未遵循「每天要喝八大杯水」這則自古以來的金科玉律，來清洗血液系統。跑步的人尤其首當其衝，他們失去的水分比喝進去的多；身上的水分不間斷且毫不保留地流失了。我們呼出水汽、流出汗，還從腎臟排出水分。我們身上的脂肪足夠讓我們跑一星期，空氣也不虞匱乏，但我們失去水分的速度，卻可以讓人在一、兩個小時內就動彈不得。

事實上，一般人（當然也包括跑者）通常都處在輕微缺水的狀態。我們不能靠口渴來提醒自己喝水的時間到了；「傾聽身體」雖然是通用的準則，但不適用於補充水分。口渴是個奇特的現象，它和身體的需求有時間差，所以是不可靠的報信使者。因此，要維持體內水分的平衡，常識比身體智慧還可靠。

我第一次知道這件事，是在擔任實習醫生期間。當時我進行了一項實驗，接著很快發現，大部分病人的尿液比重偏高，這是身體為了保存水分，因此將尿液濃縮的徵候。此外，他們喝的水比實際需要的量還少。後來，我讀到一份報告，內容指出，即使是腎結石患者（醫生囑咐他們，得喝下超標的水分），尿液中也有這種比重偏高的情形。

如果是這樣，那些路經我們海濱家的跑者又是怎樣呢？通常，他們還滴著汗，T恤也濕透了，看起來就像是剛從浴室沖澡出來一樣。如果開始跑步時身體就缺水，接下來他們就得冒著脫水的風險了。

在濱海木棧道上的跑者都忘了出發前要先準備水。在抵達我們家之前，他們就像詩人柯立芝筆下的老水手——「水啊，到處是水，卻一滴也不能喝」。他們只能望海興嘆，所以一看到乾淨清涼的噴泉水，總迫不及待地要享受，以圖個神清氣爽。

顯然，跑者應該在跑步之初喝下足量、甚至超量的水分。最準確的確認方式，就是檢查尿液比重。

在我的醫學實驗室有一台尿比重計，上頭有一根玻璃管來裝入尿液，另外再附一根可以浮在尿液上的玻璃製度量工具。另外也有一種由AMES製作的測試帶，可以把它浸入尿液中，直接讀取結果。理想尿液的比重應該低於一點零一。

喝了足量的水，一切就變得簡單了。

飲用我們噴泉水的跑者都知道，若每三十分鐘就喝水，會覺得比較舒服，否則運動表現會打折扣。脫水現象發生時，體溫會升高，心臟為了散熱，其負荷也會增加，跑者也將面臨熱衰竭或中暑的危險。

所以，要特別注意水分的攝取。起跑之前喝足水。放心，水會排出，不會造成水腫。此外，比賽中挪出一點時間補充水分，接下來的時間會更加充裕。跟急著跑而不暫停的人相比，停下來喝水的跑者會跑得更快、更遠。

加水站就是我的小加油站：第一站是在起跑前，實實在在地喝下十大口的水；第二次是我滿身大汗回來的時候，這時水喝起來似有特別的質地。讓我想起年輕時常取用的另一個水源。

青少年時，到了盛夏時節，我們會去打高爾夫球，在第十三洞那裡有一處湧泉。我記得那是前四個短洞，開球區位在一個小山丘上，一揮桿，球飛過小樹林，就到了下面的果嶺。穿過樹林，往果嶺的小徑上有潺潺的小溪和湧泉。我們抵達湧泉之前，已經熱得汗流浹背，又髒又累。我們會輪流用長柄杓舀水，啜飲那清涼可口的味道。湧泉向來是我們打一局高爾夫球後的必遊之地。那個時候，我想不到其他可以與它媲美的飲料。

但現在，我找到了和那湧泉一樣甘美的水。那是在炎熱夏天長跑後，我海濱家的噴泉。

——《跑步得勝》，一九九一年

08 當自己的教練

四十五歲重新開始跑步時，我成為自己的教練。我不得不如此，那時，沒有人有興趣訓練一位中年跑者，也沒有人研究過年長運動員的特殊需求。

我只好自己決定目標和訓練時程。我得決定正確的訓練頻率、強度與時間，我就是個實驗品，由於缺乏指導與經驗，只能被迫從錯誤中學習。

醫學院的學生有一句諺語：「如果你治療自己，就等於有了一位傻子病人。」同樣的道理也適用於訓練。失去理智時，得有人保持清醒、抗拒驕傲和野心，以免一廂情願地沉溺在夢想中；總有人得退後一步、看清事實、做困難的決定。只有健全的心智才能訓練健全的身體，自我太膨脹的話，神智就可能會不大清醒了。

我和大部分人沒什麼不同，很快就掉入陷阱中，犯了當教練的大忌。我最初、也是最嚴重的錯誤，就是設定了不合理的目標。我初期的跑步成績不俗，於是受了蠱惑，以為自己能力很強，但其實跑者在新手期總會有巨大的突破。我很快能輕鬆跑完二哩，於是我相信，進步會持續向上、沒有極限。

既然我跑得不錯，便期待成績會更好、更亮眼，例如五分鐘內跑完一哩、三小時內跑完馬拉松或追上比我年輕二十五歲的小伙子。我要求得太多、太早。

不合理的目標就會有不合理的訓練。我墜入里程數的迷思，但很少磨破腳。所以我很快地增加每星期的跑量，比大學時參加越野比賽的距離還長。沒有練習長跑時，我就在田徑場上進行間歇訓練，然後每周奔向兩小時車程內的地方參加路跑賽。

不可避免的事情一次又一次地發生了：無精打采、精疲力竭、生病。最後我終於明白，運動愈多、狀況愈差。我當時還不明白，漢斯・賽萊是對的，加入適當的壓力，身體便更能禁得起訓練，成績也會更好；但隨著壓力的大小，恢復時間的分配對成功與否至關緊要。

伴隨著高目標與密集訓練，我的運動傷害也增加了，長程、山路、速度訓練都會引發運動傷害。脛前疼痛、跟腱炎、跑者膝、腳跟骨刺和發炎症狀我都碰過了。由於運動過度，每個月我都出現新的、令人沮喪的運動傷害。更糟的是，我會不經意地忽略它們。像許多跑者一樣，我負傷而跑，因為我準備了好幾個月，絕不讓運動傷害或病痛迫使我錯過任何一場比賽。

這種不顧病痛繼續跑的態度，舉世皆然：在魅力十足的路跑賽中，總是有一群「其實適合當觀眾」的參賽者。在南非盟友馬拉松賽的前兩天，我接到一通參賽者的電話，他發燒了一整個星期，嚴重到醫生認為該做脊椎液檢查，以排除腦炎的可能性。

這位跑者問我：「我可以去跑盟友馬拉松嗎？」他為了這次比賽已訓練了六個月，無法忍受錯過它。但我回問他：「你有家人嗎？」畢竟，唯有孤獨地活在世上、只需管好自己死活的人，才會拚死去跑盟友馬拉松。

擔任自己的教練，就很難了解，跑步是一輩子的活動，且一時的勝負其實微不足道。世上總有另一場比賽、另一場馬拉松、另一場盟友馬拉松，甚至另一場波士頓馬拉松。即使錯過下周日的比賽，你還是會活得好好的。

當然，我太晚學到這一點。我現在才知道，早期的目標訂得太高了。跑者很像賽車，有內建的性能範圍。最後我終於調整了訓練計畫：我開始每周休息一天，後來還變成兩天。現在，我每周只跑三十哩，依然能在比賽中維持水準，甚至持續進步。我也減少了間歇訓練的次數，針對每年有三、四場我特別想要獲得好成績的比賽，才會在前幾周做特訓。我接受了生理的循環狀態：跑出好成績時，不再刺激自己增加訓練量；成績不理想時，也不會逼自己隔天一大早就出門多跑幾哩路。

自我訓練時，我偶爾仍會犯下錯誤，然而這是值得的。擔任自己的教練後，我更有獨立精神，並依靠自己的經驗、更能從錯誤中學習。擔任教練，使我成為自己的專家。

當教練犯下的錯誤，並不少於在生活中犯的錯誤，包括設下不合理的目標、努力的方向錯誤、目光短淺、放錯重點等。現在我終於明白。跑步不僅使我成為教練，也讓我成為哲學家。

——《跑者世界》，一九八一年一月

09 禦寒衣著

開始練跑後，我就很享受在冬天跑步，如同在其他季節一樣，寒冷的天氣對我完全不是問題。

熱身完、核心體溫達到那必要的一度、「再生氣」來了，我便開始舒服地跑，就像在五月或九月天裡一樣。有人開車從身邊經過時，會好奇為什麼此人在大冷天裡這樣折磨自己。

但跟穿戴全身跑步裝備的我比起來，這位在車裡的駕駛仁兄可不比我溫暖與快樂呢！在寒天裡跑步不是折磨，而是一種樂趣，令人精神奕奕、生氣勃發。它需要的只是一點意志力和常識。所謂的意志力，就是把我從廚房門內推出去的一點小動力；從無數經驗得來的常識，令我懂得穿戴好冬天跑步的衣著。

我從經驗中學到，挑選寒冬的跑步衣著有哪些大原則。

最佳的保溫方法，是穿上多層的輕質衣服，讓各件衣服間的空氣形成隔熱層。我喜歡棉質貼身衣物，如果外面真的很冷，就再加穿一層羊毛衣，最外面則是防水又防風的尼龍網布T恤。基於同樣的理由，我還穿了尼龍短褲。

所以，我先穿一件長袖棉質衛生衣，再加一件高領套頭上衣，這樣可以包覆住脖子的大動脈。對我來說，保護脖子非常重要，不管我穿得多保暖，如果頸部暴露在冷空氣裡，就會覺得冷。

我很快學到另一件事：不要穿太多，否則身體會流太多汗，衣服被汗水浸濕後，會立刻失溫，很快就覺得冷。很奇妙，在嚴寒的天氣裡，人所需要穿的衣服竟這麼少！專家估計，在攝氏二十一度坐著不動所穿的衣服，就足夠在七度下跑步時穿著。有些跑者會偏愛穿Gore-Tex、合成彈力纖維和聚丙烯材質的衣服。

有一種避免穿太多衣服的方法，就是使用暫時的保溫法，在跑步或比賽中間丟棄。為此，我經常在T恤裡面穿一層報紙，等身體暖和起來，便把它扔到垃圾桶。於此同時，同伴們卻還在為多餘的外衣傷神。

另一種暫時保溫的方法，是利用乾洗店套衣服的塑膠套。我在上面剪了洞，讓頭和手可以穿進去，這在又冷又濕的天氣裡特別有效，例如當天氣只有攝氏二度，風速又在每秒六到九公尺間。

把頭包住、包好，是極重要的。據說，頭部會散掉身體百分之四十的熱。這我相信。對我來說，冬天不戴著滑雪面罩跑步簡直是不可能的事。面罩會將我呼出的氣變熱，然後讓臉變溫暖。事實上，冬天跑步最大的樂趣之一，就是能在面罩裡呼吸。若有人問我，凍到入肺該怎麼辦？這就是解答。

但專家說，其實沒有凍到入肺這種事。所有吸入的空氣都會被過濾、加熱到體溫的程度，而且在它到達肺部前，早就完全被濕氣浸潤了。

而面罩的功效，令我相信他們所言為真。除此之外，還要有連指手套。一般手套的指頭是分開的，會散熱。所以我喜歡羊毛連指手套，但是，當溫度計的指針刻度開始往下探底時，我便換成尼龍的半截連指手套。

有時，我會用羊毛襪當手套，或是把它套在連指手套上，效果也很好。

奇怪的是，雖然我對身體各部位如此大費周章，但雙腳的配件卻比較簡單，網球護踝就夠了。另外，我會穿皮革跑鞋，這也許能提供更多的保護。

我的穿著大致如此。在我的運動袋裡，還有一項在寒冬裡不可或缺的重要物品：凡士林。我會大量塗抹在臉上、耳朵、手上，剩下的塗在腳上，甚至連層層衣服保護的部位我也會擦抹。

在打開廚房門外出前，還有一件要務：一定得脫下腕錶。它配有金屬錶帶，在寒冬裡會變得冰冷，戴著它當然很痛苦。而進行長跑時，我最後也得脫下它、握在手裡。

現在，我已準備就緒了。我穿上了好幾層的衣物，準備面對外面的天氣。氣溫、寒風、降雨、下雪或雨夾雪，我全都列入考量了。

剩下的，就是決定往哪個方向跑。該往北或往南跑？往西或往東？在其他的季節裡，方向的選擇是隨心所欲的。現在，要依風向來決定。冬天的原則是，出發時要逆風，回家時順風。

關於跑步，如同日常生活一樣，若能遵循幾項簡單的法則，就贏了一半。

——《跑步得勝》，一九七八年

10 身體催促的聲音

每當跑步的時間一到，我的身體就蠢蠢欲動，迫不及待。「不准有任何藉口」，這句話打斷我的思考，侵入我的思維，讓我身不由己。一旦跑步的感覺浮現，不管其他任何事有多重要，都得先擺一邊。好似狗兒會去找牠的狗繩，或是搔刮著門、糾纏不休，直到我舉白旗投降。

我的身體也想出門，我不怪它。在整個星期的工作天裡，心煩意亂的事足以令人精神失調。身體對心理做出了反應，而心理也對人際關係、工作期限、目標、責任所帶來的紛紛擾擾、挫折和困窘做出反應。我無法完成他人的要求，更糟糕的是，我也無法完成對自己的要求，壓力、罪惡感與憤怒紛至沓來，最後讓身體成為受害者。

中午還沒到，我的自主神經已經開始紊亂，大腦就要認輸了。

任何的芝麻小事，從早上遲到，到律師寄來的未拆信件，都會影響到這可憐的身體。我忘記該做的事、不想做的事，還有做不好的事，我不斷受到身體反應的影響。觀察敏銳的人都可清楚看出：我眼神渙散、表情木然、無意識地傻笑、彎腰駝背、垂頭喪氣、腳步沉重。

我從別的徵兆也知道這一點：雙手濕黏、頭痛、坐骨神經發痛。我開始聽到腸絞動的轆轆聲。我打起嗝，感覺到胃裡充滿了胃酸。往下一點，結腸一陣痙攣。難怪我的身體想出門，它一定為了在身體各處設置路障而忙壞了。

所以，我決定要跑的時候，身體樂瘋了。它開始雀躍不已（當然，是在體內），不斷歡呼（當然，是聽不見的）。它盤算著到底還要準備多久才能開始跑。有時在返家途中的車上，我就開始換裝。

在這個衝向自由的過程，我的心智和意志比較像是旁觀者。

然而，一旦出門，身體就接受皮帶的管束了，它願意等到「再生氣」到來的時候。因此，第一哩路我先小跑，故意跑得很輕鬆，我讓自己享受剛解放的感覺，體驗解脫的快感。之後，我跑到河邊，遠離車流，獨自跑在寂靜的路上。我鬆開皮帶，讓身體自由。

瑞典人稱此為「跑步遊戲」（fartlek），是身體單純為了好玩而跑，看它喜歡怎麼跑，想要跑多快——輕鬆或費力、快速或緩慢、慢跑或是衝刺。你可以跑上山坡再跑下來、從一根電線桿跑到下一根，恣意地在草地上移動，感覺腳底下的鬆軟與彈性。

身體成了主宰，心使不上力，只能跟著。肉體正療癒著我的靈魂。若你現在看見我，你可能會大叫：「很勇哦！醫生，你看起來真的很壯！」我也是這麼覺得——健壯、能幹，而且有一點驕傲。因為這一天，我正在做自己擅長的事，而且做得很好。

威廉．詹姆斯說得好：「要讓此生不虛此行，必須放下身段，回到更深刻、更原始的狀態。視覺、嗅覺、味覺都將與日俱增，生活體驗也會更美好。」

我確實可以感覺到生活愈來愈好。我和我的身體，每隔兩天便長跑十哩。傾聽身體後，我深信自己每天的雜事實在太多了。你看，有幾天，不管身體想不想，我都帶著它出去慢跑，就像拉著不甘願的狗的脖子。但我的身體喜歡那十哩路。即使只是離家一哩，只要慢慢跑、純粹享受跑步的樂趣，身體便會不自覺地加速了。

當我說：「嘿！慢一點，想一想明天的事。」我會聽到它回答說：「那是你的問題。明天我放假。」

——《跑步人生》，一九八〇年

11 幽默感

有次我在跑步的時候，突然靈光乍現想到：世界上一定有一種與訓練身體類似的心智訓練法。「健全的心智寓於健全的體魄。」這句話暗示，身體與心理的健康必然是經由相同的原則，事實上，源頭也是一樣的。

當然，健全體魄的根本方法是分段施加壓力、持續增加負荷，並搭配適當的時間間隔，讓身體慢慢適應。然而，這個過程的功臣是遊戲。運動讓我們身材健美，所以我們才會願意投入；自我更新的內在驅力令人健康，所以我們才會堅持下去。培養運動員體格的方法，必然會成為日常生活的重點，否則，我們的身體會反抗。若遊戲是生理問題的解答，那它也該是心理問題的解答。心理健康仰賴遊戲，正如生理健康得仰賴玩耍。遊戲使我們成為運動員，也使我們成為聖徒。

讓我來說原委給你聽：紓解心理壓力最好的方法，是透過遊戲。要培養一顆健全的心，最有效的方法，是透過幽默，那麼這個方法有什麼好處呢？

幽默能讓我們忍受無法忍受的事、接受無法接受的事、背負無法背負的事、甚至去了解無法了解的事。

幽默給予我們與晦暗不明共存的能量；在問題無解時，給予我們接受挑戰的勇氣和勇往直前的力量。

幽默能將人生轉換成遊戲，讓我們能定睛凝視真實的世界以及周遭的邪惡，且仍然很清楚，不管怎樣，這些都是上天的計畫。唯有幽默感能幫助我們面對那些無法回答的大哉問：我為什麼生而為人？我為何在此？我為什麼一定會死？我該做什麼來榮耀人生？

——《跑步人生》，一九八〇年

12 第二氣

我從來不會受到高里程數的誘惑。我曾經是兩個全美大學校際冠軍隊的隊員，但我從不會在單次的訓練裡跑超過五哩。一九六〇年代，當我重回跑場時，我遇到的老手也都是每天練五哩、每周參加一場比賽。我如法泡製。除了比賽之外，我只有一、兩次跑超過十哩。

別忘了，班尼斯特每周只有訓練五小時，就打破了四分鐘跑完一哩的門檻。他後來寫道，若要進步十秒，得需要四倍的訓練。

運動生理學家科斯提爾（David Costill）博士研究後發現，班尼斯特的理論是正確的。最大幅度的進步來自於每星期二十五哩的訓練，而每星期五十哩的訓練能讓你突飛猛進，不過，每周訓練兩百哩至二百五十哩，就無法增加最大攝氧量，或提高心臟的輸血能力。事實上，每周超過五十哩的訓練，會降低跑者的厭氧能力（無需氧氣的能量），進而影響到跑速以及在終點線前的衝刺。

我也親身驗證了這些結論。首先，我發現每周訓練三十哩，就能在一場馬拉松跑出好成績。觀察其他人之後，我也計算出，如果我每周的訓練里程加倍，馬拉松成績也許可以進步五分鐘。但相對地，我可能得冒著訓練過多所造成的風險，包括無精打采、生病和運動傷害。

此外，我也得處理身體的問題，它喜歡每天跑四十五分鐘至一小時，不能再多。跑一趟十哩路時，在最後的十五至二十分鐘裡，我總是急著想趕快跑完。那個時候，創造力、思考力、解決問題的高峰期都已經過了，身體只想回家（我也是）。

我將這段思考的活躍時期稱為「第三氣」（third wind）。「再生氣」出現在跑步後六到十分鐘，生理學家坎農形容它如「奇蹟般的心曠神怡，活力再造」。之後，約三十五分鐘時，會出現第三氣，此時，興之所至的想法、回憶與體驗都將源源不絕而來。

——《跑步得勝》，一九九一年

13 垃圾里程

跑過的每一哩路我都樂在其中，它們對我的身心靈也都深具意義。在路上的每一分鐘，本身就是獎賞。我跟著自己的行程表前進。我跑，是因為我想跑，而不是某位專家的建議。每當我讀到高里程數的訓練計畫時，都會問自己兩個問題：「我會得到什麼」以及「代價是什麼」。

高里程數的收穫會依循「報酬遞減」的法則：跑越多哩，收穫就愈少。另一方面，其代價卻是呈相反的曲線：跑愈多哩，疾病和運動傷害的發生機率就愈高。更糟的是，無精打采和精疲力竭的風險也會更高，因為我是打算要活到老、跑到老的。但跑者通常有一種迷思，以為跑愈多，成績會愈好。

幾年前，我接到一位女性跑者的電話，她長期受到多種運動傷害的困擾，還有間歇性的疲累及過度訓練。「我是不是註定無法再每星期跑七十哩呢？」她邊哭邊說。我告訴她，減少里程數是對她身體最好的方式，但是她不願意聽我的建議。

比爾．鮑爾曼可說是美國最偉大的教練。關於里程數，他有一句名言：「『一分耕耘，一分收穫』，這種想法實在是垃圾。」也許，這就是那些不必要的里程被稱作「垃圾里程」的原因，因為它對身體或頭腦幾乎毫無價值。

——《跑步得勝》，一九九一年

14 運動生理學

如果有人決定要開始運動、進行訓練或成為運動選手，那麼該如何著手呢？換句話說，體適能的公式是什麼？要放入哪些係數，才能提供這項計畫所需的能量與能力？

大部分的運動專家都會同意運動生理學的一些原則，因為這些都已經變成常識了。注意以下四個要點，一定就能透過運動達到健身目的。

鍛練模式：運動時一定要用到大肌肉群。運動所帶來最大的好處是訓練肌肉，因此過程中能用到愈多肌肉愈好，走路、慢跑、游泳、騎腳踏車都有幫助。當然，有氧舞蹈、滑雪、划船、登山、跳繩等運動也很好。

若想追求耐力，便不建議使用傳統的肌肉訓練法。健美先生在跑步機上的表現是很差的，而且很快便疲乏了。唯有將舉重轉換成耐力的活動，改採用較輕的啞鈴，並重覆無數次，才能以舉重的方式增加體能。

持續時間：每次訓練時間至少要三十分鐘，每周至少要累積達兩小時，且應該是持續性的運動，就像跑步和游泳。如果是網球和揮桿型的運動，最好請朋友拿著碼錶，幫你計算實際運動的時間。這「三十分鐘」無關乎里程和圈數，除了分鐘數，其他的都不需要計算；訓練的效果只跟時間有關。

強度：運動的人都想知道自己應該跑多快？這個活動進行的速度應該是多少？答案很簡單，就是傾聽你的身體。以身體覺得舒服的力氣跑，約介於相當輕鬆和有一點困難之間。這個原則是根據瑞典生理學家柏格（Gunnar Borg）的運動自覺評比（Rating of Perceived Exertion，將費力程度分級，以作為運動強度的指標），指出身體知道自己的能耐。

運動生理學家威廉・摩根（William Morgan）博士寫道：「大部分的人，都能準確無誤而且不斷評估生理活動的費力程度。」我們自己就能準確評估費力程度，比任何檢測都還準確；自我觀察所得出的結果，是現代科技遠不能及的。

所以，運動時請運用這個方法，將身體調到舒適的強度，接著就能進入自動駕駛的模式，最後進入忘我的境界。如果這些觀念對你來說太陌生的話，你可以先採用「說話測試法」，也就是能一邊運動、一邊與同伴輕鬆對話。這麼一來，你就能維持適當的有氧運動強度，重新學會解讀自己的身體。

頻率：一般建議的運動頻率是兩天一次，這樣身體才能有機會恢復元氣。肌肉中的醣代謝通常需要四十八小時；神經內分泌的壓力也需要兩天才能適應。如奧運跑步選手諾埃勒・

卡羅爾（Noel Carroll）所說的：「休息，就是讓訓練效應在體內發酵，也讓身體去調適外在壓力。」

與其跑三十分鐘，我更偏愛跑四十五分鐘左右。我的心門似乎會因為跑較長的路而打開，若是三十分鐘就停下來，反而會覺得若有所失。所以，我通常跑四十五分鐘或一小時，每周兩到三次。一位朋友（她是位健走者）有次跟我分享類似的感覺，她說：「前三十分鐘是為我的身體運動，第二個三十分鐘是為我的靈魂運動。」

跑步是一種低成本的運動。除了鞋子外，你所需要的東西家裡都已經有了，一旦買了雙好鞋，其他唯一的支出應該只剩下報名費。跑步的總開銷一年均下來，每天不到幾十元。

跑步不用花什麼錢，但前提是你得學會處理運動傷害。表面上很省錢，但上路後可不是這麼一回事，待里程數累積起來，運動傷害也會跟著出現，看病的次數一多，支出便跟著水漲船高。脛前疼痛或跑者膝的療程長短，接有賴於專科醫師的評估，而醫療費用可能會超過你日常的支出。

治療跑步傷害時，我遵守兩個原則。第一，自我治療。雖然我可以免費去看同事的診，但我還是傾向自己處理。我知道的比他們多，不是因為我是醫生，而是因為我是有經驗的跑者，此外還得知以前在醫學院沒學過的許多知識。給我一些外科用的毛氈和一把剪刀，我就能剪出各式圖樣放在鞋裡，以解決跑步的不適。

善用許多材料和工具，就能有效治療運動傷害與身體過度使用的症狀。勤快一點，常去藥房、運動用品店和醫療器材門市，就能發現我使用過的器材：

足弓支撐墊：在一般通路可以買到「爽健」牌的鞋墊，而運動用品店或醫療器材店則有更精密、更貴的足弓支撐墊，如Spenco。

矯正鞋墊：和前者有一點不同，它能全方位提供腳著地時的正確位置，尤其是跑步時腳掌嚴重外翻或內翻的人特別需要。你可以請物理治療師特別製作，也可以在運動用品店購買。

避震墊：最受歡迎的是Spenco鞋墊，而日本品牌「舒宜保」的比較厚重。

鞋跟墊：我會避免使用可壓縮的橡膠海棉。我多使用外科毛氈，它也會凹陷，但通常可以撐到比賽結束後。若要永久性的鞋跟墊，最佳選擇是皮質的。

充氣式護踝（Air Stirrups）：這種新設計的護具，讓有扭傷、甚至有應力性骨折的人也可

“在四十五歲左右開始跑步後，我改寫了自己的人生故事。跑愈多，我也更確定自己正往真正的目標前進，那就是：成為我自己。”

" 應該跑多遠？跑多快？多久跑一次？我學到了體適能第一條、也是最偉大的戒律：傾聽你的身體。有個問題只有身體能回答，那就是：「你是否樂在其中？」 "

TRACK
400

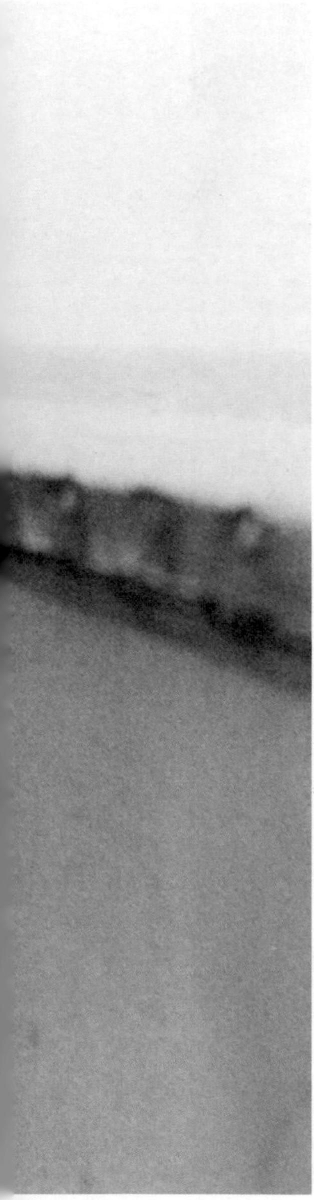

“當運動變成遊戲時，它就變成每天的一部分，生命的一部分。遊戲的好處包括獲得健美的體格、心理的平靜和身心靈的完整。而最棒的是，當你感覺到自己與自然合而為一的時刻，這是真正的平和，是這個世界無法給予的。”

Jersey
Shore
Marathon

“命運給了我癌症，開始對我微笑，讓我明白自己對家庭與其他人的愛。除了競賽與孤獨外，跑步還有另一個快樂的泉源，那就是重返孩提與青少年時期的友誼關係。我現在有一群朋友，我是小團體中的一員。”

“你必須先尋找自己是誰，而且這件事至死方休。這個過程會透過你運用身體的強度，透過你在遊戲中的投入程度而逐漸明朗。你要學習自我尊重、自我接納。要知道，你可以成為自己的英雄。”

以跑。它能避免腳往側邊運動，但腳底板還是能彎曲與活動。

髕腱加壓帶：這也是一種新設計的護具。一條簡單的繃帶繞過膝蓋骨，就能緩解大部分的膝蓋症狀。它能減少膝韌帶的活動，類似於網球肘束帶的功能。

ZONAS運動貼布：這是由嬌生公司出產的，在藥房裡買不到，醫療用品店才有。它能服貼在皮膚上，也很容易撕下，是預防和治療水泡的好幫手。

安息香酊：這是一種黏稠的液體，可以在使用貼布前，先塗在皮膚上。

鞋跟穩定器：這是固定在鞋跟部位的塑膠護片，對腳掌外翻的人能提供更佳的保護。它們可以讓一雙會造成運動傷害的鞋，變成能治腳傷的鞋。

熱敷與冷敷袋：在跑步前（熱敷）和跑步後（冷敷）用於受傷部位。「冰按摩」也可以，甚至更好。紙杯倒水後插入鴨舌棒，放在冷凍庫裡，過一段時間後就可以變成按摩用的冰棍了。

綁腿沙袋：買這項器材有點奢侈，但確實能幫你有效鍛鍊小腿和大腿。

外科毛氈布：有了一塊外科毛氈布和一把剪刀，你就可以成為自己的足部醫生。你可以做出任何能支撐足部的東西，然後把它在貼在腳上或Spenco 鞋墊上。

跑者若在自我治療時用過以上所有的配備，卻仍無法紓解足部的不適，那就換鞋子吧！這些方法都失效的時候，通常是鞋子的問題。鞋跟磨損了，或者不再能維持腳的平穩。找一雙能好好保護與控制後腳跟的鞋子是最重要的。

我的第二個原則呢？如果這些方法都沒用，就去找最好的醫生。我找過一位醫生，他已看過無數跑步運動傷害的患者，也知道如何治療。只是關於這個主題的書，我尚未著手進行。但去看名醫所耗費的舟車勞頓和醫藥費用，肯定是值得的。

就如大家所說的，長遠來看，值回票價。

——《如何維持一天二十四小時神清氣爽？》，一九八三年

席翰醫生與我

路跑之前，女男平權

——尼娜・庫斯席克（Nina Kuscsik，第一位正式參加波士頓馬拉松的女性）

我在一九六九年參加波士頓馬拉松，從此進入馬拉松的世界。那時，我便聽聞了紐約路跑俱樂部（New York Road Runners）的活動以及所有當地的比賽。

在波士頓馬拉松賽後，我開始和該俱樂部的成員一起跑。比賽大多是在紐約的布朗克斯舉行，頒獎典禮是在男士更衣間內舉行，我也獲准入內。我遇到許多跑者，也從他們身上學到許多。喬治・席翰醫生也在那裡，我聽說，他相信也支持女性也和男性一樣，能從跑步中獲得生理和心理的成長。

然而，我對席翰醫生的好印象並不是來自跑步，而是來自於他的演講。

他為人謙遜，為跑者做健康專題演講前，總是很緊張。他經常走來走去，以平復緊張的心情。但一旦演講開始，他便滔滔不絕，令觀眾全神貫注；他的演講內容涵蓋了許多跑者會想記住的重要資訊，以應用在訓練與比賽中。

在波士頓馬拉松開跑的前一天晚上，主辦單位總是會例行安排一場暖場演講。一九七六年，大會安排的講者是席翰醫生，氣象預報顯示，比賽當天的氣溫將是攝氏三十五度。席翰醫生一如往常般緊張，在講台上來回踱步。之後，他便以下面這句話作為開場白：「明天可能有人會死。」所有人因此立刻聚精會神，且出奇地安靜，仔細聆聽他對於隔天比賽的建議。第二天，溫度果真飆升到三十五度；印象中只有一位跑者被送進醫院，而且很快就出院了。

第6章

比賽

比賽是眞實的體驗，只有情境是人爲的。
我整個人完全投身於和時間、距離與環境的眞正搏鬥。
我所有生理的、情緒的與精神的氣力，
全被喚醒，定要拚力一搏。

——《如何維持一天二十四小時神清氣爽？》，一九八三年

01 平和的新英格蘭夏日午後

「這整個景象最讓我印象深刻的是，每個人都是這麼的溫和。」當時我們站在「伯克夏大師十公里路跑賽」(Berkshires Masters Ten-Kilometer Run)的終點站，看著選手魚貫通過時，一位編劇朋友這麼說。

在足球場上的決勝跑道後面，有一個小型的觀眾看台，上頭擠滿了加油打氣的親友團。掌聲斷斷續續，只要有女性或年長跑者準備衝刺、越過終點時，掌聲就會如雷響起。

幾分鐘前，我也剛從那道終點線通過，我被與自己無聲的拚搏所包圍，深陷在比賽最後階段的內心苦熬。我經歷了那最後的六、七分鐘，光是維持步伐就已證明了勇氣。那時，我也聽見了相同的掌聲。領取了成績和名次後，我和朋友握手、拍拍對方、互相擁抱。賽後的我現在站在一旁，內心溢滿愉悅的情緒。

當我仔細觀察自己以及周遭的人時，我發現朋友所言甚是，現場氣氛可用「溫和」這個字眼來描述，也許還可以再多一個「平和」(一位詩人朋友曾用過這個形容詞)。她告訴我，她從來沒有看過比我在比賽後更平和的面容。

平和是一種正面的特質，它不僅只是沒有壓力、爭吵或衝突，還是積極、強健、篤實，告訴自己是美好、聖潔而且完整的。

這也是一種不尋常的平和。其他的事都會有反作用，諸如高潮後有谷底、甚至樂極生悲。

但在賽時和賽後的平和不會有副作用，它是比賽產出的豐美果實，是從痛苦、考驗、個性展現以及卓越成就而來的。

伴隨而來的，是全然放鬆、無欲無求、渴望的終結以及野心的滅絕。細微瑣事、口腹之欲以及所有的邪念，都暫時被拋到九霄雲外。我變成全新的人。

早期，我比較在意紀錄和表現。有次熱身時，一位跑者跑上前對我說：「你一定會破紀錄的！」我可不這麼認為。那是我在一周內的第三場比賽。有次訓練時，因為太疲累，我還被迫在三公哩標示處慢下來用走的。

踉踉蹌蹌地跑回起跑和終點所在的足球場時，我感覺兩隻大腿不自主地打顫著，顯然是疲乏的徵兆。當時我就不再想著破紀錄這件事，只想盡全力就好。我的表現應該會很糟，但不管怎樣，我會盡力。

其實，我不需要擔心的。

那天一切都很順利。那是一個沒有爬坡的來回輕鬆路線。天氣很好，新英格蘭的天朗氣清，萬里無雲。

一開始，我就覺得狀況頗佳，一哩後，覺得狀況更好。回程時，我感覺到氣力十足，只要控制好速度，就不至於最後三哩都在衝刺。我贏得了這個年齡組的冠軍，然後想到要紀錄這件事。

這個順序我很熟悉。有位精神科醫生在回信給我時，描寫他跑半程馬拉松的歷程：「起跑時，我想起詩人華滋華斯的〈快樂的戰士〉（Happy Warrior）。抵達一半時，我想起吉卜林的〈如果〉（If）。跑到第九哩時，我開始禱告。然後，生理機制主宰了我，讓我得以支撐到終點。」在比賽中，我和其他人也都在體驗這段歷程。前半段是快樂的戰士：「嬉遊於各種人間遊戲；付出最多的，必得勝。」接近最後幾哩路時，變成吉卜林所說的任務：「用六十秒的奔跑來填滿毫不留情的每一分鐘」。

此時，我就快跑到終點，獲得成績。我不能退縮。這不只是我個人，也是每個人的成績。我不只是為我自己而跑，也是為這場比賽中的四百三十個人而跑；許多人都關心一位六十歲的長者能做出什麼驚人之舉，並且會為他深感驕傲。過程雖然辛苦，但我仍必須以最大的差距打破紀錄。

之後，當我不顧一切地往前跑向足球場的最後一個轉彎處時，心裡不住地祈禱。跑者常用的禱詞是：「求祢叫這杯離開我吧！」（《馬太福音》26章39節）最後是身體逐漸不聽使喚，意志力終究只能崩潰。事實上，我只能撐住，在終點時才垮下。

在這尋常的經驗之中，一副景象在我們眼前上演：跑者一一通過這道尋常的試煉，身體與心靈自然交會了。有人寫道，戰場上勝利者與失敗者相互擁抱，是世上最為真情流露的表現。

馬場上也是如此，除了沒有失敗者。所有人都是勝利者，都經歷了不同程度的考驗、不同程度的痛苦，以及得到各自己的成績。以一般人的標準看來，這些表現堪稱超人。每個人都是破紀錄者，最終如兄弟姐妹般互相擁抱。

比賽是個關鍵，過程中發生的每一件事都很要緊，最主要的則是痛苦。當下的痛苦是無止無境的，是黑格爾所寫的「負向的永恆」(negative eternity)。

我與這種痛苦共存過、接納了它，並將它獻給所有的跑友，我因而獲得了平和。這就是黑格爾說的「正向的永恆」(positive eternity)。一種跨越時間的平和，因此也是無止境的。(在黑格爾的時間觀裡，時間一直存在，所以是永恆的。在永恆的時間軸裡，負向的永恆指的即是「過去」，正向的永恆指的即是「從此刻開始」。)

最後一位跑者也跑到終點時，便是分發點心和獎品的時刻。

我們排隊喝巧達湯、吃扁豆、德國香腸，還暢飲了汽水和啤酒。接著，我們坐在長桌上邊吃邊喝，交換比賽過程的點滴，以及其他的回憶。

一股溫和、平和的氣氛，瀰漫在新英格蘭伯克夏的那個夏日午後。

——《跑步人生》，一九八〇年

02 全新的自己

比賽是真實的體驗，只有情境是人為的。我整個人完全投身於和時間、距離與環境的真正搏鬥中。我所有生理、情緒與精神的氣力，全被喚醒，要拚力一搏。

如同哲學家桑塔亞那所說，比賽是「一種偉大且持續的追求，是人類所有原初的美德與最根本天賦的展現」，正因如此，所以它成了令人振奮的盛事。它透露了我們先前未意識到的、關於自己的真實樣貌。它在潛意識裡，注入了「美好的我」的經驗，讓我成為英雄，而且以明確的事實，溢滿了我的內心世界。

人生最高的需求是成為英雄。我們需要英雄式的經驗來浸淫潛意識，並盛滿心靈能量的儲存器。這是迫切需要的，威廉．詹姆斯稱之為「思考的深井」，裡面只願盛裝好消息。壞消息浮上水面時，也應該是正面、而非負面的訊息。

但是，要成為英雄，得先尋找能讓自己做一件英雄事蹟的最佳條件。我們必須找到那座競技場，找到那場賽事。在與人生的決鬥中，我們有權挑選自己的武器，有權站在制高點。

詹姆斯在一封給妻子的信裡，寫到這個情境：「我經常想，要了解自身個性最好的方法，就是去尋找一種心靈或精神上的態度，身處其中時，會感覺到最深刻、最強烈與最活躍的生命。這時，他內心會出現一個聲音，說著：『這就是真實的我。』」

這是我在比賽中聽到的聲音。首先，比賽是絕對的真實。看到的、感覺到的每件事，就是它原本的面貌。痛苦是真實的，受難是真實的。我接受挑戰、回應挑戰。跑到終點線，我全然地精疲力竭，也全然地喜悅，暫時忘卻了所有關於自己負面的那一面。

但比賽更超越這一刻。潛意識被淨化、洗濯、澄清了；人生中所垢積不好的、或令人難堪的事件，都隨之清除了；我根深蒂固的自我與世界觀，也全被除舊布新了。我將所有沮喪的回憶、污泥和殘片破瓦，以明亮、潔淨和正面的事物來取代。我聽到的全是好消息。

這是人生最需要的，因為潛意識是創造力的泉源，而藝術、思想或人生中的創造力，都仰賴盛滿美好、真實與喜悅的潛意識，它必須遠離所有不具這些質素的事物。

海明威寫到，他從來不看關於他作品的書評，因為那會使他的潛意識變得黝暗、混濁。而且，如果他要繼續寫作，就得保持乾淨無瑕。

我們不需要閱讀別人寫的評論，使自己的潛意識蒙塵。我們需要做的，就是去工作、去上學，或者上教堂，甚至也許是回家。我們四周充滿了批評。很少人聽了批評會對自己很滿意。我們的潛意識，一直不斷塞滿了自己的缺點和失敗的證據。

但比賽讓這一切徹底翻轉。它告訴我，我是成功者，它讓我覺得自己很棒。比賽結束幾天後，我在玩遊戲時——也就是我所設計的跑步訓練，這段經驗便將從潛意識滲透出來，在每哩八分鐘的速度中，我感覺到生命的善與美。於是，我開始寫專欄、規畫今天的行程、從新的角度思考，這些全是因為這個新的「我」誕生了。

問題能有創意地解決，甚至是有創意地擱著不解決，都是因為源於內在深刻的、全面的轉變。

比賽是一種轉型經驗，會引發內在深刻且全面的轉變。跑步訓練是一種遊戲，比賽經驗能在其中發揮美感，開始萌生發芽。

接著，自由的身體與心靈開始主導、賦予生命意義，並且產出了藝術——也就是能表現與鼓舞生命的外顯形式。不論是詩歌、雕塑、信件、花園、食譜或一段關係，都沒有差別。不管表現的形式是什麼，都是在呈現出你深沉而強烈的動態生命。

現在你可以說：「這就是我。」而且是驕傲地說出來。

——《如何維持一天二十四小時神清氣爽？》，一九八三年

03 傾盡全力

我剛跑完蒙茅斯戰役（Battle of Monmouth）的五哩賽，站在終點線附近向後面長長的跑者隊伍大喊加油。比賽結束的地方，總有一個大型數字鐘，讓跑者能瞄一眼他們最後的秒數。然而，我站的地方距終點線還有幾呎遠，跑者從那裡看不見時鐘，於是我幫他們提醒現在的時間。

「加油！」我向一位跑者喊道：「你能跑進三十五分鐘的！」

不久，我又喊道：「注意，現在是三十九分三十秒了！」

稍後，我對一位年紀較大、噸位有些過重、看起來非常疲累，但露出燦爛笑容的選手說：「加油，你能跑進四十五分的！」

跑者都知道，要打破每哩七分鐘、八分鐘、九分鐘的門檻有多重要。你也會知道，對我和其他三百位跑者而言，這場比賽不是遊戲，而是賽事。我們平常會交替使用這些詞彙，但在本質上它們有所不同。

跑步是遊戲；比賽是賽事。遊戲是準備；賽事是演出。我的訓練活動是遊戲；我的比賽則展現了賽事最純粹的一面。

在終點線與電子鐘處，你可以看清賽事的兩個基本元素。首先，運動是在固定的時間和空間中進行的；其次，在賽事裡，有終點、有成績，輸贏是絕對必要，但卻是次要的結果。

人生大部分的事情都沒有分數，成功也無法客觀、具體且清楚地度量出來。每天的生活都充滿了不確定和懷疑。即使我常被別人稱讚，多麼擅長寫作、行醫或演講，但仍是不夠的。我內心有種念頭，想要知道數字、統計資料和事實。為了達成這個目的，比賽是適合的活動，因為有最精準的計算機制，成績能精細算到百分之一秒。數百位選手在同一個地方，跑過精確量測的路線，有可供比較的紀錄，還有分齡競賽。還有什麼方法比這更好？

終點也代表了另一個起點。總有另一場比賽，下一場、再下一場，每一場都是純淨完整的。賽事也代表永遠還有機會，若我這星期失敗了，也可能會在下次比賽中成功。若這個數字鐘沒給我想要的答案，也許下次就可以了。

遊戲只是這個數字競賽世界的熱身運動。它沒有範圍，沒有急迫性，也沒有規則：在鄉間小路隨意跑個十哩、忍受四百公尺間歇訓練的苦，或者衝刺到下一根電線桿、再慢跑到下一根電線桿。遊戲是五哩的談笑，最後撲倒在浪花裡。遊戲是天馬行空、無拘無束，沒有時間和空間的框限。

當然，賽事是完全不同的。在先前練跑的路線上比賽時，我會發現每一步伐都變重要了。之前在綺夢遐想時沒注意到的坡度，現在有如重大的考驗；先前認為不具挑戰性的山丘，現在卻是成敗交關的險境。

風景秀麗的綿長木棧道，此刻是好幾哩難以忍受又令人痛苦的路段。

在時間和空間的如此交錯下，跑者得以淬煉身心。比賽使我成為選手，把所有潛能都化為真實。我義無反顧、無所保留，只有此時、此刻，與自己在這場比賽中的拚搏融為一體和大部分的平凡人一樣，賽事使我變得不平凡。

許多強度高的賽事會使人變得緊張與自我防衛，但在長跑比賽中很少出現這種心情。當技巧、策略和機運成為影響比賽結果的主要因素時，運動員難免會感到快窒息了。然而，跑步並不是那種類型的運動；過程中，只有全力以赴才是參賽者唯一的度量標準。

跑步的危險性在於擔心得太少，而不是太多。我經常到了起跑線，還對眼前即將發生的狀況一無所知。比賽是場嘉年華，是遇見老朋友和結交新朋友的場合。從換衣服到起跑這段時間，光是交換八卦和未來比賽的報名訊息，時間晃眼就過了。

所以我忘了熱身，忽略了伸展運動，也未能在賽前幾分鐘前做好心理準備。然後，比賽槍聲就響了。身體突然被催促，我感到不可招架，那是種令人不舒服的俐落突襲。在每場比賽都會出現這種槍響後的孤獨。

抵達起跑線時，我了解一切九成都已經被決定了。最近在訓練時，不論我是否處在巔峰狀態，身體狀況其實已不是重點，那些因素已不是我能控制。我把它們拋諸腦後，不再需要為之費神。我只需記住兩件事：第一、不要做傻事；第二、不要放棄。

起跑前的那幾分鐘，我的目標應該是營造生理和心理的預備狀態。生理上的準備很簡單，通常十分鐘就足夠了。我只需要輕鬆地慢跑六分鐘，等到「再生氣」。接著，我繼續跑到流出輕微、溫暖的汗。這意謂我的體溫已經升高一度，大部分的血液都流到了肌肉和皮膚，是全力跑步所需要的狀態。之後，我以接近全速做幾次衝刺、花幾分鐘做做伸展、一分鐘整理儀容、專注於腹式呼吸，如此便做好了生理上的準備。

心理準備也一樣簡單扼要：最重要的是孤獨，一段短短獨處的時間。首先，我心神巡遊路線一圈，推算出路況較差的路段。接著，我專心思考哪裡是真的危險的。我來參加這場比賽，是為了在這條路、這一天全力以赴。就在起跑槍聲響起的前一秒鐘，我下定決心，要像趕赴沙場的軍人；我已全盤了解並欣然接受即將發生的一切。

進入比賽後，我便以當時的身體狀況全力以赴。就像有句關於籃球的諺語說的：「不要被自己打敗」。我必須小心，不要在第一哩路跑得太快。比賽的速度必須要平均，一開始跑太快，最後會付出慘痛代價。我傾聽身體，而不是看手錶。第一哩後，我便能篤定知道今天的能耐到哪裡，也會讓自己的耐痛力達到最高點，然後忍住。

在一些比賽中，我的腳步緩慢又痛苦，很想放棄，甚至想過有沒有方法可以退出比賽，而不被別人發現。當這種情況出現，我便告訴自己：「喬治，這不是你的錯。你已經盡力了。」當我認同自己的努力、而不是表現的結果時，便沒有放棄的必要。

我推崇這種態度。這幾年來，我記得許多得獎和沒得獎的比賽，但讓我印象最深的，還是傾出全力的那些時刻。我不否認，有幾次的表現確實很傑出，因此挺過了惡劣乾旱的漫長路線。但我也知道，有些賽事我表現得很好，但其實成績不怎麼樣。這是老掉牙的教訓：每個人都痛恨受苦受難，但之後卻會很慶幸自己經歷過。

——《跑步人生》，一九八〇年

04 山路的挑戰

我對山路有著一種愛恨情結。我痛恨跑山路，但喜歡抵達山頂時的成就感；我討厭爬坡時的痛，但喜歡衝下坡時的快感。我總是希望路是平坦的，這樣可以得到最好的成績；但也希望有點山路，因為我想體驗最大的挑戰。

山路有不同的高度、長度和坡度，且山丘的形狀和所在地點，都會對跑者造成影響。不管山路出現在哪裡，總是讓跑者間的差距立刻拉大。簇擁上山的一群跑者，下山時通常就變成一個縱隊，距離拉了有半哩長。

有些比賽一開始就是令人忘之卻步的山路。最慘痛的跑路經驗，是在西維吉尼亞的惠靈市（Wheeling）。起跑槍響後，我們繞著惠靈市區跑了四分之一哩，然後就開始跑山路。那是一哩半長、坡度較陡的山徑。跑到一半，我完全忘了比賽這件事，腦中只剩下我和這座山，剩下我和我前腳趾與後腳跟之間的這塊方寸之地。

專注在有限的地方總是很有效。登山者有一則鐵律是：「不要往下看」。跑者的鐵律則是：「不要往上看」。只要抬頭往上看一眼，就會被這次的任務嚇到不知所措。專注力必須是向內的——監控痛處、修正姿勢，要活在那方寸之地。我無法活在跑上山頂的想像中。

在平地的比賽路線上，我會留意附近的跑者，而無法對超越我的人視若無睹。從起跑槍響到終點線，我盡所有的力氣跑，因為那是你死我活、相持不下的激烈競爭。而山路比賽的風貌不同，每個跑者對山路有不同的能耐。所以，山變成了我的競爭對手，而不是其他的跑者。

我不再在意我超越了誰，或誰超越了我。

在山路上訓練時，我利用了舉重選手的訓練原則。選手要先找到可以舉起十次的重量：如果只能舉起九次，表示那個重量太重了；如果能舉起十一次，那又太輕了。我試著找出能一次跑上山頂、不需停留的步頻：如果中間得放棄，表示速度太快了；如果越過山頂還能跑，就表示速度太慢了。

有一次，我用這種方法進行山路訓練。我算得很準，跑上了高點，但上氣不接下氣。然而，那並不是真正的山頂，原來還有一個在山下時看不到的上坡。我拒絕停下來，繼續往上跑，可是愈跑愈慢，到了山頂時，只有我知道自己是在跑步。如果有摩托車騎士經過的話，可能會以為我在與假想敵做拳擊訓練。

比賽的終點若位於上坡路段，費力的程度和後續的疼痛是加倍、甚至達到三倍。

終點在上坡路段的比賽，最慘痛的一次是德拉瓦州威爾明頓的凱撒．羅德尼（Caesar Rodney）半馬賽。跑到最後這一段的痛苦之路時，我跟在一位強勁對手的後面，彼此相距只有一、兩公尺。那時他跑在第二十一名，這項事實將決定我倆的結果。我們也都知道，這場比賽只有前二十名能得獎。

所以在那個時間點，只有我們兩人的輸贏問題，其他沒什麼好爭的。然後，我突襲他，超過他將近十公尺，輕易打敗他了。後來他告訴我，他當時認為，為第二十一名拚個你死我活實在沒什麼意義，所以他就拱手讓位了。

在賽後的頒獎典禮上，主辦單位宣布，不知何故多了一個獎品，要頒給第二十一名，所以我拿到這個獎項了。

神會眷顧拒絕在山路上放棄的跑者。

——《跑步人生》，一九八〇年

05 分齡賽

跑步最美妙的事，就是沒有年齡歧視，跑者能活在永恆的當下，即使歲月流逝，也會認真去體驗每天的自我發現、掙扎、受苦、疼痛和喜悅。能力的衰退不會干擾他與孤獨、世界和周遭朋友的恆常互動。這些事都不會阻止他挑戰極限、冒險、踰越紅線、置死生於度外。

拒絕向後看，跑者才能保持著不老的姿態，這是他們的祕密。這個祕密以及他們對跑步的追求，是服膺於小說家埃倫・格拉斯哥（Ellen Glasgow）所說的：「恆久的、自我更新的內在驅力。」

在我五十多歲時，就已意識到這一點了。像所有的跑者一樣，我活在當下，對過去不再感興趣。過去，已經與現在的我相互融合了，回到過去並沒有任何意義，我是為這天而活。

跑步也給予我展現自我的方法：探索自己是誰、會變成怎樣。我更加親近痛苦了，知道氧氣太少、乳酸太多的感覺。我也在能力範圍內，利用機會測試自己的絕對門檻，以找出肌肉僵硬與大腦失靈的臨界點。

成績和競賽呢？時間和地點呢？年長的跑者如何使用計時器？在比賽中如何有真實的競爭感？答案是：一、參考分齡成績的百分比；二、參加分齡比賽。

不用花到像波士頓馬拉松那樣高額的報名費，就可以取得一份電腦列印的成績單，上面詳列了你所參與的每個標準賽程的分齡成績以及占比。有了這些分數，就能比較自己歷年來的成績，還能看自己是否達到世界級（一千分）、國家級（九百分）或者與中學賽事（六百分至七百分）的等級。

通常，四十歲以上的組別，是為年紀較長的跑者設計的（年紀小的跑者也有類似的分齡），每一級別加五歲。

分組後，參加五十五歲級的比賽就變得與參加二十一歲級的競賽一樣刺激。分齡後，每場比賽都變得很重要，也更真實、有趣、刺激。我曾在某個周末參加過兩場這樣的比賽。

第一場是四十歲以上的一哩賽，這樣的比賽通常我都招架不住；有些跑者來到起跑線時，嘴角還沾著四十歲生日蛋糕上的奶油呢！但這一次，只有一位真正的專業跑者喬·貝索

（Joe Bessel）出現。來自肯亞的貝索以一百多公尺的差距贏得比賽，大家也禮貌地給予掌聲。接著，觀眾全都站起來，對著在最後一百五十公尺做最後衝刺的我們三人大喊加油，那是我所碰過最漫長的決勝跑道。

最後我擺脫了另外兩位跑者，以五分十九秒的成績（八四〇分），從傳奇跑者班・吉卜秋（Ben Jipcho）的手中接過獎牌。你愛怎麼說都行，但五十五歲的中年人很少有機會能公平地參加比賽，並跑出國家級的成績（每哩四分十七秒），還從世界頂尖一哩賽選手的手中接過第二名的獎牌；吉卜秋頒獎時還稱讚道：「真是太厲害了！」

然而，那個周末的賽事還沒結束。第二天是五哩賽，有三百位選手參加。這次我回到五十歲組。根據我在起跑線時的估計，應該是舉目無敵手。我可以專注於自己的姿勢、時間和分數。

這場五十歲組的冠軍，應該是手到擒來。

所以我帶著愉快的心情跑向終點，心想我必然是這一組的第一名，但卻赫然發現羅德・尼可斯（Rod Nichols）跑在我前面。我一直以為這位跑步高手是在四十歲組奮戰。我發現他的禿頭很顯眼，才猛然想到其實剛才一路上就一直看到他。這時，我開始覺得他愈看愈像是五十歲組的競爭對手。

我使出好大的力氣，部分原因是這個念頭帶來的驚嚇，終於讓我追上他了。我跑在他旁邊，喘著氣不經意地問道：「羅德，你幾歲了啊？」

「七十五歲，」他不慍不火地回答，然後再補上一句：「是四十四歲啦。」

我鬆了一口氣，不必打敗他了。我沿著高中操場往終點線跑，一邊忖想，當他五十歲時，我就會在六十歲組了。

——《席翰醫生談跑步》，一九七五年

06 獨立紀念日路跑賽

「百事可樂七月四日獨立紀念日十公里挑戰賽」再五分鐘就要開始了，擴音器開始播放電影《洛基》主題曲。在喬治華盛頓大橋的廣場上，人潮明顯愈聚愈多。數千名跑者或走或跑，開始往起跑線移動。比賽就要開始了。接下來的半個鐘頭到一個鐘頭，有些人將進入希臘人所稱的 agon，也就是奮力掙扎的意思。荷蘭歷史學家赫伊津哈（Johan Huizinga）在他的著作《遊戲的人》（*Homo Ludens*）中將此過程描述為「遊戲」。身為跑者，我們對此了解得更為透澈，並稱之為「賽事」。

赫伊津哈說：「這個場合是神聖的，也像是個慶典。」在今天這個場合裡，兩者皆具。我們在舉行世俗的慶典；這是個節日，也是歷史紀念日。這一天，我們說所有人生而平等、生而自由。比賽前，參賽者宣誓，我們認同這個理念，一定會信守這個承諾。

在一陣寂靜後，接著播放國歌。現在，我們已經準備好了。「這是一種活動，」赫伊津哈繼續說：「在某種限定的時間和空間內進行，根據眾人所認可的清楚規則來進行，但不屬於必要或實用的範疇。」

我們將接著跑十公里，跨過橋面、抵達曼哈頓，而終點在哥倫比亞大學的貝克運動場。我們了解並接受這些規則。跑者是一群守法的人，但在比賽中，也接受一些不成文的規矩。作弊既不道德也令人無法理解，它會毀掉跑者，也會毀掉比賽。

遵守這些規則的理由之一是時間，它和空間一樣重要。是的，真正的敵人是終點線的電子鐘，它是終結、是結束、也是判決。如你所見，它與必要性或實用性無關。

在最後的時刻，我可以感覺到在人群當中游移的電流、持續的激動以及每位跑者所洋溢的興奮之情。赫伊津哈寫道：「這心情，是一種狂喜與狂熱。」這種心情和強烈的情感確實布滿了我全身，只能用「狂熱」來形容。我對未來懷抱熱情，也憑著膽識做出承諾。我完全沉浸在整件事中，世間其他的萬事萬物都消失了。直到此刻前，我還不願意承受任何苦痛，但比賽後，這些擔憂就被拋出九霄雲外了。我等不及要踏上受苦的路程了。

槍聲響起，人潮往下坡魚貫而下，然後逐漸擴散到橋上。哈德遜河就在兩側，曼哈頓在前方，橋面上除了跑者，其他全淨空了。一如往常，我在第一哩跑太快，全身充滿了赫伊津哈所說「伴隨而來的狂喜」。我太著迷於比賽、參賽日和周遭的萬事萬物。我胸懷凌雲壯志，也感覺自己好像變得無所不能。

六分鐘後，這種感覺消失了。從現在開始，主導我跑步的情緒變成赫伊津哈所說的「緊張」。對自己的狀態與結果的不確定感，將持續到比賽結束。我在掌控中，也不在掌控中。我即將面臨什麼狀況？我能面對它嗎？我將帶著這些問題跑到終點。

我們跑下了橋，再往上游跑去，途中經過修道院博物館。這段路相當輕鬆，接著是半哩的陡坡，要直上亨利・哈德遜橋上的售票亭。那個折返點有座小山，是我生死決鬥的關鍵時刻。我在第一哩跑太快，現在開始付出代價。我雖義無反顧，但步伐卻愈來愈慢。一個又一個跑者超過我，我的大腿已無法承受更多的疼痛。這是真正的比賽。

山頂終於到了，接下來是長長的、讓人心懷感恩的下坡之路。現在我又超過了剛才上坡時超越我的人，從起跑線起算，這是我覺得最棒的時刻。突然間我發現，這場比賽，是屬於我的比賽。

這種感覺持續到了終點。電子鐘顯示三十八分三十八秒，是我當年最好的成績，其他人也跑出了他們最好的成績。貝克運動場擠滿了一群群開心的跑者，你一言我一語，聊著比賽和跑步的經過。瀰漫在氛圍裡的，正是赫伊津哈所描述的：「接下來是喜悅與放鬆的心情。」

最後，我們去一個街區外的愛爾蘭酒吧，坐下來喝啤酒，分享彼此今天的表現有多麼棒。當然，不是透過言語，而是透過眼神和動作，以及在七月四日這天跑出好成績所表現出來的態度。

——《如何維持一天二十四小時神清氣爽？》，一九八三年

07 最好的我

我發現每個跑者想要的是什麼了。那就是場地不太大的比賽、平坦的路線，以及在分齡組別中獲勝。

那是一場在海邊小鎮舉行的比賽，不到兩百人參加，五十歲組的人數更是屈指可數。然後，我看見了他。他已在起跑線上等待，上身打了赤膊，戴上了電子碼錶，參賽號碼是五〇〇。他身材細長、肌肉結實、耐力十足，頭上一根白髮都沒有。

我找到了大顯身手的地方，準備如猛虎般力搏。

我知道，今天和其他平常的星期天並無不同。這個舞台是為尋常的戲劇所搭起，而分齡賽使它更有看頭。與同齡的跑者較勁，就有如一場比賽中的比賽、遊戲中的遊戲。每場比賽都是一個舞台，而我就是其中一位演員。

比賽永遠是和時間搶快，還要在槍響後的人群中搶得絕佳位置。當比賽有了我這種年齡的獎項，它便成了伊利莎白時代的戲劇。

希臘戲劇的主題是人與天神的戰爭；英雄或女英雄觸怒了眾神，悲劇便發生了。現代戲

劇則是人與世界的戰爭，是個人利益對比眾人的福祉。問題是，哪一個比較強？是獨當一面、萬夫莫敵的人，還是讓步的人？伊利莎白時代的戲劇，是人和自己的戰爭。劇情的開展和演變，是由主角的缺點和缺陷決定的。馬克白的野心、哈姆雷特的猶豫不決、奧塞羅的嫉妒，造就了這幾齣戲劇的張力。

在接下來的三十分鐘左右，這位光著上身、訓練有素、實力堅強的五十歲跑者將要挑戰我。他會找到我個性上的缺陷，將和我一起譜寫出屬於我們的戲碼。桑塔亞談到運動員時寫道，這是身體的劇場，所有的精神與情緒皆融於其中。他說：「在這個體現整個生命基礎的大場景裡，我的靈魂深受震動。」

你也許會覺得奇怪，以我的年紀，為什麼還要做這些事？我大可以舒舒服服地躺在海灘上，或是輕鬆坐著享用一頓早午餐，一邊讀著《紐約時報》。我也可以和這塊土地上其他數百萬人一樣，好好享受這一季的夏天。但我卻不這麼做，我人來在這裡、幾分鐘後就要起跑了。於是我第三次綁緊鞋帶，喝完最後一口可樂，和周遭的人們打招呼。

我拋棄了自我，以及這幾年來所建立的平衡狀態。我要來面對這場比賽所帶來的不確定、緊張，以及可能的災難。我沒有怡然自得地待在家裡，而是把自己置於困難且具挑戰性的情境。

為什麼我會感覺到這股驅力？我相信，出於本性，人類是厭惡安逸狀態的。世上沒有比日復一日的例行公事更枯燥乏味的了。我們無法忍受漫長而百無聊賴的日子，也從來不會滿意於現狀。大自然的運作原則是達到穩定，所以會不斷地尋找動態平衡。但人類不會讓事物靜止，因此必須不停地動。

因此，我帶著人生辛苦得來的平衡狀態與努力培育的自我，踏入了尚未完成的真空，去追求尚不屬於我的成就。我對過去種種說不，所以來參加這場比賽。我接受另一場測試、另一種考驗、另一項挑戰，我將親身體驗，然後大聲說出：這就是我！

劇作家深諳此道。勢均力敵的狀態會先被打破，然後會有行動和反制行動，接下來主角們會產生意志上的衝突。等問題浮現檯面後，不可避免的事情便發生了，角色的缺點會暴露出來。這些元素會決定這齣戲的結果。

故事重新回到勢均力敵的態勢，該做的，都已經做了。這戲到該結束的時候，該揭露的劇情和人物都已揭曉了。再重演一次，結果也是一樣；就如同重新再跑一次，結果也是一樣。唯有主角們的成長與轉變，可以改變既定的結果。

現在，只剩幾秒鐘比賽就要開始了。我就站在競爭對手的後面，等著布幕拉開，展開我倆的祕密爭奪賽。起跑槍聲響起，比賽開始了。

我們接踵出發，像被綑綁在一起似地，兩位五十多歲的跑者完全遺忘了周遭世界的存在。在這場濱海小鎮的六哩路跑賽中，對我倆最重要的，是即將發生的拚鬥。戲劇高潮時的行動與反制行動、意志上的對抗，都會發生在我倆之間；開場、衝突、高潮以及終場，都將在五公尺間的距離上演。而我們在終點線達到的新平衡，將取決於我們到底是什麼樣的人。

比賽就像每齣好的戲劇一樣，訴說著真實的人生。每一個行動，每一個事件，都是正在上演的。每一件發生的事，都會對其他事造成影響。就如同在戲劇中一樣，比賽裡也沒有不重要的訊息。從槍響到終點線，每一個動作都透露出內在的「我」的動機。

成為我對手的，可能是陌生人，也可能是我的同事或朋友。我們將一起撰寫與演出這齣戲，一起發現這次的新體驗，一起挖掘自己新的優點，一起讓這次的拚搏成為我們內在奮鬥的影像，讓我們的人生更有意義。

我們在六分鐘內跑完了第一哩。態勢已經很明顯了，他的最佳位置，也是我的最佳位置。但現在問題來了，他採取了下一個行動：稍微加速。針對我的速度與他的耐力，他運用了傳統的策略。他試著甩開我，或者至少在終點前要拔除我這個在背芒刺。

我的策略很簡單，就是跟在後面，讓他跑他的，等快到終點前再追上去。他的策略也很簡單，就是加快速度，直到我放棄。但這加速的壓力最終讓他無法負荷，所以我領先一段，試圖讓對方慢下來。但他完全沒辦法接受這種情況，立刻跑上前，又追過我。

前幾哩的情況大致如此。它變成是身體與意志的爭戰，情緒使得上力，理智則完全無用。第一階段結束後，比賽又變成性格與天份的爭戰。每位跑者的想法大同小異，都知道該做什麼，並鼓起所有勇氣來完成。

他知道他該扮演的角色，我也知道我的。他的角色，是繼續努力把我甩在後面；我的角色，是極盡所能阻止這種情況發生。所以，我繼續跑著，手臂愈來愈重，胸口極度渴望氧氣，雙腳滿是疼痛。他集結身體更多的力氣，而我則緊貼著他的右肩，但也為此付出代價。

這是人類意志與個人內在意志的永恆爭鬥。我們已展現體力、面對衝突。現在來到最後一哩，他仍然領先我一步。我們兩個都不願意退讓一吋，每一步都在競賽。我帶著連自己都沒意識到的美德與價值跑著，就是不願意放棄。他也是。

現在，我不只是與他競賽，也和最好的我競賽。這是他所示現的。他是另一個我，另一個「他我」；我只有使盡渾身解數，才能打敗他。他也處在類似的困境中。他無法撼動我，我仍然在他的右側，從起跑後就一直如此，這意謂著是該有點改變的時候了。

我們轉了一個彎，在路的盡頭，我見到終點線的旗幟飛揚。我的朋友使盡最後的力量。他的速度提高了一、兩級。我也是。我們肩並著肩跑下最後一段路，就像一對馬匹。

至此，他已累癱，我也是。只剩下最後一百公尺，我們仍然併肩而跑。我後來回想起這一段時，我明白，我們倆都是勝利者，完成了被交付的任務，在過程中超越了自己。這意志與體能的張力，如實地說明了我們是誰。

接下來發生的事，卻有點虎頭蛇尾的感覺。剩下最後五十碼，我加足了油，卯起勁全力衝刺。我運用到從未使用過的肌肉纖維，但他並沒有。對我來說，痛苦、疲乏、缺氧，都不再是阻礙，而他也不是那種瘋狂的對手，所以我贏得了五十歲組的冠軍。

我打敗他了，但這真的不重要。幾秒鐘後，我們握手，互相恭賀。我們站在那裡，感覺到快樂、滿足，更多的是驕傲。我們印證了一項理論事實：我們生來就是為了要成為英雄。

——《跑者世界》，一九八二年

08 在秋天感到無比青春的老人

還在唸書時，九月開學時我就開始練跑，直到六月學期結束為止。現在我是從一年的第一天開始，跑到一年的最後一天。我廚房的記事板上貼著「路跑者俱樂部」從一月到十二月共一百四十場的比賽。

所以，長跑是我每天的運動。我不需等到下次要跑步時才整理裝備。跑步每天都在進行。從年頭到年尾，天天都是跑步天。我喜歡一年四季的循環更迭。

墜入情網時，你會希望能與所愛的女孩長相廝守，熱切地凝望對方、親密擁吻。同樣地，我最喜愛的季節就是現下的季節：如天堂般的冬天，如伊甸園般的春天，之後是如應許之地般的夏天。而現在，則是有如天國般的秋天。

秋天的空氣有如天堂般的清朗、透淨，令人神清氣爽。空氣中傳送著各種聲響，邀請人們諦聽。此時是跑步的完美季節。跑者對天氣的敏感，有如製琴大師史特拉第瓦里（Antonio Stradivari）之於音樂。

秋天也是我狀況最佳的時節，我覺得全身充滿年輕的氣息，氣勢如日中天。無怪乎人們將春天視為幼年、將夏天比作青少年的葉慈，而將秋天看作為青壯年。

秋天之所以為天堂，是因為在這個季節的比賽能跑出最好的成績，還能跑過山頂，見證青壯年的精力。

但別誤會，其實在行動中，我們便已身處天堂。天堂不是寂靜的，葉慈如是說。這裡有戀愛中的人們，但激情更加豐沛；有正在騎馬的人，但馬匹疾行如風；戰事未歇，跑者繼續競技著。

而當下，在永恆的秋天裡，越野賽是最棒的比賽項目，我就是從秋天開始嘗試的。那是我第一次嘗到跑步的滋味，再嘗一次依然回味無窮。越野賽是最棒、最自由的跑步體驗，只剩下我與大地、清透的空氣、腳下的葉片、寂靜的山陵。只有我與呼吸，與寂靜山陵中腳底葉片被踏碎的聲音。大自然停止運轉，周遭的每個事物都死了，或者快死了。而我卻感覺重生，正處於最佳狀態。

只有我獨自體驗到它最美妙與重生的時刻，而大自然是唯一的觀眾。在其他季節、其他的比賽，總有人幫忙加油打氣，或有好奇的路人在一旁圍觀。但越野賽沒有觀眾，幾分鐘後，只剩下我和跑步的同伴。

再過幾分鐘，我也和他們拉開了距離。幾碼之前，或在幾碼之後，他們已經超過了我思考的範圍和心靈的視界。

我獨自在范科特蘭（Van Cortlandt）的後山跑著，曾經在青少年時考驗我的山徑，如今再次考驗著我。曾在十八歲時使我受苦的山陵，如今再次讓我嘗到苦頭。我飛奔下山，就像在過往歲月裡奔馳一樣。然後，我再度從山丘跑出來，與其他比鄰的跑者一起往終點線全面衝刺。

這就是上星期在范科特蘭的情形。全程九哩，繞著後山跑三圈。奇怪的是，前三哩的第一圈是最辛苦的，接下來就沒那麼糟，第三圈我確實在山路飛奔起來，並且征服了它們。跑回平路時，我要追趕的人就只剩不到三十碼遠了。

唯有在另一個秋天、另一個在天國的季節，我才能重溫舊夢，再次體驗衝過終點線的滋味。不可思議地衝過四分之一哩時，我還得緊抓住剛超越過的人，才不至於跌倒。我聽見他的心跳在我耳邊砰砰跳著，我的也是。在這個頓時四海皆兄弟的世界裡，每個人都不吝稱讚一位在秋天裡覺得無比青春的老人。

——《跑步與存在》，一九七八年

席翰醫生與我

臨終前的訪談——安畢・伯福特（Amby Burfoot《跑者世界》特約編輯，一九六八年波士頓馬拉松冠軍）

在我跑步生涯的早期，喬治・席翰是在後面追趕著我的。好幾年後，變成我追著他。我們都求仁得仁了。

一九六八年四月二十日，我剛贏得波士頓馬拉松的隔天，羅伯・李伯斯特（Robert Lipsyte）在《紐約時報》的運動專欄報導一位四十九歲、剛完成人生第五場馬拉松，自稱「大靜脈慢跑者」的人。「我將波士頓馬拉松視為一齣希臘悲劇。」這位跑者在當天的高溫與聲名狼藉的波士頓丘陵的荼毒下，以三小時三十分五秒的成績完賽，他對李伯斯特說：「這裡有驕傲，也有復仇女神。」

當時席翰還不是知名的作家與跑者，但他的看法與觀點振聾發聵，就如同伴他走過青春歲月的教堂鐘聲。

二十五年後，我擔任《跑者世界》的執行編輯，而席翰這位本雜誌最受歡迎的作家也因罹患攝護腺癌而日漸羸弱。我提出邀約，準備進行最後一次的採訪，他的粉絲們一定會無比珍惜這次機會。他不斷地婉拒，也許是為了保護隱私，以及每下愈況的健康狀況。

最後，在他臨終前幾個月，席翰答應來到位於賓州的《跑者世界》辦公室。我有點震驚，因為他需要兩個兒子的攙扶才能進到我的小辦公室裡。當他們離開、關上門時，我立刻確信，席翰依然頭腦清晰，條理分明。

我問了席翰所有關於癌症、恐懼、勇氣、競爭、衰老、死亡，以及真實人生經驗的大哉問。對於每個問題，他都能不加思索，侃侃而談。「從比賽衍生出的東西，像是公平、勇氣與智慧，我們有時會不知其所以然。」有一次他說道：「但當你規律地參加比賽，這些便漸漸與你融合為一了。」

一小時後，我看出他已顯露疲態，所以趕緊問了最後一個問題。我一向讚嘆於他參加比賽時的爆發力，而且比我強大許多。每次參賽，席翰總是跑到接近崩潰點。他從這種經驗中學到了什麼？我很想知道。

「我學到了比賽最真實的一面，」他說：「我和時鐘、對手、天氣、山路比賽。最後我開始和自己比賽。

「然後，我學到成為一名跑者的真正意義。也就是，在比賽中只有一個人，而那個人就是你。」

第7章

馬拉松

二十六哩的馬拉松是眞眞實實、挑戰人類極限的壯舉。
曾有人說，抵達二十哩的里程標示時，比賽只算進行了一半。
每個人都可以跑二十哩，但最後的六哩跑起來比二十哩還長。
此時，跑者發現自己被推到了絕對的極限。
因此，他們必須使盡所有的專注、勇氣與耐力，
喚醒那些看不見的潛力。

——《跑步與存在》，一九七八年

01 最後六哩路的門檻

我第一次參加波士頓馬拉松時，比賽規模只比社團活動大一點。共有兩百二十五位壯漢參賽，但大部分來的人只是大膽，或根本是來搞笑的。有些人體重過重、身材走樣，穿著一般的運動衣和網球裝就來了。還有些人穿著球鞋，而不是跑步鞋。而且我記得，就在那一年還是隔年，有個從頭到尾一路跑在我前面的跑者，頭上還戴著圓頂窄邊的禮帽。

第一年參加波士頓馬拉松賽時，我以三小時七分鐘的成績得到第九十六名，我還因此自認是全國前一百名的馬拉松選手；如今，相同的時間還排不進前五千名。當時，每年大約只有七場馬拉松比賽，如今已有超過兩百場。來參加波士頓馬拉松的選手爆增為兩千兩百人，而且有設資格，前一年馬拉松成績在三小時以內的跑者才能參加。

女性與年紀超過四十歲的跑者必須在三小時三十分鐘內完賽。（編按：二〇一九年起，四十至四十四歲男性為三小時十分，女性為三小時四十分；以五歲為間隔遞增。）這些人從哪裡來？為什麼來參加比賽？這股風潮如何興盛起來的？是什麼讓參加人數陡增？

我只能從自己的角度來回答這個問題，而且答案每天也都不太一樣。今天，我要告訴你我在跑步中的發現。接著，要說為什麼我會來跑馬拉松？最後，我會指出馬拉松令人上癮之處。如你所見，跑步的人不會只跑一場，而是會一場接一場地跑，有如衝浪者要追逐完美的浪。

我為什麼開始跑步已不再是重點，光是激起跑步欲望這件事，對我而言就足夠了。接下來，跑步會自己接手，它變成一種自我更新的驅力。跑得愈多，我愈想跑。

跑步的理由之一是活力。「首先，要成為一頭夠格的動物。」詩人愛默森這麼說。我的確是。我得以認識我的身體，並且愛上它。之前使我精疲力竭的事情，如今做來不費吹灰之力。我曾經在電視前坐到睡著，如今是在屋裡逡巡，找差事來做，過著截然不同的人生。

後來我發現，或者應該說是重新發現了「遊戲」這件事。我發現跑步很有趣。一小時的跑步時間，成了我逃離日常例行公事的遊戲與享受。而且在那一小時的遊戲時間裡，我發現——或者應該說是重新發現我自己。然後，在活了四十五年之後，我接納了我自己。

健美、樂趣、自我接納，這些跑步的理由似乎應該足夠了，但並非如此，這張清單永無止境。我想要面對挑戰、接受測試、發掘極限，然後超越它們。單是跑步、享受與創造自我，並無法滿足我。

我認為威廉・詹姆斯的哲學更接近我的答案。不論我如何陳述，還是歸結到他的一句話：「愈高貴的事蹟，品嘗起來愈香甜。我們追尋的，是奮鬥的人生。」詹姆斯不是寫給苟且偷生的人，也不是寫給墨守成規的人；他相信努力的價值。他認為，決定一個人成敗的，不在於聰明才智、力氣或財富，那些是與生俱來的。真正需要面對的問題是，我們願意付出多少努力？他也說道，我們能付出的努力，永遠比我們以為的還要多更多。

我們一生所運用到的能力，只占了本能中很少的比例；因此，我們必須要學著去開發本能的蓄水池。詹姆斯說，為了達到這個目的，我們需要一個「動力觸媒」(dynamogenic agent)、一場「精神戰爭」(moral equivalent of war)。就像戰爭一樣，它將提供一座英雄主義的舞台，一個讓人可以展現勇氣與不屈不撓的競技場，一個可以表現至善的環境。

對我和其他像我一樣的人來說，那就是馬拉松，我們都是威廉·詹姆斯作品中的人物。他是生理學家，告訴我們如何活得比現在更好。他是哲學家，想要呼喚那些珍視自己經驗的人。他也是思想家，他認為，幸福起自於奮鬥不懈，而從忠誠、勇氣與毅力這些非舒適的觀念中，就能找到生命的意義。

關於馬拉松的定義，這將是你能找到的最佳解答。說了這些，你也許還不能明白，為什麼馬拉松這麼特別？這段二十六哩三百八十五碼的標準距離，有什麼獨一無二之處？為什麼我要投入這個比賽，而不是其他類型的運動？

答案是一堵牆，這個生理極限位於二十哩的里程標示牌。跑者宣稱，跑到這個里程標示時，比賽只能算是進行一半，最後的六哩路跑起來相當於前面的二十哩路。若說這堵牆是馬拉松的起點，是很符合現實情況的。

之前跑的那段路，只不過是前往聖母峰的山腳，而那堵牆是跑者開始崩潰的地方。這種感覺有可能像寫作一樣突然降臨，也可能是緩慢且無情地形成的，而最後幾哩路就變成了痛苦的大悶鍋。

正常的跑者都能完成二十哩的比賽。若某周日一早起床，我在《紐約時報》看到在中央公園有場二十哩的比賽消息，很可能就會立刻打包、馬上出發。但如果是鎮上的標準馬拉松賽，我應該會輪空休息一次。

我還沒做好準備，無法應付這堵牆以及多出來的六哩路。在二十哩處會發生什麼事，沒有人說得清楚，專家也不例外。是疲乏、遇到極限、血糖過低、乳酸累積、缺氧、體溫過高或是血液量流失，或是如許多跑者臆測的，是肌糖原耗竭？似乎沒有人能確定。不論原因是什麼，跑者的體內平衡，也就是內在環境的均勢，在這裡開始瓦解。最後這六哩路能完賽，必然是靠著醫學無法解釋的方法。從這堵牆開始，跑者必須獨力應付。

運動生理學家科斯提爾博士是波爾州立大學（Ball State University）人類生理機能研究室的主持人，他不相信這堵牆的存在，因此親自跑了一場馬拉松實際體驗。然而，跑到這個點時，他說：「這種疲乏的感覺不像我經驗過的任何一種感覺。我無法跑、無法走、無法站，甚至連要坐下來都有點費力。」

就是這樣，一切都是從跑步開始的。直到有一天，你進步到想要挑戰馬拉松時，就會遇到這堵牆。

不論你挑戰幾次，總認為自己下次一定能表現得更好，能培養更多精力、變得更堅忍、更有勇氣和耐力。你總會認為，這次你將成為理應成為的英雄。這是我跑過五十次馬拉松後，對馬拉松下的最佳註腳。

——《跑者世界》，一九七八年五月

02 英雄齊聚

二十多年前重新開始跑步時，我的動機與健康、健美完全無關，只想重溫大學時代那種有競爭力的日子，我想要再次感覺那種充滿能量、有感覺的身體；我想再次體驗比賽的刺激、在決勝跑道上衝刺以及與對手肉搏的快感。

我想要再次成為英雄。

我當時不了解這種對永恆的嚮往是普世的價值，也不知道會有數百萬美國人跟隨我的腳步。但我與其他跟隨我的跑者，其實只是重覆著數個世代以降所流傳的一件事：芸芸眾生皆回應著修行的驅力，打從內在渴望並祈願成為英雄人物。

威廉．詹姆斯認為，這種修行的驅力是能重獲新生的人格特質。看破了世間的邪惡，才能了解到，唯有靠個人的力量，正面迎戰痛苦，才能得到解脫。詹姆斯說，人類已經接受，世界是被創造來當作英雄的舞台。

若真如此，我們就像許多沒有戲約的演員。表面上看起來，我們很難找到機會演出；在日復一日的生活中，很少有人催促我們去完成英雄事蹟，即使這樣的召喚真的存在。詩人詹姆斯・迪基（James Dickey）曾說，你有可能一生走遍美國大江南北，卻沒有機會認識自己是勇士還是懦夫。

現在，每個星期我都有這種機會。比賽成了我的英雄舞台，而且在所有的運動中，馬拉松最能展現英雄氣概。

每一場馬拉松都是個舞台，我必須撰寫並演出一齣史詩劇。如哲學家桑塔亞那所描述的美式足球，那是融入所有價值與德行的比賽。馬拉松撼動了我的靈魂，每一場馬拉松都激發出我的最佳表現。其中最能激發英雄情感的，莫過於海軍陸戰隊馬拉松（Marine Corps Marathon）。

這場比賽是從阿靈頓國家公墓起跑。起跑點是琉磺島戰役紀念碑所在的山腳，終點就在這座紀念碑前。做最後的準備時，跑者的視線可以越過波多馬克河，看見沿路將經過的各個紀念碑。我們被無數英雄的墓碑圍繞，沿路也將對其他的英雄致敬。

抵達起跑線做好戰鬥準備，這件事本身就是英雄行為。平常我們每天必須為五斗米折腰、養家活口，所以進行路跑訓練就跟參加海軍新訓沒什麼兩樣。

在《唐吉訶德的沉思》（*Meditation of Don Quixote*）中，西班牙哲學家奧特嘉討論了「英雄」這個主題。他寫道：「英雄，是不斷與現況爭鬥的人。」當我站在海軍陸戰隊馬拉松的起跑線上時，就被這樣的人們團團圍繞著；他們不滿於現狀，急切、渴望地參與一項英雄計畫來成就自己。

每年的比賽前一晚，我照例都會負責醫學講習。有幾位跑者在演講結束後走上前來，和我聊起了隔天的比賽，以及三小時的成績門檻，也分享了彼此的願望。前一年，一位三十出頭、身材壯碩、打扮整齊的年輕人走上前跟我說：「去年，我跑了三小時七分鐘。」很接近了，我心想；今年，他應該可以打破三小時門檻，加入迷人的馬拉松選手圈了。今年他的願望什麼？我問他。「我想要減到七十五。」他指的是公斤，不是分鐘數，但意義是一樣的：他的準備工作已將他轉型為典型的運動家、明日的英雄。

在我所在的起跑線附近，相信也有許多類似的故事發生。新手鍛鍊成戰士：過著無聊、挫折、焦慮、沮喪日子的平凡百姓，如今都昂揚著戰士的精神；各式各樣的跑者，都準備好要迎接這項由人類所設計、最折磨人的挑戰。

我並沒有誇大。世界級的跑步選手也是以戰戰兢兢的心情參加馬拉松，有些奧運選手無法完賽，還有破紀錄的選手昏倒。這種比賽的痛苦、疲乏與虛脫指數，居所有運動項目之冠，而且還是自找的！任何時刻，跑者都可以屈服於身體狀況，自行尋求解脫。想要結束馬拉松、終止英雄行為很簡單，只有一步之遙，你可以在任何時候停下來。

但在這一天，英雄都出現了。到了中途點時，我轉身對旁邊的跑者說：「我這輩子從來沒見過這樣龐大的集體能量。」我用了一小時三十五分跑抵華盛頓聯合車站。我給自己設下每哩七分十五秒的速度，以此跑到最後，通常能在馬拉松賽中贏得前三名，更何況陸戰隊馬拉松是開放給一般人參加的，而非為專業跑者舉辦的。

但是今天，這些普通跑者不再一般。參賽者幾近一萬兩千人，他們簡直就是海軍陸戰隊員了。經過基礎訓練、他們通過個人新兵營的測試，事實上，他們就是自己的教練，不但有戰力，也表現出來了。

當砲聲轟隆響起，他們便傾全力衝出，從起跑點就魚貫從我身邊竄出去。我用不到七分鐘的時間跑完第一哩，但在這短短的路程中，已有數百人飛快地超越我。

我放慢預定的速度後，超過我的人不斷增加。抵達中途點時，已有好幾千名一般的長跑者與人民大軍跑在我前面。這些人都是尋常百姓，可能是你的鄰居或朋友。海軍陸戰隊馬拉松有名的是主辦單位，而不是參加的選手。而這場比賽是為新手舉辦的，他們通常跑在最後面，當中有些人平常在上班前或下班後去練跑，還有些人本來連走路去買東西都嫌累。

但如今，這些新手以及跑在最後面的人有如老手般輕鬆地超越我，而他們也真的變成了專家。我這位有二十年比賽歷練的老手，現在只能殿後，而且仍不斷失去城池。但我踏出的每一步，都使我的意識更為清晰。這裡有成千上萬的人們已跑超過九十分鐘，以他們現在的速度，在過去光是跑一分鐘就會氣喘如牛，只是留給緊急時刻用的，像是過馬路、趕公車，而他們現在得維持這種速度長達三小時。

雖然接下來可能會發生慘況，許多人得放慢速度或乾脆用走的，而有些人在最後六哩路會意外崩潰。但無論如何，在聯合車站，我放眼所見的，即是英雄主義的鐵證，以及人類體能上的驚人耐力。

到了第十七哩，我們從海恩斯角出發，我開始見識到人類驚人的意志力。我還無法超過任何一位疲累的跑者，並與一群和我一樣放慢速度的人一同前進。我的雙腳快抬不起來，步伐也縮小了。我開始把專注力放在小腿、大腿、肩膀和手臂上。很快地，我的意識完全放在切身的疼痛上。

到了這個階段，參賽的人在水站會停留較久的時間，起跑的時間也變慢，但依舊重新起跑，繼續接下來的里程。他們的身體踉蹌搖晃，但心意依舊堅定。集體的能量變成了集體的決心。

一個多小時的煎熬與集體的決心，匯聚成了集體的勇氣。每位跑者都有相同的經驗：身體忘了怎麼跑，頭腦想不起為何而來，只能靠心臟供給力量，繼續前進。而當中最重要的驅力，就是我們不自覺帶進這場苦戰的英勇與熱血。這場比賽已經變成一種使命感，能超越身體或心靈承受不住的痛苦、疲憊或其他磨難。

我們的起跑點是一群無名英雄的墓地，這些軍人最終在自己身上發現了他們未曾發掘的能力、毅力和勇氣。當我們返回時也有同樣的感受。

——《跑者世界》，一九八四年十一月

03 自我極限的冒險

運動經驗可以分成三個部分。第一是準備，也就是身體的訓練；第二是賽事，亦即自我的挑戰。第三是後續效應。對跑者來說，最終極的運動經驗即是馬拉松，唯有透過訓練、挑戰和創造力，你才能到達絕對的極限。

跑步是屬於思考者的運動。原因是參與這項運動的人，絕大部分是中產階級與高級知識份子，但跑者得深入探究身體的運作，也是不爭的事實。我們得多了解生理與營養知識，才能發揮身體的最大功效，達到體能的顛峰。

但要如何運用相關知識，則需要智慧與直覺。跑者間流傳著一句話：「傾聽你的身體」。基本上，它的意思是，身體能告訴你的一些事實，是世界上任何精密儀器都測不出來的。生理回饋儀所放大的訊息，其實只要用心就能感覺到。因此，跑者要培養生物的智慧，成為自己身體的專家，成為夠格的動物。

這種傾聽與學習，通常是經由自己去尋找並體驗痛苦的臨界點。例如，在跑山路與速度練習中，我們不斷將自己推向耐力與氧債（oxygen debt，運動後比安靜值高的耗氧量，是用來償還運動剛開始所發生的氧氣不足）的極限。這很痛苦。然而，穿插幾次這樣的練習也是種樂趣，因為能感覺到自己的努力、汗水與實力。我獲得了無上的快樂，如梭羅所說的：「身體完全被喜樂所占據。」

進行馬拉松訓練時，我的身體智慧提升了，更懂得如何讓它運作到最佳狀態。當然，我也廣泛閱讀，然後把書上的知識帶到路上測試。透過運動來過濾這些知識，然後整理出自己的心得，我為自己準備了一個探索身體極限的活動——馬拉松。

馬拉松是從前種種以及以後種種的交會點，它是一場奮戰和冒險，讓你挑戰自我的極限，最後發現自己。對跑者而言，馬拉松具備了戰鬥的精神，是英雄的舞台，能用來展現自己的勇敢與偉大。

生命是由行動、受難與創造力所迸發出來的，這些都包括在馬拉松的內涵裡，像是各種訓練項目、比賽時的苦楚以及完賽後所產生的寧靜與啟發。

這個成就生命偉大的舞台，是我們展現所有善美的地方。透過勇氣與決心、訓練與意志，我們淨化了自己的負面衝動，看見自己是完整且神聖的。經常有人說，我們是為成功而生；然而，跑一場馬拉松才能讓你真正信服這番話。

馬拉松讓我們的潛意識注滿了福音。比起長期看精神科醫生，不如自我訓練、參加一場磨人的二十六哩比賽，還更能增加自我認知與自尊。

詩人佛洛斯特說過，要寫某個主題的詩，必須要有那樣的經驗；要完成某個有創造力的工作，也必須有一番經歷。路跑比賽就是如此，而馬拉松更是能提升N倍的經驗。它將意識與潛意識都填滿了影像與聲音、感覺與情緒、試煉與成就。最終，我們便了解了「創造」這件事。

——《最好的自己》（*Personal Best*），一九八九

04 愈跑愈上癮

稍晚，熱水浴泡走了雙腳的酸痛後，我一跛一跛地上床，呈大字型伸展，享受平躺著的舒適。

那時，我的第六個兒子約翰在樓下高談闊論，而其他家人正收看湖人隊對公鹿隊的球賽。他問道：「如果那個球員打得很痛苦，為什麼還要繼續打呢？」

在樓上，我也問自己相同的問題。為什麼要這樣自討苦吃呢？為什麼要跑馬拉松？十次有九次，最後我都是以意志力強迫耐力已破錶的身體，這一場也不例外。

在最初的十哩，我愉快地跑往新澤西州的海亮市（Sea Bright）。我以穩定的速度沿著海岸跑，而背後吹來強勁的南風，這真是消磨一月時節周末假日的好方法。經過海亮後，我加快速度，依舊神采奕奕，充滿跑步的心情。

第一個壞兆頭出現在桑迪胡克（Sandy Hook）公園的折返點。每小時二十四公里的風速，實在很難說是助力，簡直就像陰魂不散的敵人。我的速度不斷降低，跑得更加費力，在接下來的兩個小時裡不得休息。然而，我呼吸正常、雙腳依然有力，情況仍在掌握之中。海亮從我的視線重新出現，又再度消失。

接著，就如同我寫這句話的轉瞬間，突然一陣抽筋。從兩隻小腿開始，然後擴散到大腿，我只好把速度減半，但每一步都舉步維艱。我告訴自己，要這樣撐著跑完七哩是件荒謬的事。從我現在的處境來看，沒人會相信我能完賽的。

但我繼續跑。我一面測試各種比較不痛苦的跑步姿勢，速度也愈來愈慢，結果卻徒勞無功，但放棄的想法漸漸從我心中褪去。當疼痛到高點，我便呼出一口氣說：「喔，上帝！」但與其說我在祈禱，不如說是在嘆氣。

我開始數步伐，一加一地數著，這似乎是我當下所能做的最精密的心智活動，但確實有助於我向前移動。大約在四千五百步之後，我到了阿斯伯里帕克（Asbury Park）的會議中心。

就在這樣的折磨中，艾倫赫斯特（Allenhurst）到了、又過了。迪爾湖（Deal Lake）出現了，接著是會議中心，然後經過全世界最長的三個街區，終於直達終點。從歡欣鼓舞的起點開始，過了三小時四十五分後，這場磨難結束了。

現在，我躺在床上，時間一分一秒地過去，覺得身體愈來愈暖和，也愈來愈舒服了。我想：「馬拉松不屬於我這種人的比賽。」誠然，我為這場比賽準備不夠。

從去年四月和上次的波士頓馬拉松到今天，我沒有一口氣跑超過十哩。在這種情況下，期待跑出好成績無異是緣木求魚。隨著年歲漸長與熱情減滅，也許最好放棄跑馬拉松，但不是現在。

對我來說，剛開始有段時間，任何一場馬拉松都像是遙不可及的夢。那時，我無法想像自己能完成超過五哩的比賽。當時，我的目標是更具體的（每哩跑五分鐘）且更實際的（為了身強體壯）。

在不知不覺中，跑步變得更有意義了。在桑塔亞那的小說《最後的清教徒》（*The Last Puritan*）中，主角歐登把跑步當成必要的日常活動。桑塔亞那寫道：「若一天沒有好好做兩小時的戶外運動，我就會很痛苦。我無法忍受身體的慵懶以及宅在家裡的不舒適感。最可怕的是，喜怒無常的感官活動，會在內心深處蠢蠢欲動。」

對歐登而言，兩個小時的單人雙槳或騎馬活動，是他與大自然的真實對話，這是他在宗教或詩歌中從未發現的。桑塔亞那本人則說，在運動時，他會暫時轉變成最快樂、最完美也最獨立的個體。

難道「逃到沉默的信仰裡」還不夠嗎？為什麼非要一頭鑽進二十六哩的長跑中？你註定會全身酸痛、精疲力盡，甚至可能淪落到後段班，只能羞愧地走過終點線。但馬拉松就像歐登的清教徒自律活動；當他划過查爾斯河，或者騎著馬匹馳騁在天朗氣清的新英格蘭時，才能得到解脫。雖然這是一種可有可無的責任、不必要的挑戰和沒人想要的特權，但需要各方面的成功與成就才能達成。樓下，公鹿隊的賈霸並不尋找逃脫的出口，而是與湖人隊的張伯倫貼身肉搏。拓荒者隊的耶爾福頓（Charlie Yelverton）也說過：「身為運動員，就應該挖掘出你的勇氣，不管你參加的是哪一種比賽。」

在小說中，哈佛隊的隊長告訴歐登：「你大可以吊兒啷噹，享受新鮮的空氣，或欣賞落日。但我們得訓練。校隊的成立不是出於開心好玩，而是要贏得與耶魯的對抗賽。」雖然這句話我還不大理解，但也許，你可以兩者得兼。搞不好我需要參加更多場馬拉松，多承受一些痛苦、折磨，以及筆墨無法形容的精疲力竭，在二月、三月都再來一場。到了四月的波士頓馬拉松，就可以享受和風徐徐，就如同許多例行的午後長跑。過程中，你會認清自己是誰，將跑往何方。我將來到終點，感覺溫暖而放鬆地回到家中，渾身充滿剛跑步回來的精神奕奕與飽滿，享受著新鮮的空氣，欣賞著夕陽餘暉。

那麼，二月的報名表在哪兒呢？

——《跑步與存在》，一九七八年

05 苦行僧

若想成為馬拉松選手，請研讀威廉・詹姆斯的作品；關於技術與訓練方面的問題，則可以放心交給其他的教練。你也會很快找到最適合的鞋子，知道如何穿著、如何飲食、該做什麼訓練、該跑多遠。但你最需要知道的，是這一切都辦得到，不光是對你，對每個正常人來說都是可能的。

接著你必須知道，跑完馬拉松不僅是可能的，也是必須的。要使這件既可能也必須的事成為喜悅和幸福的泉源，是有方法的。詹姆斯是這方面的專家。這位心理學家說，人類的潛力無窮；他也是位哲學家，不斷和人辯論，因為有些人只重視自己的經驗，強調眼見為憑。同時，他還是位思想家。他說，為了創造、找回和保留幸福，我們才會歡喜做、甘願受。

詹姆斯是研究幸福的科學家。他的研究超越了科學，進入了人類的心智，直到價值與理想的最深處，還發現了實現它們的能量。對詹姆斯而言，生命就是一場奮鬥，是奠基在行動、受難與創造上。而其堅定不變的意義和不落俗套的理念，以及與忠誠、勇氣和耐力的相互結合，也同樣永恆。

然而，他也寫道，用汗水與努力將人性擴展至極致，並接受種種考驗與折磨，就能得到啟發。「你我都必須被鍛鍊，」他寫道：「而方式有千百種。」馬拉松就是其中一種。跑二十六哩是壯舉，是接受真真實實的鍛鍊，就算已跑了二十哩，比賽也只能算進行了一半。每個人都有能力跑二十哩路，但最後的六哩，跑起來像是另外的二十哩。在此，跑者發現自己被推到極限，必須喚醒所有的潛能，並使盡所有的勇氣、耐力與專注力。

詹姆斯是否會認為，馬拉松是在浪費能量和偉大的潛能？這點我非常懷疑，因為他最有資格為馬拉松選手發言。他總想過著運動員和聖人的生活，也說那些是神所指派的角色。他推崇苦行生活，如古希臘人說的，像運動員一樣鍛鍊自己。

「透過苦行，」他強調：「才能深刻地面對人類存在的本質。」

這種訓練能讓我們活出最好的自己，發現內在不可思議的堅毅與英雄氣概，好讓我們忍受痛苦與艱困的環境。它還能讓我們發現自己的本質，並助我們一臂之力，到達自以為高不可攀的山巔。

要到達這種狀態，詹姆斯所建議的方法最好，也就是培養習慣。他說，若要好好過生活、達成重大目標，就必須將例行生活變成簡單的習慣，以免消耗太多精神與時間去做決定。

想成為優秀的馬拉松選手，就要學著建立正確的習慣。方向對了，訓練就不成問題了。要順利又無痛地跑完馬拉松，每星期三十哩到五十哩的練習是不可少的。不說二話、風雨無阻，穿起運動服就出門上路了；不找其他有趣的事當藉口，或者以家人或工作當擋箭牌。

詹姆斯說，要義無反顧地起而行，對自己有高度的期望，並喚起強烈與果決的動機。他特別警告說，不可容許例外，因為放鬆琴弦比上緊容易得多。練習是牢不可破的例行公事，沒有任何事情能擋住跑者的步伐。

在這些習慣的指引下，要把握每一次機會；不要空談你將有什麼計畫，做就對了。

最後，詹姆斯說，做一些無所為而為的運動，以保持活力。

接受詹姆斯教誨的跑者在愛國者日（Patriots Day）精神抖擻地來到了霍普金頓公園，心甘情願地要承受馬拉松所帶來的痛苦和磨難。詹姆斯也寫下其他幾件事情，包括神祕的狀態、信仰以及真理的問題，這些對在波士頓的跑者應該很有用。

而最後，當比賽還剩一半、也就是到了最後六哩路時，跑者身心合而為一，還會用新的角度看待自己與神。詹姆斯說：「經驗會不斷供給我們新材料來消化。」

對跑者而言，沒有比馬拉松更偉大的經驗了。在跑步的路上，也沒有比威廉・詹姆斯更棒的伙伴。

——《跑步與存在》，一九七八年

06 永不屈服

愛爾蘭作家喬伊斯將荷馬《奧德賽》的十年濃縮成都柏林的一天。他洞察了英雄尤里西斯的身心靈，創造了主人翁布魯姆，也就是是芸芸眾生的縮影。

吃蓮花人、獨眼巨人、女巫色西、冥王、女海妖、風神、仙女卡呂普索……在這些神話人物身上，喬伊斯看見每個市井小民的內在心靈與外在世界。然後，他把這些事件全部融進了這位愛爾蘭猶太人的一天，從早上起床到晚上上床睡覺，一共經歷了十八個小時。

而波士頓馬拉松只費了三小時。

與許多運動一樣，馬拉松是人生的縮影。跑者能體驗到的戲劇性，就如同藝術家與詩人能輕易看出的人生哲理。對他們而言，情感都被強化了，磨難與狂喜變成了熟悉的感覺。跑者從霍普金頓（Hopkinton）跑到波士頓，就如同神話英雄從特洛伊回到綺色佳，過程中，人面得對自己與周遭世界的諸多事件，並思考自己為什麼會失敗或成功。

尤里西斯成功了，不僅是因為他本身就是傑出的運動員，擅長角力、跑步、擲鐵餅，他還會造船、開船。若眼前有一頭公牛，他也會剝獸皮、切塊、烹煮。但這些技能尚不足以解釋他最終的成就，他的祕密在於耐力；面對人生，他坦然面對、無怨無尤。

這種特質在波士頓的跑者身上是如此稀鬆平常，甚至是舉世皆然。我相信，每個人都具備這種能力，只要願意嘗試，就能找到。全世界沒有比馬拉松更適合來磨練耐性，因為當中只有兩種人：倖存者或失敗者。優勝者也是倖存者，而且獲勝不是重點。「喜悅的季節是短暫的。」古希臘詩人品達（Pindar）如此頌唱著奧林匹克運動會的勝利者。

許多贏家也得知了一個真相：桂冠確實如英國詩人胡斯曼（Alfred Edward Housman）所寫的：「比女孩的花環還短。」因此，對馬拉松選手而言，不管他多大年紀，並沒有所謂「從此過著幸福快樂的日子」。明天就是另一場比賽、另一次測試、另一回挑戰。之後，還有另一場比賽……再另一場。那麼尤里西斯呢？他是否滿足於當個安逸的老國王？就算你不是馬拉松選手，也不會這麼認為。

詩人但丁在神遊地獄時，看見尤里西斯在召喚老戰友，催促他們展開另一次的冒險。「想想你們從哪裡來，」老國王對他們說：「你們不是被創造來過牲畜的日子，而是要追求美德與知識。」

這種追尋是在行動中產生的。希臘人培養全人的觀念，並認為在物質享受中沒有幸福，在沉思中找不到智慧。

身為年長的馬拉松跑者，我們從波士頓馬拉松學到了這些事，早已了然於胸。英國詩人丁尼生向但丁致敬，讓尤里西斯說話。而我們也聽見自己說：「如今我們的氣力不似當年，無法在天地間遊走。身體被時間與命運扳弱，但意志依然堅強。我們要奮鬥，去追尋、去發現，絕不屈服。」

絕不屈服說明了一切，堅忍與求勝不會因年紀而停止。我們甚至會因年歲增長而變得技巧更純熟，所以我們不欽羡年輕人，也不苛求活得久一點。我們不接受恩惠，只想追求美德與知識。「許多已被剝奪，」丁尼生寫道：「但許多仍存在。」我們仍然活著、繼續撐下去。跑者比其他人更知道：「喊暫停、直接投降、放著生鏽、磨刀而不用……是多麼的慘澹。」我不打算暫停、休息或發霉。我是尤里西斯的後裔、布魯姆的兄弟，我會撐下去。

——《跑步與存在》，一九七八年

07 波士頓馬拉松

世界上沒有比波士頓馬拉松的前幾哩路更輕鬆的了。我在體能狀況最佳的時候參加了這場比賽：身上沒有贅肉、體格結實，我是有備而來的。當天的興奮感點亮了心中的火，正午的起跑槍響時，我元氣飽滿地從霍普金頓出發了。

起跑線上縈繞著談笑聲與祝福聲，每個步伐都是愉悅、平順、舒服的，比快走、熱身時稍快一點。（「起步時，永遠要記得保留一些體力。」奧地利的奧運金牌葛魯伯〔Adolph Gruber〕告訴我的。）所以，這幾哩路跑起來與任何其他比賽並無二致。離開霍普金頓，跑下山丘，穿過亞什蘭（Ashland），越過緩坡到弗雷明漢（Framingham），我沿著河岸跑。跑步變成機械式的動作，我在馬拉松隊伍中神采奕奕，全身上下都很有活力。

一哩一哩的道路從眼前經過，彷彿是向火車車窗外望去。但哩程改變了，在某處，必須結束保守的態度。經過十哩標示牌後，進入了納提克（Natick）。這段路不再輕鬆，需要用點力，但很容易應付。我的步伐仍保持穩健、流暢，以省力的節奏前行。我加快速度，但仍遠低於中央公園那些十哩與十二哩賽的選手，他們的速度是每哩六分鐘。我試著發揮最大效能，小心翼翼地伸長腳趾頭，好讓每一步增加幾公分；這樣跑三小時，會有不同的結果。

很快地，我抵達了中點站威爾斯利（Wellesley）。這段路又不一樣了，每一哩我都得用最大的力氣跑。現在跑起來很辛苦了，並非令人不快，但的確比前段都更加費力。我仍離奇地神清氣爽、健步如常，比先前跑得更好。然而，身體開始告訴我，這不是鬧著玩的。

這不再是兒童的遊戲，不只是在太陽底下長跑。在十七哩處，我來到牛頓坡（Newton Hills），這裡有兩哩路涵蓋了四座山丘，形成世界有名的心碎破（Heartbreak Hill），然後跑過草地，將夾道人群拋在身後。

草地減緩了雙腳與大腿的震動。我切換成小步伐，就像自行車選手切換到低檔以維持相同的施力。即便如此，這段山路仍是最困難的。突然間，心情跌落谷底；起跑時我還信心滿滿，以為能輕鬆過關、甚至拿下卓越成績。比賽變成了生死之鬥，我能否繼續跑都成了問題。這兩哩路跑起來似乎無止無盡。

然後，彷彿是剎那間，我已到了波士頓學院，而且，如加油的觀眾所堅稱的，從此以後是一路下坡。但不論是否如此，馬拉松選手知道，到了波士頓學院，比賽才進行到一半。此時，我已經不是剛才身在霍普金頓的那位跑者了。穩定的步伐已用盡了我的肌糖原，而那是珍貴的熱量補給。在牛頓坡上，我累積了一堆乳酸，肌肉也彷彿變重了。先前的下坡像是在我大腿裡插進了碎冰錐，我的血糖下降了；雖然看見水就喝，但仍趕不上水分流失的速度。

從波士頓學院下坡下來，我第一次感覺到這些體內的反應。我再次體認到，波馬的最後六哩路，將是我跑過最艱困的路段。從此刻開始，痛苦每分每秒跟隨著，如影隨形；連最緩的下坡對大腿都是折磨，雙腳也愈跑愈沉重。

在霍普金頓，我輕鬆達成每哩七分鐘，但以相同的力氣，現在在共和街（Commonwealth Avenue）卻跑不到每哩十分鐘。我試著調整步伐和身體姿勢，看看有哪一塊肌肉還願意動。

現在，我能看見保德信大廈了，接下來是最不友善的一段路。我必須靠意志力踏出每一步，而目標似乎一點都沒有拉近。我痛苦地跑完那一哩，但那座大廈似乎沒有往前移動一吋。幾分鐘過了，大廈、終點點、痛苦解脫以及泡個熱水澡，似乎都只是海市蜃樓。抵達燈塔街（Beacon Street）時，我才知道我成功了；有如馬匹聞到了馬廄的味道，我突然清醒過來。

伴隨最後一哩路的是喜悅與激昂的心情，先前的艱辛都值得了。明年我還要再來，一哩一哩地前進。

——《跑步與存在》，一九七八年

08 我們在紐約跑，而你竟然不在那裡！

一九八一年，紐約馬拉松開跑的周五前夕，我在某個餐會上演講。在為一百名跑者與其家人演說前，我吃了麵包和義大利麵、喝了啤酒，一同分享了現場的興奮度與參與感。在演講後的問答時間，有人問我是否會參加明天的馬拉松？我不假思索，一口說會。

若在餐會前問我，我應該會說不會。因為在前一個星期，我已想到一堆不參加的理由，最主要的原因是，我沒有做好必要的訓練。

依照大部分的馬拉松訓練計畫，跑者得完成三到六星期的漸進式強化練習，每周跑至少六十哩（七十哩更好）。但我準備馬拉松時，練習量總是比這個標準少很多。事實上，我從來沒有一星期跑過七十哩，也不打算這麼做。這幾年來，每星期我都是輕鬆地跑三個小時，再加上一場比賽，

這就是我例行的馬拉松備賽計畫。

但今年，我的訓練量甚至遠低於我的低標。旅行、感冒和運動傷害迫使我得減少跑步的時間；沒有病痛時，又因為參加比賽太累而無法訓練。我在紐約馬拉松前一整個月所跑的里程數，比多數馬拉松選手一星期集訓的里程數還低！

第二個原因是小腿抽筋。在最近幾場比賽，小腿已原因不明地警告我好幾次。我嚴重抽筋，痛到有兩次必須放慢速度才能完賽。如果我在布魯克林或布朗克斯的三不管地帶突然抽筋，得停下來用走的，那該怎麼辦呢？

即使我能不出狀況、順利跑完，必然也會跑出很普通的成績。之後，當大夥談起紐約馬拉松時，我還得為我差勁的成績感到抱歉。有一次，在休息很長一段時間後，我參加了白石

（White Rock）馬拉松，成績是三小時二十八分。在那種情況下，算是很體面的成績了，但還是有少數人要我解釋。我不想當個喋喋不休的討厭鬼，所以只報上成績，讓他們以為我在跑山路時滑了一跤。

那個周五晚上起身演講時，我心裡已有底。我甚至還查了一下那天是否有其他比賽，也許是五哩賽，或者簡單的十公里賽。但我發現離我最近的比賽，遠在維吉尼亞的里奇蒙。

因此，當我環視那些紐約的跑者時，我知道我得加入他們。世界上最糟的感覺，是覺得有件事在某處發生時，而你竟不在場、錯過了。

在我眼前的，是威廉．詹姆斯所稱的「忠實的戰士」。他們無聲地向我重覆說著法王亨利四世的故事。在一場勝利後，法王對姍姍來遲的大將德．葛瑞隆（de Crillon）說：「絞死你自己吧，勇敢的葛瑞隆。我們在阿爾克（Arques）奮戰，而你卻不在那裡。」

那晚，我知道我想加入這場戰鬥。雖然得冒著疼痛、尷尬和失敗的風險，搞不好還得穿過布朗克斯走路回家，但錯過這場偉大的奮戰才真的令人扼腕啊！

所以，星期天我與其他一萬四千名馬拉松選手一起出現在瓦茲沃斯堡（Fort Wadsworth），先檢查背號，還用咖啡和甜甜圈提振自己。所有的心不甘情不願已經煙消雲散，我躍躍欲試，迫不及待。

前二十哩輕鬆愉快。作家得到某種神祕的靈感後，總是文思泉湧，下筆有如神助。跑前二十哩也是如此，步伐自動自發、毫不費力，以每哩七分鐘的速度持續運轉。

到了十哩標示牌時，電子鐘顯示一小時十分十秒；在二十哩里程標示時，電子鐘顯示二小時二十分十秒。真不可思議，與我心裡所盤算的幾乎一致。接著，我經過一個告示牌，上面寫著：「世界紀錄：薩拉扎，二小時八分十三秒。」這個告示牌實在鼓舞人心——他已經做到了，我也可以。

但在最後的六哩，每一步都如傳說中的痛苦。雖然我盡了力，步伐還是愈來愈慢，跑姿也開始變形。先前一段路的力氣和順暢度都消失得無影無蹤了。此時，雙腳持續疼痛，跑山路時，連手臂和胸部也跟著痛了。

我不斷跑輪時鐘。還剩一哩路時，我不確定能否完賽。但身邊的人都繼續跑著，我認為我也可以，而且一定要堅持下去。這時候，我已跑到了中央公園南側，準備前往哥倫布圓環（Columbus Circle）。

那條大街有些微的上坡，路不太平坦，而且總是沒什麼觀眾為跑者加油。這段路是整場馬拉松最具挑戰性的，令人痛苦、疲乏、強烈地想放棄，我想大聲說：「好了！夠了！這整件事本來就是個錯誤，已經超過我的負荷了。」就在這時，我正好轉個彎，跑進公園，聽到前面人群的歡呼聲。他們在那裡，成千上萬的人們夾道歡迎，觀眾席也擠滿了人。他們大聲吶喊我的名字，這就是我需要的。我對最後那段恐怖的上坡視若無睹，跑進了終點線。

所以，絞死你自己吧，親愛的讀者。我們在紐約跑，而你竟不在那裡。

——《跑者世界》，一九八二年二月

09 第三次青春期

愛默生六十一歲時在日記中寫道：「對內，我未看見起皺或陳舊的心，但看見了未揮霍的青春。」

今年我正好六十一，完全能了解愛默生的心情，但我不確定是什麼情境促使他寫下這段文字，而這也是一個契機，提醒他應該繼續發揮潛能、繼續成長。對我而言，這樣的契機是在一九八〇年的波士頓馬拉松，大會對參賽者的資格設下嚴格的標準。

確切地說，大會規定超過四十歲的跑者成績必須少於三小時十分鐘，才可以參賽。除此之外，對於年齡就沒有其他限制條款了，大會既未排除六十歲以上的跑者，也似乎沒有意識到年齡對跑者造成的負荷與危險。

我的第一個反應是憤怒。我已經三年沒有跑進三小時十分鐘了，也不期待可以再跑出這種成績。我會很樂意成為榮譽選手，而且可說是名符其實。我有資格獲得那種地位、優惠與特權，因為我從一九六四年就開始參加波士頓馬拉松，大會理應對我放行，我想跑到幾歲、就跑到幾歲。要我返老還童簡直是太滑稽了。

其他六十歲的人也抱持相同的態度。有位年長的朋友寫了一封長信給主辦人威爾・科隆尼（Will Cloney），請他網開一面，將老前輩剔除在這項規定之外，否則他們就無法參賽了。我對這位前輩的想法也感同身受，當我看到這封信時，心想：「說得真是太好了！」如此對待我們這幾位老英雄，實在很不得體。我們已經盡責地來來回回參加好幾次了，現在竟要我們重新報名！都六十歲了，我已經身經百戰，想出門動一動，應該熱烈地給我掌聲，然後給我一個安靜的角落，可以把腳伸長、喝點啤酒、分享經驗。到了六十歲，所有的事都應該已經就定位，不需再進行任何測試了。在我身後，是我完成的豐功偉績；現下，該是好好緬懷一番了。即使我能打破三小時十分鐘的關卡，為什麼我應該這麼做？是要證明什麼？

三思之後，我打消了抱怨的念頭。波馬的主辦單位是對的，事實上，他們幫了我一把。他們給了我這個挑戰，我該做出適當的回應；這是重生、而非退休的機會。他們迫使我面對六十歲的危機，庶幾可稱為「第三次青春期」。

我感覺像是回到了二十歲（又或是四十五歲）的時候，明明能做更多事，卻害怕嘗試、逃避應有的辛苦與訓練。尤其，我最怕被人指教與建議，因為如此一來，我就非得出手去做才行。

第三次青春期和另外兩次一樣不好過。年少時害怕失敗、中年時懷疑自己能否會成功，但年紀大時知道害怕和懷疑沒有用，只有努力才知道結果。對於「老青春」而言，最大的問題在於鼓起勇氣再出發。看起來似乎很不值得，然而，卻能得到精神上的收穫，即「永不放棄」的精神。所以我知道，不只是這一次，類似的挑戰會一直來。總有人會叫你退休，但人生不會放棄你。

愛默生對此是毫不懷疑的。我們看見他以全速走進未來，一年後，他在日記裡寫道：「讀到一本好書時，我希望人生有三百年。巴比倫神諭深深吸引著我，代數、天文、化學、地質學和植物學也一樣令人神往。」

所以，我向波士頓的大會投降、對這不公平的標準讓步了。我知道這個目標對我是好的，它會使我成為我能力所及的最佳馬拉松選手，它會引領我度過危機，到達另一個全盛期，再次成長。

然後，我第一次的嘗試是紐約馬拉松。我跑得不錯，得到六十歲以上長青組的冠軍，但成績是三小時十四分，仍然不夠好。兩星期後，我到華盛頓做第二次的嘗試，這一次是海軍陸戰隊馬拉松。

現在往回看，發現那簡直是出奇地容易。路線平緩、氣候宜人，起跑前，現場還有樂團演奏悠揚的樂曲。先是蕭士塔高維奇的《節慶序曲》，接著是《共和國戰歌》，最後是國歌。我得忍住，才能不在槍響前起跑。

其實也不需要。我以六分三十秒輕鬆跑過第一哩。後來遇見一位年輕的醫學系學生維特，他宣稱自己的腦子裡有計時器。「我打算每哩跑七分鐘，」他說：「直到我崩潰為止。」結果，他真的像節拍器一樣準確。他的配速正是我需要的。

在二十三哩處，有一段時間我頗為焦慮，以為踢到了鐵板。但這段時間很快就過了，接下來的路程都在掌握之中。

最後一哩路是逆風，而且最後的六百碼是上坡，但我胸有成竹。現場有超過七千名跑者，我是第七百八十三位跑過終點線的跑者。每哩的平均速度是史無前例的六分五十四秒。跑了十六年、超過五十場馬拉松，終於在華盛頓特區的陸戰隊馬拉松跑出三小時又一分十秒的個人最好成績。第二天，我在上紐約的一所學院演講，到了問答階段，有人問我對波馬的參賽資格限制有什麼看法。

我站在講台上，環視聽眾席上的學生、教職員與市民。他們正處於人生的各種不穩定期，有的二十歲、有的四十歲、有的六十歲，全都在尋找那未揮霍的青春。然後，我站得挺直，盡一個六十歲長者的所有能耐，且不驕矜。

「非常公平。」我說。

——《跑者世界》，一九七九年六月

10 踢到鐵板也是高峰經驗

第二天，大家都不停地問我到底是怎麼了。剛開始，我只回說我沒跑完。後來，我開始說我無法跑完。其實我應該說的是：「我踢到鐵板了。」我早就應該這樣說，那麼他們可能就會懂了。

無論如何，事情是這樣的。在這次一九八〇年的波士頓馬拉松，我終於踢到鐵板了。關於波士頓馬拉松，我讀了很多，聽了很多，演講也曾多次提及。但這次，我徹底地、無可奈何地，踢到鐵板了。我有十七年的時間都成功跑完波士頓馬拉松，但這次我無法完賽。我搭電車抵達保德信大樓，而不是用我的雙腳。

一經過二十一哩的標示、在波士頓學院往下坡跑時，我就知道完了。其實，那一整天已經出現了好幾個不祥的徵兆。上次參加波士頓馬拉松時，我創下最佳的成績，而且我想要複製那次成功的經驗。但這麼做很危險，尤其是在七〇年代常有的那種氣溫下。那天萬里無雲，所以陽光又額外貢獻了十度左右，迎面吹來的風像是冷氣機排散出的熱氣。

在這種天氣裡，起初的配速極為重要。天氣過熱時，跑快會加速脫水、提高體溫，最重要的是，肌糖原的庫存會很快用光。理論上，我每哩的速度應該要比平常慢三十秒，我卻反過來想快三十秒。一向以謹慎自豪的我，就像其他許多跑者一樣，開始想著明年的參賽資格，而忘了應該要視身體狀況跑、不該和時鐘比賽。因此，那是我跑過最有競爭性的波士頓馬拉松。

在十五哩附近時，我開始對比賽結果感到不安。那裡的長下坡跑起來比往年辛苦許多；之後上坡時，我發現雙腳正逐漸失去的推進力量。沒有彈力、沒有精神，我聽見了自己的腳步聲，這是失去跑姿與協調性的明顯徵兆。我像是失控的投手，發現自己丟出的球軟綿綿的。我麻煩大了！

雖然如此，我克服牛頓坡、也勉強跑過了心碎坡。穿過波士頓學院的人群後，往下坡時，我的身體開始垮掉。我每一步都是慢動作，兩隻手臂動得比雙腿還頻繁。直到下山前，我還是用跑的，更正確地說，是像漫畫人物一樣，用可笑的跑姿在移動。我一邊跑、一邊希望到了平地就恢復正常，能繼續跑。

跑下坡時，我沿路都在痛，前大腿的肌肉不斷抗議，每一步都變得極度痛苦。我之前也有過同樣的經驗，而且後來恢復正常，跑到了終點。但願這樣的好運會再降臨一次，讓我安然跑到最後。

我告訴我自己：「現在，會漸入佳境的。」但事實並非如此。如果有什麼不同，那就是情況變得更糟了。痛苦仍在，現在還加上揮之不去的憂慮。肌肉變得毫無生命力，失去力氣和協調性，也失去了避震能力。每跨出一步，不只是大腿痛，膝蓋也快爆掉了。

即使如此，我仍堅持不懈。雖然一步比一步慢，但我拒絕用走的，完全不考慮這個選項。

不論發生什麼事，我告訴自己，我絕不用走的。我從來沒有在波士頓馬拉松走任何一步，絕對不會有第一次。

我聽見群眾為我加油打氣。有些人喊著：「很棒！」有些人大喊：「你可以的！」眼尖的觀眾大叫：「撐過去、加油！」三不五時，我彷彿聽到了今年大會的激勵口號：「向前挺進！」（Go for it.）

就是這向前挺進的精神，讓我陷入目前的狀態。如果前半段路能跑得更謹慎些，我現在應該還能負荷；雖然仍會精疲力竭，但至少能完賽。如今我身陷在這個狹小的地獄，定睛在眼前的影子上，看著這齣啞劇。我看起來像在跑，實際上並沒有。我只是上下動著，但並未往前、只在原地跑。同時，我已經失去所有的意識，包括對於觀眾、對於比賽，甚至對於自己身在何處。我的生命只剩下唯一的想法：繼續跑。

這時，我感覺到有隻手碰了我一下，我往上看了一眼，是一位朋友在我旁邊。她在觀賞比賽，看見我目前的狀況時，便衝出人群。「你不想走一下嗎，喬治？」她問我，有如母親對著孩子說話。同時她用手攙住我，免得我跌倒。我還繼續在跑，而她在一旁扶著。我不再繼續往前跑了，但也不願意用走的。

「喬治，你不想用走的嗎？」她又問了一次。她從人群中跑出來，將我從不能自拔的境地救出來。

我看她站在那裡，臉上充滿了同情、關心和愛。我知道，這是該結束的時候了。「尼娜，」我說：「我只想要有個人帶我回家。」

這時，一台電車出現了，彷彿她早已傳喚它待命。她一扶我上去，車裡的二十幾個人都歡呼起來。起初，這令我很沮喪。「為什麼要為我喝采？」我問他們：「我根本沒有完賽。」

顯然，這並不重要。有人上前遞給我一瓶果汁，有人讓位給我。車子開到保德信大樓時，我開始覺得一切都非常美好。我心想，這塊鐵板，也可以是一種高峰經驗。

——《跑者世界》，一九八〇年六月

11 成長的軌跡

對我另一位跑友來說，拚鬥的舞台是在祖父山（Grandfather Mountain，位於北卡羅萊那州）的蘇格蘭大賽。這是全國最困難的馬拉松，穿越山區的二十六哩路，是其他賽事無法比擬的考驗。

我的朋友跑完了全程，征服了這段路線。跑到最後一個上坡，就快抵達終點時，他聽見了風笛的樂聲。眾所皆知，這種樂音所引起的熱情和感動無與倫比。抵達這場考驗的終點時，朋友激動不已，聽到風笛時，更讓他熱淚盈眶。

現在，他站在一大片平地上，身邊圍繞著蘇格蘭不同種族的營帳，現場每位朋友都向他大聲歡呼。他可能會忘記跑過了哪些地方，但永遠不會忘記在那座祖父山頂平台時，時間驟然靜止，四周圍繞著快樂歡呼的人們，以及風笛悠揚的樂音。

當然，這些都與比賽的輸贏以及團體比賽中的表現完全無關。跑者不只是參加比賽（game），而是參與競賽（contest），後者的拉丁文字根意謂「目睹」或「見證」，而其他的跑者就是你的見證人。因此，除了使出渾身解數，沒有更好的辦法了。比賽時，你是宣誓過的，你正在見證自己的能耐。

長跑選手了解這一點。平日，他是最謙虛的人，安靜、脾氣好、鮮少與人爭執和衝突，只沉浸在自己私密的世界。但在馬場上，他會變成兇猛的老虎。他將發揮最大的生理機能，發掘自己的特質與能耐，並將自己推進痛苦的深淵。只要是必要的目標，就會全力去實現，不論要花費的力氣有多荒謬。

但這些自我詰問就算有意義的，發生的頻率也應該不高。因為，雖然馬拉松能衡量你的能耐，那也應該要與自身的成長周期同步。變成熟是崎嶇不平、令人沮喪的過程，要成為自己，沒有時間表可依循，可能會有好幾年都停滯在某處。但無可否認，馬拉松能在人生中留下與眾不同的回憶，這就足以當作每個月跑一次馬拉松的理由。當坐搖椅的時候到了，你就已有萬全的準備。

——《如何維持一天二十四小時神清氣爽？》，一九八三年

12 充滿喜樂的磨難

就如同大部分的長跑選手一樣，我還像個小孩，在跑步的時候更像。我看待跑步比對其他事情都還認真，而在這個遊戲裡，我可以任意遁入自我想像的遊樂園中。

和大部分小孩一樣，我認為，命運是掌握在自己手裡的。我相信自己是獨立的個體，而我被放在這個地球上，是為了享受人生。像大部分小孩一樣，我是活在世間最美好的地方，是由跑步和比賽建構起來的世界，當中只有善美，沒有其他的雜質。像小孩一樣，我對建構這個世界的其他人，也是毫不在意的。

這更勝過信仰。信仰就像是布列塔尼的農夫在祈完雨後，就會帶著雨傘出門。信仰是我祖母的一位修女朋友，會帶著三、四十位孤兒從紐約州的波啟普夕市（Poughkeepsie）搭火車，前往同樣位於紐約州的康尼島遊樂園，身上卻毫無分文。「神將賜予我們。」這是她的座右銘。這就是信仰。

信仰是成人有意志的行為，但小孩的行為是不追隨意志、理智和教條的，他們就是知道該怎麼做。在我身體裡的小孩也知道，我正在玩一種一定會有快樂結局的遊戲。因此，我可以盡情享受參賽前累積的焦慮、跑步時的巨大挑戰以及結束時的苦甜參半。我知道，不管發生什麼事，我已經是個英雄，是贏家。我知道，不管有什麼危險，總是會有人照顧我。

直到一九七六年的波士頓馬拉松，我才了解這件事（雖然我的家人和朋友早就了然於胸）。愛國者日那一天，公告的氣溫是攝氏三十三度，不管是對對動物或跑者都性命攸關。任何還有意識的成年人應該會在一旁從頭坐到尾。但我和其他一千八百位選手已抵達霍普金頓中學體育場，整裝待發了。

之後，我朝起跑線走去時，經過一座牆上掛著溫度計的加油站，上頭顯示是四十六度。我毅然決然地走過去。在起跑線有許多水管，我們注滿了杯子，用來潑在自己的頭頂、帽子以及運動衣。攜家帶眷的人已經開始照顧起孩子。

所有事情跟以往都差不多，但有一點很奇怪，照道理比賽應該要延期，或者晚一點再開始。選手們要靠主辦單位的協助，在焦熾的大太陽底下跑二十六哩到波士頓，是絕對不可能的事。但我出發了，我知道我會得到該有的協助，一定會平安無事的。

還有一點，波士頓馬拉松的觀眾非常特別。我猶記得第一次參賽時，沿路的群眾都對著我叫：「喬治！」我非常驚喜！這些人在《波士頓環球報》上看到了我的名字，所以當我經過時，便會大喊：「你可以的，喬治！」或者：「喬治，很強哦！」到了後半段，他們會喊：「加油，喬治，只剩三哩了！」

我這個孩童似的跑者先前只認識自己家人，所以對我來說，眾人鼓勵的效果簡直是不可思議。我覺得全身充滿了能量、無所不能，完成波士頓馬拉松絕對沒問題。

今年，群眾比往年更熱情，綿延了兩哩路。我們在雨中跑步，那天晴空萬里，氣溫高達三十三度，但沿路水管接著水管，彷彿人造雨一般，到處都是水。一哩接著一哩，大人、小孩忙著遞水杯，並在我們身上灑水。成群的年輕男孩也熱情地遞給我們開特力，一小時前，他們也同樣遞給領先的選手群。其他人則帶著一桶桶的冰塊，有些則帶著傳統的橘子糖，還有許多小孩伸出雙手，只希望能碰觸到路過英雄的手。

從愛許蘭之後，沿路只聽得見掌聲和加油聲，然後是衛斯理女子學校的學生夾道歡迎，更遠一點，在牛頓坡的小孩則爭相把冰塊和水送到我們手上。我看見一位表情嚴肅的四歲小女孩，手裡捧著一個小杯子，希望有人能停下來喝她的水。我停下來了，喝了兩口水，並告訴她：「妳是我的小甜心。」波士頓馬拉松就是這樣，一聲加油、一張笑臉、一個小孩，你會永遠記得。

我在波士頓馬拉松的賽道上。其實我應該待在家裡無所事事的，但結果沒有，而且狀況還很糟糕。當你跑得很差的時候，身體的疼痛會不斷加劇。這次我在路上跑的時間，超過十四年來的任何一次。雖然帶著痛，而且不知道是否能完賽，但拖著身子跑最後幾哩路時，我總覺得自己很安全。我身邊圍繞著家人和朋友，還有那些路人，他們不管發生什麼事都會看顧我。

而且我知道，如果我停下來，他們會說：「你盡力了，喬治。」不論我做什麼，都不會令他們失望。明天總是會有美好的一餐、一張舒適的床和一個適合跑步的好天氣。

只有孩子仍活在自由的世界，可以享受這種日子。我女兒到波士頓就讀大學的那一年來看我跑馬拉松，她後來告訴我，她是保德信大樓附近成千上萬的觀眾裡，唯一還保有鎮靜和理智的人。

那時，他們向每位完賽的選手加油、歡呼、鼓掌。他們為年輕人加油、為老人加油、為來自哈佛的選手加油，也為來自加州的選手加油。若有認識的跑者經過眼前時，他們加油得更起勁。儘管如此，她仍安安靜靜、沉著內斂地站在那裡，有如聖公會教徒參加佈道會。

之後，我也到了。我轉了一個彎，進入又長又寬的廣場，當時已空無一人，只剩我和加油的民眾。

終點線大約還有一哩遠，但那已經不重要了。比賽已經結束。觀眾的加油聲告訴我，我成功了，這是專屬於我的舞台。我像優勝者一樣繞場一周，雖然完賽時間比第一名慢了快一小時，而總排名是第三百一十二名。但我突然有股煥然一新的感覺，有如打者敲出全壘跑回本壘，每一步都流露著喜悅。

這時，我看到有個人從人群中鑽出，停在我和終點線的工作人員之間。我又跑了五十碼後，才認出這位大聲吶喊、揮舞雙手、為我加油的人：是我的女兒！

抵達馬拉松的終點就是如此令人感動。跑者一路上經歷嚴苛挑戰，但總是光明正大地迎戰痛苦，並且加以克服，他實實在在地獲得了解脫。在磨難結束的地方，選手與觀眾都注意到某件特別的事發生了，有時候，這種感覺是如此特別，所有人永遠都不會遺忘。對我而言，它是發生在波士頓馬拉松。

——《如何維持一天二十四小時神清氣爽？》，一九八三年

13 只是想要跑

紐約馬拉松在二十三哩處，路線會從第五街進入中央公園。選手將面對一段距離短、但相當陡且頗為費力的斜坡，之後，再穿過公園起起伏伏的小路，才抵達終點。

我跑進公園時，比賽進入倒數階段，全身正被無可言喻的疲乏所包圍。我再次陷入苦戰，身體氣力殆盡，但意志仍不屈不撓。我往山丘方向跑，心知要跑到終點仍是問題，搞不好得用走的。

我知道，不論發生什麼事，剩下的二十五分鐘，身上的痛苦可能會累積成一項手術。

我跑上山坡，經過一小群觀眾。其中一人認出我，大叫道：「席翰醫生，愛默生現在會說什麼？」

我忍不住笑了出來。在這麼痛苦的情況下，對於我這樣的人來說，不愧為靈巧的一擊，因為我經常引用別人的話來描述自己的真實感受。然而我現在的處境，顯然沒有其他人的經驗能用來描述，但這卻引發了另一個問題：我為什麼參加馬拉松？

這個問題無法以三言兩語說完，即使是死忠的長跑愛好者也一樣。我很常被問到這個問題，但不管在馬拉松二十三哩處，或是在其他比較舒適的場所，我的回答都會有所欠缺。不是只有我說不清楚。在紐約馬拉松會場，大會有發送問卷給參賽者，詢問他們為什麼來跑馬拉松。生理與心理專家在上頭擬了十五個答案，最後一項為：「不太清楚。」從這一連串的答案，可以看出研究者自己也不大確定事實為何，無法確認自己的動機。

然而，我認為，只有「增進身體健康」、「增強性功能」和「獲得年輕的外表」這三個選項是和身體有關，其他的選項（除了最後一項）都是屬於心理層面的好處。

跑步的人似乎都接受，身體健康是跑步的附加價值，但這並不是跑步的真正原因。我也注意到這一點。我就是我的身體，我的所作所為，都是以這裡為起點。但我還有理念，發生在我身體上的事，對我的內心與靈魂有著更巨大的影響。跑步的時候，我變成機能正常的動物，但同時，因為某些不明顯、奇妙的原因，我也變成更好的人。從某種特別的角度來看，我亦變得更完整了。也許，這與成就感和熟稔跑步的藝術有關。

科學家們試圖從他們所建議的答案裡表達這些事。他們問，我是否為了放鬆而跑？是否為了解悶而跑，又或是為了增進心理健康而跑？他們問，是否有可能是為了爭取某種認同，或者克服某種挑戰，又或者為了尋找其他人生目的？問卷上還有友誼或社交因素，以及沒有跑就會不開心、不滿足。這些答案，是眾所熟悉的「非A即B」。跑步是為了過程或結果？

是活動的感覺，或者是抵達終點時的感動？是為了身體，還是心靈？但我跑步的原因不只一個，它們全是答案，還有其他更多的理由，但跑步本身就是答案。

跑步是為了一個目標：有能力順利跑完馬拉松。但它也是過程，訓練不只是手段，本身也是目的。賽後的成就感不是全部的原因，還有賽前準備、靈活安排訓練以及尋找生命的其他目的。

跑步於我是過程，也是結果。有時它充滿了意義，但沒有目的，有時則是反過來。有時，它是工作，有時則是遊戲；有時，它甚至是愛的表現。

我們這些跑者和學者專家不同。我們跑在路上，真實體會他們形諸於文字的感覺。他們想要了解的，我們全都知道；他們在尋找信仰，而我們已經找到了。我們的困難是在於表達這個經驗、知識與信仰的全部真相。

所以，我多麼希望愛默生跑過馬拉松，而且在二十三哩附近，能有朋友去問他：「現在的感覺如何？」

——《跑者世界》，一九七九年六月

席翰醫生與我

狂妄的人

——羅伯．李伯斯特（Robert Michael Lipsyte，美國運動新聞記者）

在一九六八年的波士頓馬拉松，我不確定誰先發現誰，是在找尋題材的我，還是正在尋找媒體曝光機會的喬治？但相遇後，我們有如兩塊磁鐵，在接下來的二十五年都黏在一起。在我《紐約時報》的專欄以及著作中，他是常客。我們相遇沒幾分鐘，他便對我談到比賽有如希臘悲劇，還說我是「狂妄的人」（hubris）。

這個詞也適合喬治——狂妄，直到他臨終前皆如此。一九九三年，他去世前幾個月，在一個陽光燦爛的夏日，那些無疑是受他感召的跑者，跑過他面海的窗前。當時他告訴我，他調整了延命的癌症藥物，以便在本地的賽事跑出好成績；少服一點能增加跑步速度，卻會縮短他的壽命。

他醉心於自我控制。他說：「希臘人稱賽事為agon，你會發現它所需要的能力，也會從經驗中打起精神。面對死亡的挑戰，就是我現在的比賽。」

不少人都看重喬治所發表的言論、而非只關注他所做的事，可見他有多重要。他以他心靈的底蘊賦予跑步中心思想，在沿路的沁人空氣中灌注古人的哲思；同時，他鼓吹更多人加入，讓他們的身心結合更加緊密、變得更健康。

喬治不固執己見。在了解我的跑步史，衡量我的體型後，他建議我改騎自行車。為此，我也非常感謝他。

第 8 章

挑戰與追求卓越

如果你想，你可以過一個不冒險的人生，
遠離煉冶場，遠離熾火、烈焰。
但你要知道，喜悅、幸福與美好人生，往往是意料之外的插曲，
它們只存在於無止無境、高壓、緊張且不停歇的自我追尋旅程中。

——《席翰醫生談跑步》，一九七五年

01 跑步形塑全人

我當長跑選手快三十年了，但仍試著理解這種自我重生的內在驅力。跑愈多，就愈想跑。跑愈多，就更加過著由跑步所調節、影響與形塑的生活。跑愈多，我也更確定自己正往真正的目標前進：成為我自己。

如果培根寫過跟跑步相關的文章，就可能會寫道：「跑步塑造出全人」。我認為，全人的成分包括動物、小孩、藝術家、聖人，而跑步包含了這一切，使我成為完整的全人。

我從身體開始說起。「你得先成為一頭夠格的動物。」愛默生如是寫著。我是的。我擁有動物的能量、敏捷的動作、結實的體魄，知道維持身材的重要。我現在只剩骨頭和肌肉，完全沒有贅肉。我的皮膚緊緻、兩眼有神，我就是我的身體，並以擁有它為榮。

健康檢測證明了我的感覺。我的生理年齡比實際年齡年輕三十歲；我的攝氧量與生理機能相當於四十歲的壯年人，而非七十多歲的老年人。我的脈膊平緩、血壓正常，全身的脂肪量只有百分之五。但我與其他同齡的跑者並無二致。跑步證明了，任何年齡的人都可以變成世上的奇蹟。

接下來再談到小孩。跑步使我返老還童，變成遊戲中的兒童。人生的目標就是：成年人不失其赤子之心，而遊戲是其中的關鍵，那是我們想做的事情，且不用顧慮金錢。

遊戲就是無所為而為，是有意義、但沒有目的的事。跑步時，我深有其感。在一天中的那一小時裡，我變成小孩，終於能做自己想做、並且樂在其中的事。這時，跑步對身體的裨益只不過是附加價值。只要每天跑一小時，其他的事便會自然跟著發生。

還有更棒的，跑步使我成為藝術家。藝術家就是對每件事都會產生如初次見面的新鮮感。如此，我們就能看清事情的真正意義，看出解決問題的辦法。跑步給予我這些創意，它提供了沉思的情境，打開我心中的新天地。若非跑步，我永遠也不會觸及這樣的新領域。

至少，因為跑步，我才有機會碰觸這些美好的事物。一位醫生朋友跟我說：「我決定要用以下這樣的速度跑步：一、能欣賞周圍的環境；二、能讓我思考；三、能每天獨處一小時。」我同意。只要用恆久不費力的速度在路上跑，就能感受到什麼是「永遠」。

最後，跑步使我有機會成為聖徒、成為英雄。和每個人一樣，我想接受挑戰，想知道自己究竟是不是弱者。我想量測看看，自己能發揮多少力氣，能忍受到什麼程度，這些在跑步中都可以完成。

我喜歡跑傳統的一哩賽（標準體育場四圈），雖然第三圈最為可怕和痛苦，但到了終點線前最後一百公尺，就能進入忘我的狀態。在途經丘陵的六哩越野賽中，我受苦、瀕死然後重生。在馬拉松賽中，我則與自己競賽，這是羅傑・班尼斯特所稱的「運動人最英勇的表現」。

跑步的理由何其多，就像一年有三百六十五天，也像人生中的無數歲月。但我跑步的主要原因是，我是動物、是小孩、是藝術家，也是聖徒。你也一樣。尋找你自己的遊戲，發掘你的重生驅力，然後，你就能成為自己心目中理想的人。

——《跑步致勝》，一九九一年

02 成為自己的英雄

「英雄都到哪裡去了？」小說家愛德華・霍格蘭（Edward Hoagland）在《紐約時報》問了這個問題。在一、兩天後，運動作家李伯斯特也接手繼續問。「求救！協尋男女豪傑！」這是李伯斯特文章的標題。

這兩件事都顯示出，傳統的英雄不再獲得人們的尊敬與崇拜。霍格蘭發現，專家、醫生、軍人及政治家，在現代已不被人們視為英雄。而李伯斯特則認為，這群人都不符合蘇格蘭歷史學家卡萊爾（Thomas Carlyle）為英雄所下的定義：上帝差遣至人間、傳達意旨給世人的使者。似乎沒有人準備好接下這把聖火，並繼續傳遞下去。

以霍格蘭的觀點，英雄已死於「親不敬，熟生蔑」。他寫道：「人們必須愛自己的英雄，縱使他們受過苦、自我懷疑與前後不一致。在過度曝光的社會，人們更難成為英雄。」

情況就是如此，螢幕殺死了他們；電視與電氣時代太進步，未來世代不再崇拜公開的成就，也不再擔心個人的失敗。傳播的威力讓我們知道，英雄不僅本質上有缺點，他們的生命歷程也有缺失。這提點了我們：誰是世界上真正的贏家和輸家？更重要的是，我們必須改變對英雄的看法：他們只是努力要成為理想中的自己。

我們知道，人生的主要戰場是在看不見、以及不被注意到的地方。人類確實會懷著不可能的幻夢、想打不能贏的仗、承擔無法負荷的憂傷。我們總是處在追尋之中，不論希望多麼渺茫，夢想多麼遙不可及，因為我們知道，只有不斷地追尋，最後才能心滿意足地安息。

所以，在某種程度上，我們都是英雄。我們在行動時皆以自己為根據地，而且是唯一的基地，以便更接近英雄。奧特嘉寫道：「英雄，就是『做自己』的堅決意志。」這種意志不屬於家庭、世俗或社會，而是屬於自己。他的人生是抵抗習俗與慣常、反抗例行公事。英雄會及時把握生命和自己所在的位置，創造屬於自己的劇碼。

再聽一次奧特嘉的話。他說，我們來到這個世界，是要演出前所未有的角色，還得撰寫自己人生的劇本，沒有其他人可以（或應該）幫我們做這件事。不論在過去或未來，都沒有任何一位英雄能夠做為你的典範。

英雄都到哪裡了？他們隨著前一個時代的單純、虔敬與天真而消逝了。我們缺乏英雄，也代表我們這個時代更進步了。每個人都回歸到自身，而且有能力在自己的人生中創造成功。成功在於要有勇氣與耐力，以及最重要的，是要有成為你自己的堅定意志，不論那個你會有多奇特。然後，你遂能大聲地說：「我已經找到我的英雄了，而那個人就是我。」

——《席翰醫生談跑步》，一九七五年

03 超越尋常的經驗

德州庫柏有氧研究中心（The Cooper Institute for Aerobic Research）的肯尼斯・庫柏醫生說：「如果你每星期跑超過十五哩，那就是在為有氧運動之外的事物而跑。」庫柏暗示說，許多跑者都陷入里程數的迷思。真的，有氧能力就是身體活動的能力，如果你想從運動中獲得這種效果，那麼庫柏是正確的，十五哩就夠了。

但若你想獲得跑步帶來的其他好處，例如心智健全、自我價值，又該跑多遠？這很難三言兩語道盡。自制與自尊無法用跑步機來計算，精神上的收穫與啟發也無法透過驗血來論斷。但心理健康與創造力都是運動帶來的附加好處，我們不能忽視。

有些跑者需要每天跑五到十哩才能保持頭腦清醒以及平靜沉著的心情。有位女性朋友每天走路一小時上下班，但回家後還是想跑個五哩。「我需要這段讓頭腦清靜的時間。」她說。

從事跑步以及其他運動的理由，絕對不限於維持體態。有些人是為了哲學上的理由，而非只想跑到終點線。跑步是進入另一個世界的入口，令我們得到難以言說的經驗。不論稱之為高峰經驗或神祕體驗，跑者都前仆後繼地追求著。哲學家威廉・詹姆斯說：「世界上存在著其他更偉大的真相。」這是千真萬確的。生命中有不少訊息比感官體驗到的還多，人們也用盡各種方法想找出它們的真相。正如詹姆斯曾吸食一氧化氮來做實驗。不過，若想要追求新的體驗與認知，跑步可是安全多了。

詹姆斯也花費大量的時間研究心理現象。值得注意的是，人們開始注重體適能的時機點，也是對心靈活動重燃興趣的時代。如今有所謂的新世紀運動，人們開始將注意力放在科學難以證明的自我本質上。他們研究右腦、深究非邏輯性的區域，探索各種潛能。

大眾媒體也反應了這種現象，廣告要我們「做自己」、「掌握各種發展」、「強化完美的體驗」，這些都是詹姆斯會讚賞的口號。他最偉大的作品之一是《宗教經驗之種種》，這本書集結了他在愛丁堡吉福德講座（Gifford Lectures）的內容，可說是人類非尋常經驗的大全集，堪稱為十九世紀的新世紀聖經。

體能活動也算是在挑戰尋常經驗，我們從探索身體的極限開始，然後深入心靈的極限。最終，我們要探索全人的極限。在與自我的肉搏戰裡，進入筆墨無法形容的靈魂境界，人們發現，世間的確存在著更偉大的實相。

老實說，我不確定庫柏醫生所說的「每星期跑十五哩路」能讓你找到這樣的生命新面向。

——《最好的自己》，一九八九年

04 麥田捕手

動機（motivation）就是包括需求（need）、驅力（drive）或渴望（desire），也就是以某種方式達成某個目標。強烈的動機就是人的基本需求，正如飢餓、口渴、處於冷天或危急情況時，就得做些反應。而我堅決要解決這些問題、做必要的行動。

在前進的路上，驅力推著我、渴望拉著我。我有很多渴望：想要自尊、成為英雄、擁有高峰經驗以及與某人心有靈犀。坐在這台打字機前，我也希望能寫出最完美的文章。

每個人都有不同的志向與喜好，我相信你也贊同這個觀點。然而，需求、驅力和渴望是生命的必需狀態，每個人的差異不會太大。但動機則不然。從威廉・詹姆斯的角度來看，現代人大多過著被低估的人生，我相信自己亦然。我們全都可以成為藝術家、運動員和英雄，都有能力關心鰥寡孤獨、視病猶親。我們都有能力當麥田捕手，用自己獨特的方式，以傳達造物主天賜的美意。打從一出生開始，每個人都有能力成為最好的自己，但我們並沒有好好利用。

我們唯一的藉口是無知，宣稱未感知到自己的能力。事實上，每個人都是宇宙的奇蹟。該讀讀先賢的金言玉語，正如愛默生所說的：「每個平凡人都有無可限量的潛力。」我們輕易出賣了自己和生命。視野狹窄，目標便無法遠大。我們以低空飛過為標準，一生墨守成規，逍遙自在地過日子。但我們的技藝、生命和喜悅，就這麼平淡無奇、消逝而去。這就是平庸的代價。

我認識一位賽艇教練，他退休的原因是對學生感到失望。他說：「他們不再追求卓越了。」把目標設定在最高點，動機會增強。第一，你會更渴望達成目標；只要是必要的方法，就一定得執行。看一眼雄偉的馬特洪峰，就能讓狂熱的登山者產生他所需要的動力！他會自動自發地準備一整年，因為登上馬特洪峰是他活著的理由。

我的目標不光是滿足小確幸。我的需求、驅力與渴望，是為了達成圓滿與完整的自我。完成任務、用天賦創造人生，幸福便會不請自來。不管完成心願要犧牲多少的時間與精力，只要知道自己能達到的境界、願意踏出第一步，就是最好的動機。

——《最好的自己》，一九八九年

05 關於「努力」這件事，人人生而平等

《獨立宣言》明確地宣告：每個人生而平等。然而，每天我都能找到事例證明，這句話是不正確的。例如，參加比賽時，有一半的人會跑贏我；參加研討會時，我無法全程跟上演講者的立論；讀一本書時，我無法全盤了解那些別人一讀就懂的內容；每一天，我都被告知自己的不足之處。我努力了，包括生理上與心理上的，卻更加證實自己和其他人的成就是多麼天差地遠。

雖然《獨立宣言》如是說，但人們顯然生而不平等。我無法妄想能贏得波士頓馬拉松，也幾乎百分百確定我無法獲得諾貝爾文學獎，身邊盡是懂得比我深、做得比我多、成就比我高的人。然而，就像許多人一樣，我仍然認同自己的表現。我完成了馬拉松比賽、出版了新

著作、最近也發表了演說。

當然，這些成果都是我的一部分，是以各種方式呈現出「我是誰」、「我的信念」，顯示出我的身體與心智這台機器是如何運作的。

但我不僅是身心的混合體，也是個靈魂，與地球上的每個人一樣，我擁有一種比天賦更重要的無限力量：意志力。它存在於靈魂中，每個人因此生而平等。我們都有能力懷抱理想或體現精神活動，威廉．詹姆斯如此定義道：「這是最偉大的反抗行動。」

有這種特質的人，就能依自己的理想而行動。意志力的問題只有：我想不想這樣做？在這個決定點上，你和任何人都是平等的。「努力是度量個人的同一標準。」詹姆斯寫道。

我們都深諳這點。我從不自滿於現況，所以當事情平順時，我會感到惴惴不安。「不要低估情勢，」有位偉大的醫生說：「要嚴肅看待。」表現出絕對的好表現，就是我們的準則。

「我寫出我力所能及的最佳作品了，」某位暢銷書作者說：「若還能寫出更好的，我一定不會停手。但這已是我的極限了。」她能否寫出更好的作品並不要緊，重要的是（比生命還重要），她傾盡全部的心力來書寫。

跑步比賽使這個議題更簡明易懂。此刻我正想著百慕達十公里賽中的帕美多路（Palmetto Road），那是位於八公里標示牌的一個長陡坡。在比賽的大多時候，我都跑在一位年紀與我相仿、穿著格子短褲的先生後面。就在這個陡坡前，我超過了他，跑進我這個年齡組的第二名。

那是短暫的決勝瞬間，要應付長陡坡，我頓時需要付出極大的體力。我立刻忘記要打敗同齡組的所有人，尤其是這位穿格子短褲的先生。此時只剩下我和這條陡坡，我的雙腳變得沉重，覺得非常痛苦。我的呼吸變得短促，背脊彎駝的角度更深了。情勢轉變了，這是我與自己的對戰。我的意志、心智和身體互相在決鬥，而內心想要喊停。

在我的四周，每位跑者都陷入了相同的苦戰。我只能激勵自己，攻占那座山頂是性命攸關的事，而領先群已過了山頭。對旁人而言，比賽已經告終，但對我們而言卻還沒結束。有些觀眾能看見這場比賽的真正意義，能欣賞我們的意志，而不是正極力要跑上山頂的軀體。跑步實堪稱是「最偉大的抵抗行動」。

有位騎師這麼描述他的冠軍馬：「牠很努力，而且常常這麼投入。」但後面沒有得名的馬也是一樣努力。不要在意別人做什麼，只要求自己做得盡善盡美。我們很努力，而且常常要如此投入。在那些短暫的時刻，我們與地球上的任何人都是平等的。

——《最好的自己》，一九八九年

06 無法延期的奧林匹克運動會

有一年，我去波士頓參加馬拉松，在《波士頓環球報》上看到這一則廣告：「徵求跑者！」丹娜—法柏癌症研究所（Dana Farber Cancer Institute）正在徵召跑步選手參加他們的研究計畫。

廣告上寫著：「我們正投入一場艱困的馬拉松。癌症的成因與解藥是個複雜的問題，要發現解決之道將是條漫長的路……我們需要具備以下特質的人：夠專注、有紀律、具能量，以及深信你能讓世界更美好。」

這些條件與運動員的經驗不謀而合。不論是什麼運動，都能促進身體的發展，也能提升心智與靈魂的品質。運動是教育的重要元素。希臘人在好幾個世紀以前就已明白這一點，而對於那些已畢業多年，如今又重返運動場的人們來說，也是顯而易見的。運動員的經驗包括了三部分：訓練，希臘人稱為askesis；賽事，希臘人稱為agon；以及結果，希臘人名之為arete，這個字可翻譯成「優秀」、「活力」或「美德」。希臘教育的目的在於培養公民兼軍人。柏拉圖說，從孩提時期就開始培養美德，令他能管理國家或保衛國家。

這種教育的最終目的則是自我駕馭。若想要掌握情況，我們必須先掌握自己。自我控制對運動員來說是很自然的事。訓練，或者希臘人所稱的skesis，會帶來嚴謹與中庸的美德。運動員的生活習性與身體的運作法則要一致，「打破訓練習慣」，生理上就會受罪。成為跑步選手，就是要傾聽身體，並接受它的律則。當然，這是有報酬的。運動員能表現出力量的顛峰，擁有丹娜—法柏癌症研究所研究人員想要尋找的能量。

籃球選手比爾．比拉德利（Bill Bradley）談到，在球賽季前數個月的辛苦練習，能培養出自我駕馭的能力：「我無法接受輸球是因為我努力不夠。我也許會因速度不夠、身高不夠而輸球，但絕不會因為準備不夠而輸掉比賽。」

然而，自我駕馭不只是種準備工作。當比賽成為agon，自我便在其中發展。法國哲學家傅柯如此論及希臘人：「即將進行的賽跑、即將贏得的勝利、需歷經苦難才能打贏的勝仗，這些都是發生在不同個體間的過程或事件。每個參與的人得不斷和對手及跑在自己附近的人爭鬥。」

跑者對此了解了多少？剛開始，似乎是我與山丘及土地、濕熱及悶熱，還有與距離間的對抗。很快地，它們顯然都不是我的敵人。我的敵人是自己——是那個寧願與獎盃擦身而過、放棄的我，甘願以「我試過了」為藉口而草草結束的我，而不是用最後的拼搏、痛苦與頓悟，跳進探究「我究竟是誰」的黑洞的我。

哲學家並沒有遺漏這項運動元素的重要性。在看完一場足球賽後，桑塔亞那寫道：「當中蘊藏著偉大且源源不絕的努力，呈現了人類最初的美德與天賦。」比賽中，跑者尋求這些美德與價值，武德也得以從如影隨形的恐怖戰爭中解放。桑塔亞那說：「如此一來，我們便擁有一齣高昂的戲劇，它囊括所有的精神與情感張力，而在此呈現生命本質的場景中，整個靈魂都被撼動了。」

很誇張嗎？詩人佛洛斯特在觀看一場籃球明星賽後，將運動選手比喻成演員，而且大為讚賞他們所展現的力量、勇氣、知識與運動家精神。我們一次又一次看到他們往全人的境界邁進了；而被迫重新評估運動經驗的教育工作者，也得到了相同的結論。賓州迪金森學院（Dickinson College）有一組教育委員會，他們在思考運動於學生生活中所扮演的角色。教師們寫道：「競賽不是關於輸或贏，而關乎參與比賽的意願。不要忘記，競賽不是強制性的，是個人自願投入行動，並願承擔結果。」

這些教育專家還看見了運動的其他好處：「要體驗並嚴格分析運動，就得參與這些充滿戲劇性又有張力的活動。傳統的研究很難做到這一點。」這份報告還指出：「運動是最容易親近的實驗室，它的研究主題包括專注、犧牲、勇氣、策略、秩序、合作、領導、同儕、孤獨、忠誠與權威。」

我們還要體驗運動的最後一個環節：自我蛻變，它也是從前面的經驗得來的。關於自我的正面訊息沉澱到潛意識中，也就是進入詩人布雷克的世界。在那裡，我們成為「火戰車」，而「狂喜」最能用來形容這種狀態。至此，我們成了比賽中的「我」，而且對於每天到來的事件都已做好準備。

你我遲早會知道，生命每天所帶來的，是不斷出現的挑戰，而競賽是必然的。希臘哲學家伊比鳩魯在二十個世紀前就告訴我們：「若有任何艱苦或愉悅、光榮或不光彩的事來到你面前，記住，此刻就是競賽，此刻就是奧林匹克運動會，而且無法延期。」我們每天都需要能量、專注、訓練，以及相信自己能讓世界更好。丹娜—法柏癌症研究所的研究人員知道這一點，我們也應該要理解。

——《跑步得勝》，一九九一年

07 跑步，是人生唯一的解答

開始跑步後，我才發現放輕鬆是件輕而易舉的事，只要聽從專家的建議就好了。「避免壓力」，醫生這樣提醒，我照做。「減少緊張」，心理醫生如此建議，我照做。「放下不安定的心」，牧師安慰道，我也照做。

若你不具備桑塔亞那所稱的「美國人最強大的熱情」，即對工作的熱愛；若你一輩子都獨來獨往，最強的渴望就是不跟人攪和；若你遇見的人都不如你想法多且有趣；若你的內在心靈比外在生活更真實……那麼要做到醫生與牧師的建議，就完全不費力了。

跑步並未改變一些事實。我依然是骨架細小的孤僻男子，愛天馬行空地胡思亂想。我無法對任何企業、機構或人產生興趣，也沒有相關的才華。然而，除了這項限制之外，我現在接受自己有無限的可能。

對平凡人而言，甘於平凡也許是種常識。但如今，從許多出於本能、出於直覺、超越邏輯的事情看來，事實並非如此。我因今得知，跟「應該成為的我」相比，如今我只算是半醒著。正如威廉・詹姆斯所說的，我只運用了心理與生理能量的一小部分。跑步帶給我這些觀念，使我成為運動員，縱使我已垂垂老矣，但仍促使我朝向新的目標出發。

如今，我接受壓力，甚至尋找壓力。對於我是誰以及理想中的自己，我不再迴避這兩者的落差與拉扯；對於已實現的目標與應達成的任務，這兩者的差距我也不再加以漠視。我明白自己尚未過著完美、值得再活一次的日子。馬斯洛暗示過，平穩、適應、自保與調整是負面想法，我認為他是對的。

跑在路上的那一小時中，我不接受任何負面的想法。剛開始我邁著輕鬆的步伐，但很快地，山丘出現在眼前，我必須克服它。每座山丘都是挑戰，在我氣力用盡到達山頂前，沒有任何痛苦或喘息能阻擋我。即使在這個時候，我還希望這座山丘後還有更高的山頭。

這肯定是瘋狂的行為。若要身體健康，並不需要這麼做，事實上，健康還可能會流失，這似乎超過訓練體能的合理範圍。這種行為其實相當危險，不但身體會超過負荷，也有可能導致過度訓練，隨之而來的是筋疲力竭與心智耗弱，令人漠然呆滯與意志消沉。就像身體的壓力會影響心理與神智，緊張也會擾亂心靈，對身體造成類似的影響。

若這些危險存在，與之相反的效益也會成立。也就是說，與自己做生理上的競賽，就能從中受益，你也會有足夠的能量來完成這些事。真正的問題，是要去發掘並釋放這些儲藏起來的能量。

我的方法是跑步，那是我創意之輪的軸心。在這段時間，我是運動員，是詩人，是哲學家，甚至是聖徒。

跑步招來風險，但也帶領我超越平靜、和諧，以及日復一日的平順運作。跑步時，我看出我最明顯的不足之處，以及身心靈的不完滿。而且我明白，唯一的解答就在於將自己推往極限；或者是絞盡腦汁，以精確的文字來表達真理；又或者在於尋求自我和宇宙的意義。

雖然如此，專家也可能是對的。壓力是個殺手，緊張會導致精神官能症，不安的心可能會帶人走向絕望。但若沒有它們，我們的能力將不及自己真正的能耐。如果你想，當然可以過不冒險的人生，遠離煉冶場，遠離熾火、烈焰。但你要知道，喜悅、幸福與美好人生，往往是意料之外的插曲，它們只存在於無止無境、高壓、緊張且不停歇的自我追尋旅程中。

——《席翰醫生談跑步》，一九七五年

08 運動的救贖

近來有一種流行趨勢，就是將心理壓力視為應該避免的事。大家把心理健康視為安定的狀態，所以應該免於不安、別對自己要求太多，否則，若現在的我與期望中的我落差太大，人便會很焦慮。但我們都被錯誤的觀念誤導了，以為心理健康就是永遠免於壓力。

但事實正好相反，有能力與這些感覺、需求和緊張共存，心理才會健康。這些壓力非常必要，也不可避免，可說是通往救贖的道路。

更確切地說，它是類似於宗教的一種救贖。威廉．詹姆斯在他的《放鬆的福音》（*The Gospel of Relaxation*）中便指出，宗教是憂慮的最高解藥。真正具備宗教情操的人，對於每天接受到的指令與任務，皆堅定不移、平心靜氣，而且有所準備。

有一種說法叫做「宗教情懷」，也就是當你終於明瞭自己的運動、研究工作或專案需要下大量工夫和訓練，而且有可能失敗、徒勞無功。即使如此，你仍發現自己有決斷力、意志力，以及堅持下去的力氣、能量與信仰。你內心知道，自己終會相信這一切。

宗教和遊戲一樣，會激發參與者相同的態度：一、不管發什麼事，相信它終會轉危為安；二、世上的挫敗永不停歇；三、在規則與儀式之內，我們能盡情自由發展創意。

從某種角度來看，遊戲還先於宗教，因為它超越了人對食衣住行的基本需求。遊戲能促成自我了解，雖然在過程中，我們得經歷風吹雨淋、飢寒交迫。遊戲也是英雄的舞台，我們有能力面對必須面對的，忍受必須忍受的，最後也將順利走過。

美國小說家福克納在獲頒諾貝爾文學獎時說：「人不會只是忍受，他終會獲勝。他是不朽的，不是因為所有的生物中只有他能不斷發聲，而是因為他有靈魂，還有同情、犧牲與忍耐的精神。」

我的信念是：一個人，不論他多虛弱、多膽小、多害怕、多焦慮，都不應該只是忍受，他應該要戰勝。但首先，要先相信這一切都會發生。

——《跑步人生》，一九八〇年

09 壓力的價值

在壓力成為大問題的幾十年前，治療生理疾病與社交障礙的醫生還沒發現其重要性。作家與出版社也都尚未發現它的商機，並當作源源不絕的創作主題。但在一個世紀之前，威廉・詹姆斯已經把壓力做為研究的主題。

詹姆斯來自波士頓名流家族，身份、地位與學識兼具。他親身體驗過最巨大的壓力，也就是關乎性命安危的險境。他最初考慮過自殺，但排除這個選項後，他繼續發展自己的人生，雖然當中充滿了假設、不確定感與各種可能性，但你得做出選擇、發揮創造力。那是一個不完整、尚在創造中的世界。當中，人是最重要元素。你我都得表現出最好的一面，奮發向上，以免對挑戰與壓力。

一九〇〇年，就是詹姆斯在從事寫作的那個年代，除了少數的權貴階級之外，一般人的生活還是很艱困。超過三分之一的美國人以務農為生，剩下約三分之二的人則從事勞動工作，需要用到大量的體力。即使是白領階級，在平常上班的日子，也得走好幾小時的路。

當然，現在一切都改變了。科技解放了所有的人，只留下百分之三的人口在農場上。在大多數的領域，科技也代替了服務業一半的人工。結果，只剩百分之五的美國人從事勞動工作。剩下的我們，逐漸習慣了這種新式且輕鬆的經濟生活。昔日少數的特權人士不斷膨脹，老百姓都變成了貴族。

現在，我們得刻意尋找挑戰與危險，因為它們不會突如其來出現。我們得回到本初源頭，才能遇上險境、面對衝突、承受壓力。我們希望讓「健全的心智寓於健全的身體」。在追求身體健康與尋找靈魂的過程中，壓力是必要的阻力。在十九、二十世紀交替時，詹姆斯向大家強調。每個人都需要身體的活力，這不是為了與大自然辛苦地奮戰，而是要為人生建構心智健全、寧靜與喜悅的場景。

今天，只有運動員能感受到詹姆斯所說的內在平和與自信，身體在訓練後，各處會充滿這些精神。詹姆斯，這位知識份子與貴族清楚看見身體的重要性；他知道，這是各種心理或靈性價值必須深植的底土。

——《跑步人生》，一九八〇年

席翰醫生與我

別看醫生，去找裁縫師吧！

——喬治・席翰三世（席翰醫生之子）

很少有演講嘉賓能像我父親一樣，吸引大批熱情的聽眾。馬拉松好手比爾・羅傑斯（Bill Rodgers）、法蘭克・蕭特、喬恩・班諾瓦特（Joan Benoit）、傑夫・加洛威、艾伯持・薩拉扎與喬・韓德森，這些名人的演講當然也很值回票價（通常還附贈義大利餐點）。但後來我想到，他們其實是專家和馬場傳奇，更懂得各種訓練技巧。

而我父親比較像是三項全能。

這位跑者是哲學家、有成就的運動員，更重要的，他還是位醫生。他提出的每項醫療建議，都是從親身經驗辛苦得來的。

演講時，他會穿著休閒的藍色牛仔褲與毛衣，還具有極佳的幽默感。他也讓聽眾說自己的故事。

這裡有個適當的例子。一九八〇年代中期，在某次陸戰隊馬拉松的選手之夜餐會上。當時我與六百位跑者坐在大廳裡聽他演講，有些人席地而坐，有些人則靠著牆。

我們這位英雄比預定時間還提早了二十分鐘跳上講台，他告訴聽眾，他很樂意回答任何有關運動傷害與訓練的問題。

台下提出的第一個問題是跑步生涯的禍根——膝蓋痛。父親告訴他們，先檢查腳掌著地的方式，這會影響跑步時的平衡，而背後的原因有很多種。最好去諮詢足部醫生，他通常會從生理機制去了解受傷的問題。

這時，換我舉手。

他叫我道：「下一位。」在場的聽眾並不知我們的父子關係。

「那臀部痛要怎麼處理？」我問。

他再次從身體結構來回答。「臀部的問題，」他說：可能是兩隻腳長短不同。你得去量一下，但不要去找醫生。」

這個回答令在場聽眾相當困惑。他先靜默地賣了個關子。最後，當他說出這個常識性的答案時，聽眾爆笑如雷。

「你應該去找裁縫師，因為他們一輩子都在做這件事。」

第9章

心靈

人類身上最危險的東西是太講究邏輯的心。

它講求務實和實用，對每件事的價格對了然於胸，卻對價值一無所知。

它能恰當地回應危險，卻不能恰當地回應愛；

它能接受工作，但不接受遊戲；它了解科學，但不了解宗教。

邏輯的心，在幽默開始的地方就已經結束了。

——《如何維持一天二十四小時神清氣爽？》，一九八三年

01 跑步就像修道院

安克拉治的記者滿臉狐疑。「是真的嗎？」他問：「聽說你稱跑步為一種宗教。」我來到阿拉斯加時，心裡有一點忐忑，不確定我該與這裡的前輩分享什麼，演講的題目也尚未構思好。對我而言，阿拉斯加人體格已經很好了，所以我要面臨的挑戰是，得找出跑步訓練計畫其他值得宣揚的價值。

我思考了一下這個問題。若我未曾直接稱跑步為宗教，必然也在某處如此暗示過。《跑步全書》作者吉姆．菲克斯（Jim Fixx）講過一個故事，有位女性談到他先生時說：「泰德以前是衛理會的教徒，但現在是跑者。」我也說過，在桑塔亞的《最後一位清教徒》中，主角歐登對划船與騎馬的投入精神，就如認真的跑者一樣。「一種沉默的宗教」，桑塔亞那如此稱呼歐登的養生法。

但桑塔亞那不認為宗教是真理，而是詩歌；他是運動員的觀察者，但本身並不是運動員。他堆砌了如詩般的美句，但卻錯過了重點。我也是。幸運的是，現在我知道答案了，我看著這位記者說：「跑步就像阿拉斯加。它不是宗教，而是一個地方。」

在我從西雅圖飛過來的旅程途中，這個想法於我腦中萌生。我讀了荷蘭神父盧雲在熙篤會修道院閉關七個月的紀錄。盧雲神父在文學界與學術界都很知名，他的著作《傑納西修道院日記》（*Geneesy Diary*）使我對跑步人生的真正內涵有了新理解。

盧雲神父的困擾與我非常類似，迫使他避入修道院的理由，與日夜荼毒我的理由如出一轍：他被愈堆愈高的行程壓得喘不過氣來。每場演講、每篇文章與每本書，都會吸引更多的演講、文章和書籍出版的邀約；每一通電話都會花去他人生更多的時間。

這種生活形態就像是吸毒：當邀約、信件和讚美減少或停止時，便會產生戒斷症狀，受害人除了繼續，甚至堆疊他的行程之外，其實沒有什麼選擇。

「就在抱怨太多邀約的同時，」盧雲神父寫道：「若對方無聲無息，我倒會感到一絲不安。當我喃喃自語，如雪片般飛來的書信好沉重，空空如也的信箱卻使我憂傷。在煩惱演說行程時，如果沒有後續的演講邀約，我也會很沮喪。我渴望獨處，卻也害怕獨處。」

這位神父終日教學、演講、撰寫書籍，以強調獨處、內在自由與心靈平靜的重要性，但自己卻成了囚犯，被困在馬不停蹄的行程裡。最後，他決定後退一步。他說，時候到了，該為自己的人生保留一些孤獨、平靜與隔離。他需要好好地看看自己，才能負起責任，以正確傳布神的話語。所以，他請了假，進入紐約州的傑納西修道院。他發現，那裡是隱退與修復自己的絕佳場所。

修道院適合休養身體。盧雲神父被指派到麵包房幫忙，這是僧侶們的收入來源。後來，他被挑選去採集石頭，以興建一座新的禮拜堂。

修道院也適合休養心靈。神父擁有一間自己的小密室供沉思冥想。平日不管是在勞動，或是與其他人相處，大家的交談次數都減至最低。他唯一掛心的，只有對自己的要求。當然，修道院也適合用來鍛鍊靈魂。盧雲神父說：「修道院不是建造來解決問題的，而是人在糾結中時，用來讚美神的。」

修道院適合一般人去，也適合罪人與聖人。在那裡，工作上彼此還是有摩擦，關係也時常緊繃，腦袋一樣遲鈍，禱告似乎無效，而盧雲仍然還是盧雲。但即使如此，他知道去那裡是出於內在的必要。而他留下來，是因為「我知道我在對的地方」。

於此同時，神父期望出關時會變成另一個人，做人更圓融、更具靈性、更有德性、更富同情心、更溫柔、更歡喜。「我希望不安會轉為平靜，生活方式從緊張轉為平穩，內心的矛盾消除，全心全意侍奉神。」

離開修道院時，盧雲神父明白，這只是自我爭戰中的一段喘息時光。他還是同一個人，有同樣的問題，所以他向修道院院長尋求建議。「你必須每天空出九十分鐘的禱告時間。」院長這樣回答。若盧雲神父想帶著在傑納西的經驗回家，就得每天留下時間和神的對話。若沒有持續的自我更新，他在修道院的經歷將化為烏有。在餘生中每天早晨醒來，他還是會帶著前一天才克服的習性、欲望和罪過；唯有天天回到修道院，才能解救他。

我告訴這位記者，跑步就像修道院一樣，是個隱居所，讓自己與神對話、更新精神與心理狀態。

——《跑者世界》，一九八七年九月

02 跑者的愉悅感

「這世上沒有『跑者的愉悅感』（Runner's High）這種東西。」身為跑者、同時也是放射科醫師的大衛・樂文（David Levin）在《美國醫學會期刊》裡寫道：「若你希望在跑步中產生所謂的愉悅感或神祕經驗，一定會大失所望。我自己沒有過這種經驗，我認識的馬拉松跑者也沒有。」

樂文是跑步運動的支持者。他每星期平均跑六十哩，曾多次參與馬拉松，也在一九八一年的波士頓馬拉松獲得二小時三十八分的好成績。他有豐富的跑步經驗，而他跑步的原因很多、也很多元，但不包括產生愉悅感這件事。

他認為「跑者的愉悅感」是憑空想像出來的，基本上，是商人想從中獲得利益，才讓它成為歷久不衰的迷思。他說，這種陶醉感即使真的存在，也是因為跑步結束時所帶來的解脫感。跑步對樂文而言是艱苦、無趣、疲累，而且通常是痛苦的；身為跑者有許多報償，但跑步本身不是享受。

樂文說的事有其道理，他說出了他所認為的真理。他是以自己及朋友的經驗為依據，類比到所有的跑者身上。但這個結論跳太快：若他們都沒有體驗過跑者的愉悅，其他人也不會有。

這幾位頑強而堅決的馬拉松選手每星期跑六十哩，但我懷疑他們了解何謂神祕經驗。對他們而言，跑步的確是艱苦、無趣、疲累，而且通常是痛苦的。相對的，我們的跑量只有他們的一半、訓練時的配速較參賽時慢兩分鐘、跑步是為了思考，而且只把痛苦留到比賽，但跑者的愉悅感已融入我們的生活中，而且是必要的。它一次又一次帶著我們逃離單調、貧乏而普通的現實人生，而它展現到極致時，無疑是心理學家馬斯洛所描述的「高峰經驗」。

馬斯洛在晚年時，修正了他對高峰經驗的定義。他原先認為，高峰經驗只會發生在極少數人身上，而且是處於非常特別的情境下。後來他發現，其實在許多活動中都能產生這種感覺。事實上，世上有許多種方法都能讓我們體驗到天人合一的永恆感。

他也承認，這種頓悟有別於次要的「高原經驗」(plateau experience)，其情緒反應較為和緩，較像是一切都在掌握中的平靜感。

「他們為自己尋找庇護所，」哲學家皇帝奧理略寫道：「在鄉間、海濱或山裡的小屋。但這顯示他們只是普通人，因為，如果你有掌控自己的力量，任何時間都有辦法遁入內心的園地中。」每天的跑步時間就是我的庇護所。在那裡，我發現了斯多噶和伊比鳩魯學派的沉思哲學與真理：「沒有任何地方比得上自己的靈魂；唯有遁入其中，我們才能獲得自由、得到極致的平靜並遠離煩憂。」

這一切都在我的身體裡自然發生。練習時，跑速慢兩分鐘，讓身體成為自我調控的大師。它不需要指引、命令和刺激，有如自動駕駛一樣開在軌道上。我的心自在神遊、腦袋天馬行空。它還會帶來「創造性的愉悅」：我的心情和思緒如瀑布般大量湧出。影像與聲音、觸覺與味覺、人生的苦與甜，彷彿取之則來，揮之即去；早被我遺忘的久遠記憶終於浮現。

有時，這些想法會圍繞著一個普通的主題，比方當時我正在撰寫的文章；在其他時候，過往經驗會以新的、有趣的順序呈現，有如人生萬花筒一樣。回到家時，我腦中常常已構思好整篇文章的內容，而這些靈感就是從「再生氣」之後萌生的。

有幾天（有時只有一天），我會經歷到那不可捉摸的跑者的愉悅感。從嚴格的定義來說，神祕經驗是極少發生的；法國哲學巴斯卡承認他有過一次，而西班牙的神父聖十字若望據說只遇過三次。但以馬斯洛的標準來看，神祕經驗出現的次數很頻繁。孩童可能每天都會經歷到，因為他們處在啟蒙的階段，與禪宗的無差別、不立文字、活在當下的境界非常類似。

運動員不論其成績水平如何，都是受到眷顧的一群人。昔日大聯盟投手費德里奇（Mark Fidrych）在小聯盟的波塔基特紅襪隊效力時，曾投出一場逆轉勝的比賽，賽後他說：「沒有一個字可以形容那種感覺。」他如此回想在最後幾局，觀眾不斷激勵、鼓舞他的感覺。

若要試圖用文字定義「神祕經驗」，我們會發現那是筆墨難以形容的；跑者的愉悅感便是這種狀態。但有一個詞彙非常接近，那便是「狂喜」（ecstasy），這個字在希臘字源的意思是

「站在外面」。跑步將我帶離這個世界、讓我擺脫在其中扮演的角色。在短短一小時裡，它給我放縱與選擇的自由；我能轉念，或者放空；沒有責難，也沒有讚美。在那六十分鐘裡，我是剛出世新的亞當，是在我個人宇宙裡的第一人。我品嘗著永恆的滋味，那是我清醒時每一分鐘都渴望的滋味。

——《跑者世界》，一九八四年三月

03 屬於我的永恆

「你相信人可以達到永恆的境界嗎？」在前幾天的午餐時間，有位一神論的朋友這樣問我。這不是每天都會出現的話題，但如果你有基督教或伊斯蘭教的朋友（我沒有偏見，他們確實是最好的朋友），一定會覺得司空見慣，即使是在午餐時間。不論白天或晚上，他們似乎隨時都預備好要討論永恆的真理。確實，我深信，與其拜訪某個地方，他們寧願討論天堂。

但這次，我已經準備好回答這個棘手的問題，因為就在前一天，它成真了，而在過往，永恆不滅只是童年時相信的事情與大學時學到的理論。

在午後跑步時，我突然越過了時間與空間的框限，成為完美的跑者，輕鬆、踏實而不費力地跑向無限。十年來不間斷的跑步，我的意識終於提升了，進入了過往未知的領域。

對跑者來說，跑步就像沉思與冥想，如桑塔亞那所說，有如踢足球和划船般療癒，能洗滌、榨光內在的自己。在身體的擺動與身心合一中，我們得以欣賞世上的真善美，享受此美妙的時光。

如今，跑步的作用顯然不僅於此。那天的體驗對我來說非常神祕，我相信對其他人也一樣。奇妙的事情發生了，它應證了神的存在。最近有讀者投書到《哈潑雜誌》，他說：「一旦你明白了，便會相信它，而且終生難忘。」

這種狀態很難訴諸文字，沒有任何方法可以記錄、分析它。相對的，我們也無需否認它的存在。威廉・詹姆斯寫道：「神祕主義者存在已久，他們的立場也不難理解。」詹姆斯宣稱，神祕主義是無可反駁的。他所說的絕大部分都有其道理，雖然我們可能不曾有過這種經驗，而且不知道該如何讓它成真。

現在，這條路似乎是變寬了。過去，美國僅有很小一部分的人懂得冥想，如今我們已變成一個有很多沉思者的國度了。在這項新發現的休閒活動中，我們找到了存在於遊戲中的救贖與解放。因為，運動給予一般人真實的自我圖像，將人們從威權中解放出來，讓他們能發掘與完成自己的生命設計圖。對跑者來說，孤獨就是生命的伙伴，而不是失敗的標記。至少對他來說，社群感是種迷思。他能執行自己的反社會行為、改變自己的生命、迎合內在的真實。（有位醫界的跑友最近問我：「在我們開始跑步前，究竟是過怎樣的日子啊？」我想不起來了。若跑步之前確實有過人生，必然也是不完美、不圓滿的。）

遊戲誠然是個解決之道。「道路有很多條，」美國詩人普利斯（Jonathan Price）寫道：「事實上，都是現實世界呼喚我們去玩遊戲。」所以，對跑者而言，那條道路就是跑步，而其他人會玩別種遊戲。要選擇哪一條路，端看你自己。我無法把不愛跑步的人硬拉來和我一起參加午後長跑，然後向他展示那永恆的遠景。你願意全心全意投入的活動，你才去做；為了達成目標，那必須是屬於你的比賽、你的運動、你的遊戲。美國教育家里歐納德（George Leonard）寫道：「我們如何遊戲，反映出我們存在於這個世界上的方式。」

對舞者而言，舞蹈能為生命帶來這種近似永恆的感覺。美國舞蹈家丹安柏斯（Jacques d'Amboise）曾說：「在跳躍成功的瞬間，感覺就像是永恆了；有如遨翔在時間之巔。」其他人則從滑雪、衝浪、空手道、高爾夫、足球等運動中得到類似的經驗。

要花多少時間才能到達這個境界呢？這是另一個問題。但每個人都必須通過訓練，才能抵達自由；可以確定的是，這不會發生在新手身上。唯有當「如何做一件事」比「正在做什麼事」還重要時，你才能打破層層藩籬，提升意識的境界、深入你的內心深處。

當然，一定會有人懷疑，你我這個年齡的人真的應付得過來嗎？事情有這麼簡單嗎？這時你可以回答：「別開玩笑了。」

——《跑步與存在》，一九七八年

04 酒癮與跑步癮

酒精可以帶你到清醒的人從未見過的地方。威廉・詹姆斯說，清醒使人畏縮、有偏見，而且產生抗拒，酒醉則會使人大膽、有包容力，而且心胸開闊。他結論道：「人類會受到酒精的影響，無疑是因為它能刺激人類天性中的神祕機能。」

以下是酒精會造成的影響。你會看見在自己在個人專屬世界裡的模樣，看清你是宇宙的一部分。飲酒後，你也會透漏自己是哪種人：你也許是孤獨的思覺失調症患者，喜歡天馬行空、愛作大夢；或者你是喜歡群居的躁鬱症患者，總喜歡身邊圍繞著一群溫暖且永遠友善的朋友；或者你是個肌肉發達的偏執狂，隨時準備好用拳頭來擺平爭端。

酒精不能做的，是將這些洞見轉化成有目的的行動。看清了自己是誰之後，飲酒人現在必須尋找一個能有所收穫的其他途徑，以通往自己的真理。要完成這件事，他必須先將自己從酒精中抽離，從日常的謊言中拯救自己。所以，通常戒酒的人、曾經墮落並幡然悔悟的人，都能經歷重生的過程。昔日的酒鬼，終於改過自新，和與他分離的自我結合，並毫無保留地接納自己，而去追求在別人眼中也許是很平凡、甚至不大正常的理想。

然而，要成功戒酒並非易事。貪杯終究是一場空，最後只會讓人墮落到深淵，但只有幸運的酗酒者才能發現這點。而當中更幸運的人才能踏上新的、健康的道路，達到生理與心理能量的高峰。在肝臟壞死前，心臟肥大、腦筋也開始不清楚時，他必然得到了某種訊息，知道世界上有更好的方法來體驗自己與整個宇宙。

我自己的飲酒習慣改變，導因於兩起幸運的事件。之前有段時間，我常在周六夜晚狂歡縱飲，總以為喝酒會讓我更有才情。我自大地以為，該有人把我所說的話都一一記下來，好為後代留下偉大的想法與智慧佳言。

這時，某一夜，有人拍了支家庭錄影帶，裡面是帶著酒意的我。後來我在螢幕上看到的，完全不是自己想像的智者形象，倒比較像是個介於人猿與人類之間的動物。這個透過影像所產生的證據，證明當我宿醉時，不但無法思考，更沒有清楚表達的能力。因為這支影片，我戒了縱飲的習慣。這不全是為了找回原本的自己，還有單純想要重返人類的世界。

長跑則是我的第二個發現，它也是最正面、最具決定性的因子。負面的禁令是無法奏效的，生活能有所改變，靠的是做了什麼，而不是不做什麼。因此，若你決定永遠戒酒，就必須積極地改變生活，以成為真正的自己。長跑對我而言就是如此，它讓我重新認識自己的身體；而我的身體也有自己的想法。除了最好的照料，身體不會再隨便接受安排；一旦準備就緒，身體就會拒絕改變；一旦到達了力量的巔峰，身體將帶領我的心和我的意志繼續向前。

現在，每天在路上跑步一個小時，就能進入過去用酒精迅速啟動的意識狀態。但跑步是自然的愉悅，雖然我不確定在這段時間發生了什麼事。《自然之心》（*The Natural Mind*）的作者安德魯・威爾（Andrew Weil）醫師說，心靈生活的意識與無意識層面的應該要結合：「這對身體與心靈的完整（即健康）是很必要的。」

對此，我深表同意，而且我知道，不管這意謂著什麼，都一定是從身體開始的。先強健體魄，顯露出體內真實的自己（就像雕刻家在石頭上看出主題）。然後，透過身體，這個靈魂的鏡子、個性的鎖鑰、性情的指示器，我看見了真實的自己。

我不再暢飲，也告別了派對人生。在此之後，邀請我去參加聚會的主人在五分鐘內，就會發現自己做了錯誤的決定，因為我通常會溜進廚房、倒杯咖啡，然後找一本大部頭的書，在安靜的角落看書，直到宴會結束。

我已經發現我是誰，也不想再模仿任何人。

只是，有些人仍比較喜歡還喝酒時的我。

——《跑步與存在》，一九七八年

05 蘊藏生命潛能的癮頭

幸福是由五哩賽所決定嗎？我們每天晨昏在路上見到的跑者，是不是都在追求《獨立宣言》中說的，每個人都有權享有的人生、自由與幸福呢？

這個問題的答案很可能是肯定的。創辦拍立得公司的天才科學家愛德華・蘭德（Edward Land）也說：「上癮，是一種必要，也是一個機會。」而長跑顯然是很一種普遍的癮頭。

但蘭德特殊的癮不是跑步，而是科學實驗。對他來說，除非他每天能做好一個實驗，否則「整個世界都失了焦，不真實。」

蘭德在一所大學的研討會上討論他對科學經驗的反應時，突然明白了上癮的本質。一位坐在前排、留了鬍子的年輕人聽著藍德描述做一項實驗從頭到尾的心情：直覺、神祕感、興奮、解脫與自豪。聽完後，他轉身對伙伴說：「感覺就像吸海洛英，不是嗎？」

同樣的話天才科學家不用聽兩次。蘭德立刻掌握這個概念，並認為，毒品會影響頭腦的記憶力。他推論，科學實驗必然是一種癮，而且必須做到如吸食海洛英一般，還要有建設性。

上癮的人不是逃避現實，而是想找到他自己。跑者也在做同樣的事，而且是以建設性、持續令人滿意與成熟的方式。

跑者的上癮特質是無庸置疑的。前哈佛大學越野賽隊長道格．哈定（Doug Hardin）曾說，每天的練習律定了他的整個人生，包括飲食習慣、社交行程、學術前景等。這有什麼不好呢？他說：「範圍很廣，從最具戲劇性的事件到例行公事，從令人興奮的刺激到全然的無趣，從巨大的感官愉悅到極端的痛苦。」哈定自己認為，長跑不是一種運動，而是一種「癮」。

這種跑步癮，確實是暗藏了無限生命潛能。

——《跑步人生》，一九八〇年

06 終極的鎮定劑

「每當遇到一想就頭痛的問題時，我就出門跑步。如此，我便能控制局勢，不受心情所影響。」一位跑者這麼告訴我。

我告訴他，我也有同樣的發現。跑步二十年來，我從來沒有在跑步當中對任何人生氣。孤獨跑在路上的這一個小時，我從來沒有被威廉・詹姆斯所謂的「粗暴的脾氣」破壞過。

運動能有效將生氣、憤怒、恐懼和焦慮化為無形。和音樂一樣，它能撫平我們內在瀕臨爆發的野性。

它是終極的鎮定劑。為什麼？運動有什麼神奇之處，能阻擋這些具有毀滅性的情緒？它如何將我們帶離充滿敵意的環境，並重新置放在我為人人、人人為我，充滿詳和之氣的世界呢？

對我來說，最好的解釋是詹蘭二氏情緒論（James-Lange Theory of Emotion，即情緒是由生理變化造成的）。這是心理學裡最不可能成立的假設，通常也不被採信。但就像大多數詹姆斯所提出的想法一樣，時間愈來愈加證明，詹姆斯是對的。

根據詹姆斯的想法，人不是先感到生氣，然後身體有相符的反應。實際上是反過來的：身體生氣了，人才覺得不高興。身體察覺到某件會引起憤怒的事物或想法，接著以常有的生理現象反應出來，像是脈膊加速、臉頰泛紅等，這時人才會感覺到憤怒的情緒。

我第一次讀到這段解釋時，覺得令人費解，從個人經驗來看，事實是如此明顯：我看見、想起或夢見一個令我害怕或生氣的事件或想法，引發了罪惡感或恨意，然後身體才會產生相關的反應。由此看來，詹蘭二氏情緒論可以用兩個字來形容：荒謬。

從另一方面來想，詹姆斯似乎是對的。我發現，若我的身體未對那個事件或想法有所反應，其實我並不會感覺到那些情緒。直到生理反應出現時，情緒才變得明顯；如果常見的憤怒訊號和徵兆被阻斷了，那麼我便不會感覺到惱怒。

阻斷的方式有兩種：一、以某個活動占用身體各個系統，這麼一來，它便沒有任何餘力產生與情緒相同的反應。二、以某些正面的情緒來替代。（詹姆斯說，表現出快樂的樣子、高興地說話，就會變快樂；同樣地，表現出熱心的樣子，就會變成熱情的人。）

我跑步時，這兩種情況都會發生。跑步完全占據了我的身體，填滿了我的每個細胞。我全身在動、用著力、流著汗，我變成了跑步，就像舞者與舞蹈合而為一。我身體全部的功能都專注在這一個動作上，容不下粗暴的情緒。這時只有更高昂、更細緻的感覺，才能進入我的意識裡。

而它們真的進來了。現在，我可以想像自己是個英雄，身體也感覺像英雄。想像自己是個成功人物，就無法出現失敗的感覺。我感知到某個善美、完整與真實的自我，亦感覺到滿滿的信念。身體帶我穿過美妙的河岸風光，讓我看到靈魂中更美妙的景色。現在，我的心可以自在地思考，它跑在我之前，研究沿途上的萬事萬物；它也不再被身體經常製造出來的負面情緒所阻滯或影響。

我的身體經常製造出負面的生理反應，諸如生氣、恐懼、罪惡或憤怒。對我而言，跑步就有效能避免它們以特定模式蔓生。跑步時，我擺脫了這些只有毀滅性、沒有創造性、引我進入黑暗而不是到光明的感覺。我不再意氣衝動，不再以偏頗的「他們」或「我們」的角度看待世界，也不再咒罵命運，或者試圖改變無法掌控的事情。

對付情緒，一定要跑步嗎？當然不是，斯多噶派的哲學家在好幾個世紀前就想到其他辦法了。想要在世上得到寧靜，可以去尋求奧理略的指引；想要解憂，就去閱讀伊比鳩魯的書籍。但對我們這些智慧平凡的百姓來說，實用主義的詹姆斯可說是一盞明燈。

我們發現了通往平和與寧靜的另一條道路，在前進中應付著人生，而且也做得很好。

——《如何維持一天二十四小時神清氣爽？》，一九八三年

07 最高級的放鬆技巧

人類身上最危險的東西是太講究邏輯的心。它講求務實和實用，對每件事的價格對了然於胸，卻對價值一無所知。它能恰當地回應危險，卻不能恰當地回應愛；它能接受工作，但不接受遊戲；它了解科學，但不了解宗教。邏輯的心，在幽默開始的地方就已經結束了。

我們的喜好和情緒，幾乎也一樣危險。對任何事情來者不拒，我們就會從自由人變成奴隸；而忿恨、嫉妒與絕望等負面情緒，肯定會像一顆子彈一樣毀滅美好的人生。我們需要某種東西把這些力量接合起來、將和諧帶入矛盾的事物；從多元中創造出一致，讓身心靈結合，讓你我成為獨特的個體。

令人驚訝的是，哲學家已指出運動是最完全的方式。「人類盡最大努力的當下……透過傑出的表現來完成自我……透過自我鍛鍊達成自我實現。」這些都是哲學家所描述的運動效果。

衝浪人不只是在追尋完美的浪，滑雪選手不只是在尋找完美的雪坡，跑者也不只是在尋求完美的比賽。每個人都在尋找自己的完美、洗滌負面的情緒，試圖消除動物性的欲望、讓大腦專注於它該做的事情上。但最重要的，是盡可能接納自己和屬於他的宇宙，愛自己、同儕與造物主。對運動員而言，運動不是宗教，而是集結了工作、遊戲、愛與宗教的行為。

若非讀了劇作家吉布森（William Gibson）的《天堂季節》，我不會如此篤定。吉布森到西班牙跟隨瑪赫西大師研究超覺靜坐後，寫下了這本書。他之所以會信服瑪赫西大師，是因為他那個已墮入自我憎恨深淵的兒子，在練習靜坐後，妙轉成了微笑且討人喜愛的男孩。

科學家發現，超覺靜坐有其生理學上的依據，能讓我們得到放鬆、代謝趨緩。哈佛大學的赫伯特．班森（Herbert Benson）醫師提出報告說，在深度的超覺靜坐中，血壓會降低、吸氣量減少、脈膊也會減緩，並帶來新陳代謝改變的各種好處。（吉布森寫道：「我內在產生一種放手的感覺，這是我五十年來第一次體驗到自發性的清靜。」）

關鍵是在真言（mantra），也就是選擇一句意義簡單的梵文來覆誦（班森博士認為任何字都可以拿來用），讓思辨的頭腦暫時找不到方向。進入絕對的境界後，你才能遠離周邊的壓力、衝突、歧異與對立。真言能讓你遠離束縛，進入合一的境界。

合一是超覺靜坐的願景：身體遠離壓力、心靈敞開，就能迎來無限的能量、智慧、創意和技巧，也能更加善待他人。這過程是漸進式的。剛開始練習時，你會感覺到能量的增加，心靈上和體力上皆然。有些人會完全轉性，隨即戒除毒品與菸酒，還有人連慾望都放下了。沒多過久，你便會產生信仰，產生見到上帝般的感受。

對吉布森而言，對他敞開雙臂的宗教，是他自己的宗教。他從十四歲開始就是一個做表面功夫的天主教徒，每天行禮如儀地參加彌撒。最終，他說服自己放下邏輯的心，遠離不合理的宗教。他在超覺靜坐中找到解決內心衝突的辦法，進而撫平心中的絕望、無能與自我憎恨。

我也嘗試了超覺靜坐這條路：我帶著花束、水果，以及七十五美金的費用，參加了四場演講。我同意吉布森所寫的大部分觀察，也對他的心靈之旅很感興趣。但我還是覺得跑步帶來的好處更多。

運動的附加價值，是能將身心帶進瑪赫西大師所謂的「宇宙知覺」（cosmic consciousness），一種只出現在絕對狀態的境界；而跑步就有這種功效，它帶領我的身心靈進入全新的經驗。我全身都活躍起來了，在這一刻，我絕不願與世界上任何一個人互換身分。

另一種紓解壓力更有效的方法是放鬆反應（Relaxation Response）。這是意識的另一種狀態：身心極度放鬆，你對世界的感知與煩惱都縮小了，會暫時覺得心定。達到這種境地所運用的方法，基本上是超覺靜坐的方法，其技巧都寫在班森博士的《放鬆反應》一書裡。

根據個人經驗，我可以告訴你，這兩種方法都有用。放鬆反應與超覺靜坐都很簡單，除了真言以外，其他的方法都是相通的。你可以坐在舒適的椅子上，放鬆肌肉和雙眼，深呼吸、慢慢地用腹部呼吸，然後覆誦你的真言或是om這個發音。跟著你的心跳（若你的心跳和我一樣慢）或是你的呼吸節奏，不需抗拒雜念，讓它們順從於重覆誦念的真言中。

對許多人來說，這種方式相當玄奇，它與傳統的心理學方法是不同的取向。以前的專家認為，揭露造成壓力的心理因素與感覺，就能改變心理反應；也就是說，必須先了解壓力，才能去處理它。

顯然，放鬆反應是背道而馳的。他們只講成效，但不處理原因；論結果，而不論理由。他們尋求的是忘我、不被雜念打擾的心，還有放鬆肌肉，讓它們如果凍般滑溜。這種沉思不是主動或被動的，而是負向的，也是抽離、消除與放空。

結果，它會產生一種出離的反應，讓人與緊張焦慮的原因脫鉤。不管我們為什麼緊張、也不用管焦慮如何表現，只要化解它們就好。你不需要心理分析或心理治療，也不需要洞察或接納自己，只要專注於當下。我們不需要提出人生大哉問或爭論解答，也不用鑽研自己的無意識、潛意識和表面意識。只需要跟著簡單的指示，就能遁入九霄雲外。

透過這些步驟：盤腿坐下，調整呼吸，我就能回到安靜的狀態，順利度過難關。我用這些技巧騰出休息、暫停的時間，吸口氣、恢復鎮靜，並回想起我的遊戲計畫。

最後一點，我想也是最重要的。有位籃球教練告訴我，他如何處理比賽中的暫停時間。他說：「你能做的其實不多，只能提醒他們最擅長的部分。」

當我從放鬆的暫停狀態回到現實時，也想起自己最擅長的是什麼。我的緊張、緊繃感和百思不解的困擾，大多不見了。我重新找回了遊戲的節奏，即使只是短暫的。

這節奏每個人都不同，但原則總是一樣的。我和你一樣，身體都像個活塞引擎，從胸腔可以感覺到心臟的跳動、收縮與擴張，在其他的活動中，我都能感受到類似的律動模式。

工作與遊戲、努力與休息、儲存能量及釋放能量……美好的人生起自於維持這些事物的平衡。在交替作用下，我就能承受並善用生活中無可避免的緊張與壓力。

有趣的是，壓力專家漢斯・賽萊（Hans Selye）認為，這些放鬆技巧是不必要的。他說，對人生採取不同的態度，就能活得更好。某個經驗是快樂或是不悅的，都取決於我們看待它的態度與角度。因此，採取正確的態度，便可以將負面的壓力轉換為正面的能量。

他的看法也有其道理，因為放鬆的時效是短暫的。回到現實後，其實沒有什麼天翻地覆的變化，和我睡了場午覺相差無幾。我是找到一些時間來思考遊戲計畫，但並沒有發現自己或遊戲的新面向。

賽萊是對的。雖然世上有個地方可以讓你安靜坐著、腦袋放空，但我需要更正向的放鬆方法，那與遊戲和行動、創造和思索相關。所以，對我來說，最高級的放鬆技巧，仍非跑步莫屬。

賽萊會在晨間游泳或騎自行車，在夜晚游泳和舉重。在我看來，這是他自己的放鬆技巧，和我的很相近。

我們應該要謹記的是，處理壓力時，有良善的出發點還不夠，分析問題時，我們還需要工具、技巧和技術。在這個時代，不會遊戲，就是文盲；不會放鬆，就是野蠻人；至於不會冥想的人，則還沒學會怎麼過生活。

——《如何維持一天二十四小時神清氣爽？》，一九八三年

席翰醫生與我

表演藝術家

——安德魯・席翰（Andrew Sheehan，席翰醫生之子）

「人生，」他說：「就是個人的一場實驗。」

我父親在他的實驗中踏進了前無古人的領域。今天，我們跑步的人可以自然地融入路上風景，幾乎不被注意到；但是，當父親在五〇年代早期跑在路上時，不僅引人側目，更慘的是還成為鎮上的笑柄。「為什麼你父親穿著內褲在街上亂跑？」我的同學如此嘲笑道。

但他不為所動，最終在自己的道路上發光發熱。跑步是他的實驗室，一星期有好幾天，他在超過十哩的路程上測試想法。他發現，跑步是一座天然噴泉，充滿源源不絕的創意、挑戰與變化。他跑出了一段新人生，也發現它像新大陸一樣充滿驚奇。他跳脫了命定與充滿慣性的生活，和威廉・詹姆斯一樣，也發現「最艱苦的生命嘗起來最甘甜」。

「表演藝術家」是我腦中此刻浮現的標記。他的人生就像是表演，常常得在公眾前演出。他的跑步練習、比賽與演說，都呈現在眾目睽睽之下。他也將所知所感書於文字，讓大家閱讀。他的旅程累積了成千上萬里，而那也是心的探索之旅，所以他記下了所有情感與心靈的轉變。在旅途中，名聲的誘惑偶爾使他走偏，但他真誠的一面會把他拉回正途。

父親總是在批判現代醫學被誤導、而美國人太自以為是了，但他對自己的評斷更加不留情面——他的作品可以佐證此事。他願意使盡全力自我檢視，絕不會退縮。最終，這些努力使他更謙卑、人生更甜美，也讓他得出了最重要的體悟，也就是朋友與家人對他的愛。

第10章

面對我們的守護天使

智者已經說過了。

他們歸結道：在一百個能面對逆境的人當中，只有一個人能面對成功。

飛奔回家時，我知道我不是那一個。

——《跑步與存在》，一九七八年

01 正向的怒氣

「在日常生活中，有一個現象是如此墮落、如此令人震驚、如此可悲，」英國小說家阿諾・班奈特寫道：「以致我遲疑是否應該提起這件事。」他指的是發脾氣。他說：「這構成人生中最古怪，也最恥辱的場面。」

這算是很精準的描述。惡魔扯斷了牠的鐵鍊、文明倒退一千年，都是因為有人碰觸到了痛點。

奇怪的是，有時候，生氣是該做的事；有不該發脾氣的時候，但也有該翻臉的時機。亞里斯多德說：「憤怒，是美德和勇氣的武器。」曾經，它是求生的必要態度；坦白說，我認為它至今仍是。只是，現今的生存威脅比較是心理上的，而不是生理上的；是口語的攻擊，而非遭受尖牙利齒的猛獸襲擊。

我們最近在晚餐時間討論憤怒時，我最小的兒子這麼說：「只有被侵犯時才能發脾氣。」「被侵犯」這幾個字太沉重了，其他家庭成員因此噤聲不語。在他說這話之前，我們正在討論控制憤怒的方法，而不是將憤怒合理化。脾氣，在我們看來，不過是人類的另一項弱點。「完全撲滅怒火是不可能的，那不過是斯多噶派的吹噓。」十三世紀的英國哲學家羅傑・培根（Roger Bacon）這麼說。大多數人最多能期望做到的，是降低傷害、減少不幸，避免暴怒引發難以收拾的後果。

「都往肚子裡吞，」另一個現在也是醫生的兒子建議說：「我喜歡能吞下怒氣的人。我一點都不想碰到會怒吼咆哮的人，當下我會離遠一點，之後也會設法避開。」

但第三個兒子有不同的看法。「應該要發洩出來，」他建議說：「否則事情會變得更糟。將怒氣吞下，你就變成受害者了。不發洩出來，你會得潰瘍、高血壓或心臟病。盡情發洩，你才會得救。」

直到最小的兒子提出他的觀點，我們才得以從正確的角度來看待脾氣。他覆誦了聖保羅在《以弗所書》所傳布的訊息：「生氣卻不要犯罪。不可含怒到日落。」換言之，有時正義之怒是正確的反應。發脾氣既不雅又惹人嫌，也會讓人際關係蒙上陰影；但有時候，白熱的怒火是拯救自己的唯一武器。

那到底何時該發怒？就像我最小的兒子所說——被冒犯、被別人甚至被自己看輕時。社會學家歐內斯特・貝克爾（Ernest Becker）寫道：「憤怒，是一種反應，一種主張自我的方式，讓事件重新回到平衡，避免自己的軀體被環境淹沒。」

如此看來，脾氣能提升生命。貝克爾說：「有些人從來沒有學到，他們這個有機體有權利無懼地占住自己該有的位置，有權主張自我而不需有罪惡感，有權放屁或肚子發出咕嚕聲而不用害羞。被冒犯而感到羞辱或痛苦時，更有權當眾厲聲與反抗。」

事實是：世上不該有最後一個發火的人。如果真的有，那麼世界就是投降了。偉大的功續需要熱血，偉大的生命需要極大的感動。當前進的動能遠遠不足時，檯面下的火、那悶燒的能量，將會帶領我們跨過障礙、繼續前進。

——《最好的自己》，一九八九年

02 壞脾氣的愛爾蘭人

當我的愛爾蘭之火燒起來時，很少東西能倖免於難。我曾經把電話從牆上抓下來、把瓷器砸得粉碎，老三賴床不上學時，我還將椅子摔到窗戶外。發脾氣時，我變成無政府主義者，任何講求秩序與穩定的東西，都會遭殃。

作家班奈特描述這恐怖的場面就很傳神。他說：「憤怒是暴動、沸騰、勢如破竹的暴風雨。尊嚴、常理、正義都顫慄了。」這個時候，最好讓這暴風雨火力全開，但無傷大雅地發洩完畢。只要你有方法表達憤怒，便能很快地恢復神智。

我的父親，也是受制於類似的愛爾蘭暴怒，他是用一塊肥皂來滅火。他會從家裡地下室的辦公室衝出來，怒氣沖沖地豎起愛爾蘭人的各種暴風信號旗，然後上樓回自己房間。接著，他會抓起一大塊肥皂往牆壁砸，連續砸五分鐘左右。恢復鎮定後，他會放下肥皂，下樓去，繼續完成辦公室的工作。

他有著愛爾蘭人的火爆脾氣，我也是從他那裡遺傳來的。當然我了解，近來已不流行用種族的角度來思考問題。當今的作家，只有天主教哲學家麥可・諾瓦克（Michael Novak）嚴肅看待每個人的原鄉。脾氣當然是舉世皆然的，無論是愛爾蘭人或波蘭人、黑人或白人、斯堪地那維亞人或南美洲人。但某些形式的憤怒永遠不會消失，包括愛爾蘭人。

然而我們都知道，憤怒是有文化軌跡的，是加入了地方風味的情緒。每個人世世代代的祖先都有其特殊的經歷，而你我都受到特定的地理、政治、社會環境和相關的壓力所形塑。對我而言，這個特別的環境就是愛爾蘭。

我的身體是由吃苦細胞所組成的，因為我們愛爾蘭人忍受了數個世紀的苦難：戰爭、飢荒以及無所不在的瘟疫。我是環境的反應物、是成品，我也具有使我祖先存活下來的愛爾蘭脾氣；這是愛爾蘭島上的人經由數百年的人體實驗所造就的必要特質。

我遺傳到塞爾特人的生活方式以及隨之而來的脾氣，而它就像壓力鍋一樣，憤怒很快就會爆開。

愛爾蘭人的歷史是一連串令人挫敗的故事。帶著被隱藏的怒火，他們住在孤立又保守的島上，教會的觀念偏狹，外族的統治又蠻橫。愛爾蘭人唯一的自由，是心靈的自由。

但只有天之驕子會反抗，其他的人則試著用不同的方式來調適：幽默、保持低調或裝瘋賣傻。同時，內在沸騰的脾氣有如火山、不知何時會爆發。愛爾蘭人會失控，通常是因為自我壓抑及忍受失望的程度已達臨界點，那實在是壯觀的場面；若再加上酒精的催化，只有用「恐怖」才可以形容。在一八八〇年代的紐約，當愛爾蘭人的怒氣爆發時，警察便會用警戒線隔離他們的社區，讓他們在裡面盡情發飆。

愛爾蘭人發脾氣有什麼祕密（記住，現在可是愛爾蘭人在說話）？除了喝醉和說笑，這是我們唯一會說實話的時候。

——《最好的自己》，一九八九年

03 倒楣的下一個病人

我已經走到了一個人生階段，脾氣不再是必需品，而是機能失調的徵兆。

作家班奈特——這位斯多噶派的追隨者——也是如此看待它。他說，脾氣是人體機制失靈的明確徵候。他必須讓這個機制回到常軌，也就是停止怪罪別人、接受這個宇宙，明白你唯一能控制的是自己的頭腦。

但萬一脾氣真的來了——班奈特是個現實主義者，他知道這一定會發生——那麼，他就會採取不同的行動方針。此時，他變回了純粹的英國人：「把自己當成傻瓜，像是大孩子一樣，並告訴自己：『我是個笨蛋。』」反正在這種情況下，辯解毫無用處。班奈特建議，利用裝瘋賣傻的嚇人模樣來提點自己。

當然你應該希望能控制脾氣，以下有幾個好方法供你選擇。

羅馬哲學家塞內卡說：「遲疑，是治療發怒最好的方法。」這古老的箴言歷久彌新。威廉・詹姆斯也認為是如此。他說：「拒絕表現出一種情緒，它就會消亡。發怒前先數到十，當下的情境就會變得荒謬可笑了。」

詹姆斯也相信，為了冷靜下來，必須先表現出冷靜的樣子。「想克服自己那些惱人的情緒反應，就得先刻意保持冷靜，然後不帶情感地表現出我們想要培養的性情。」

當然，說比做容易，而且更不幸的是，當我們發火時，常常是弱小、無辜的人遭殃。我的父親也是醫生，他曾說，被他的怒火燒到的，通常不是惹毛他的那位病人，而是下一位病人。

有一次，這種情況就發生在我身上。當時，來看診多年的俄羅斯老太太坐下來，一如往常覆誦連珠炮似的抱怨時，我打斷她並大叫：「妳幹嘛來這裡？我從來都沒幫到妳，以後也不會。從我第一天見到妳，妳就一直抱怨同樣的事！」

她望著我，然後悠悠地說：「我的席翰醫生呢？你不是我的席翰醫生。我的席翰醫生去哪了？」當然，她見到了真正的席翰醫生，也見到了我的祖先。

——《最好的自己》，一九八九年

04 活在當下

發生在我人生中的事，從來都不是安排好的計畫。每天的任務都在最後一分鐘剛好到位，若我真的做了長期的計畫，它通常在第一波的熱情過後就會瓦解。很快地，我會回到眼前的工作，心安理得地把明天的事留到明天再說。

通常，事情也進行得很順利。這二十四小時自然而然地通往另一個二十四小時。一篇期刊、一本書或一場演講，就這樣慢慢成形，但從來沒有藍圖。我把握每一天，等到破曉了，那就是今天，但也會更好。

弔詭的是，活在沒有未來的日子裡，我的未來卻更有保證。但這不一定適用於每個人。如果討生活是我的主要目標，那麻煩就大了，因為經營企業或專業生涯需要遠見。你可以找到通往成功的指南、地圖，以及規畫好的高速公路。若是繞遠路，後果自負；而且一舉一動對未來幾個月、甚至幾年都影響甚鉅。

聽從眼前的指令時，情況就不同了；未來不需要思考，也不需跟從特定的路線。沒有前人可諮詢，因為我是特殊的個體，我的未來與所有古今中外的人皆不同。我活在迷宮裡，每次繞路都是一次學習的經驗。雖然我完全活在當下，但一舉一動確實對未來幾個月、甚至未來幾年都影響甚鉅。

理由很簡單：我的日子即是我的人生，此刻即是永恆。為了達成這個目標，我坐在新聞室的打字機前，心無旁騖。這時的感覺是：這就是我該在的地方，做我該做的事。撰寫這篇散文不是為了轉移注意力和焦點。報社人來人往的偌大工作空間，漸漸從我的意識中淡化，我等待著字句從我打字機上的指尖流洩而出。

該來的，總是會來。有時候，除了寂靜之外，什麼也沒有；探索內心一無所獲，自我也無話可說。然而，當你沒有時間表或計畫時，這實在無關緊要。一旦靈感來了，必然文思泉湧。

我用同樣的方法創造人生，正如我創作劇本、小說或這本書。我完成了今日所能完成的事。每天，我寫滿分配好的頁數，也全心全意投入這齣構築中的戲劇。我總是專心致意地奮戰，完全投入創作之中。未來躲藏起來了，也必須躲得好好的：一直往前看的話，就更難專注於眼前及當下。

所以，如你所見，不是我的未來決定現在，而是我的現在決定未來。我今天做的事，以及我做事的方式，都確保我日後會擁有同樣的生活品質。當未來來臨時，不論它包藏了什麼，我都已經準備好了。

因此，問題不在於是否該活在當下，而是該如何活在當下。在此，哲學家伊比鳩魯有個最好的準則。他寫道：「讓看起來最好的事情成為你不可侵犯的守則。」用現代的說法，就是相信你的直覺。

05 愛自己

每星期我都會在醫院的圖書館瀏覽醫學期刊，讀一些個案的歷史，為我的專欄尋找素材。不久前，我在《美國精神病學期刊》中發現一篇非常有趣的個案文章，標題為〈自戀性人格異常概觀〉，當中有一些相當有用的素材。很有趣的是——這個案例就是我，文章的內容即是我的人生。威廉．謝爾登（William Sheldon）從體質心理學來描繪了瘦型體質者的特徵，而我從未看過自己被如此精確地剖析。當塞爾門．阿克塔（Salman Akhtar）博士與安德森．湯姆森（J. Anderson Thomson）博士用力扣上學術的扳機時，立刻就看上了我——他們同時打中我的心、我的頭和我的膽。

他們寫出了我功能失調的狀況，彷彿是第一手的觀察。他們了解我在自我形象與人際關係上的困境，熟悉我在適應社會上的困難，以及對道德與理想的欠缺。他們還知道我在愛與性方面的不足，甚至了解我在認知上的問題——那些我心底深處的內心糾結。

我的所有問題，都逃不過他們的法眼。我的罪與過、我的弱點與違常，還有我人格上的大缺口，而我的人生正在溢洩。大部分人只看見兩、三個缺陷，這兩位專家則將它們全部歸類，總結在單一的重大缺失：「在心理上太專注於發現自我」。

——《最好的自己》，一九八九年

我無法反駁他們連篇陳述中的任何一點，雖然我也只願承認某些項目我有輕微的問題。但整體而言，那是對我個人超級精確的描述，而且我保證，未來我也不會變。自戀性人格，亦即愛戀自己，並不是一種新的精神科概念，它存在的時間和人類一樣久遠。幾千年前，希臘人就在自戀美少年納西瑟斯的故事裡討論到這種現象。直到近代，佛洛伊德提供了正式的佐證，這是首次在科學上針對我這種人格詳細描述，他指出三種特質：高人一等的優越感、只在乎個人自尊以及明顯對他人缺乏同情。

這些徵狀我都有，甚至有過之而無不及。我承認這些特質所帶來的自我認知，那是我的致命傷，也就是為思考而思考，偏愛構想甚於事實。我的時間不是用來思考，就是在寫關於我自己與我的經歷。因此，我基本人格上的缺失顯而易見。指出我的個性、我對跑步與寫作的熱情或是我愛現的人生，都沒有擊中要害——因為這些都是我人格架構中的根本缺陷。

阿克塔與湯姆森博士也找到一些專家，對自戀型人格障礙說了一些好話。佛洛伊德於一九三一年寫道：「個體的主要關注點被引導至自我防衛；他很獨立，但不受脅迫。他的內在有無窮盡的進取心，證明他隨時都準備好接受任務。在情愛生活方面，他比較喜歡被愛。這類人給別人的印象是『有個性』。他們特別適合擔任支持者的角色，或擔任領導者，帶來文化發展的新刺激，或者改變既有的事態。」

然而，自戀型人格大多給人負面的印象，甚至有人說他們罪有應得。既然他們不懂得愛別人、缺乏同情心、習慣性地感到厭煩，而且愛操控別人，那又有誰會對他有好評語呢？

是啊，也許你會說，沒有人是完美的。但有些人就是比其他人接近完美。有位社會學家看不出自戀型人格的優點，甚至也不抱任何期待。他說：「這些人希望功成名就，不太能與人建立親密關係和承擔社會責任，沒有忠誠度、缺乏信念。」而且，他警告：「典型的自戀者，一旦他的青春活力，甚至他對成功的興奮感都消失了，就會變得沒有目標，發現自己孑然一身地孤獨。由於這些消退是不可避免的，旁觀者便會認為他無可救藥。」顯然，有些評論家在談愛默生時也是如此意有所指：「他的孤獨所無法穿越的痛苦。」然而，如愛默生說過的一樣，在痛苦與孤獨中，存在著短暫但精采無比的喜悅時光。此時，即使是自戀型人格也會變得健全。在這段時間，我全身充滿了平常缺乏的特質，變得和正常人一樣，是個健康、充滿愛、嬉鬧頑皮的人類。

坦白說，自戀並不像神話故事所描寫的那麼糟。「納西瑟斯不是虛榮的受害者，」前聯合國祕書長哈馬紹寫道：「而是用挑釁來回應自己缺乏價值的空虛感。」受過阿德勒訓練的心理學家都知道這是真的，嚴重的自卑情結是自我著迷的根節所在。

哈馬紹的說法完整而正確。他告訴我們，自戀者只是對人類的處境做出反應。我們生來是為了追求成功，然而，在生活中，真相似乎是相反的。我們老是失敗，而且是接二連三受挫。不管喜歡與否，我們都會見異思遷，不斷改變目標。在這種情況下，外人難免會覺得我們缺乏核心價值。

我將對自我的著迷視為謙遜，而非虛榮。我並不否認我的缺點，也欣然接受。

承認自己有自戀人格，並不代表世界末日來了，而這種自我揭露也有非常正面的意義。我可以在自己身上看見精神科醫生對這種人格障礙所標記的負面特質，但我也知道不用怪罪自己：那些缺陷是來自自尊心低落。

面對它最好的方法是什麼？我讀到了一些互相矛盾的建議。大部分的專家都認為必須採取某些措施，以降低這過度的自我關注感。但我的習醫經驗告訴我，這剛好是錯誤的方向。要降低某個缺陷的作用力，是培養新的力量。而且老實說，認識自己所有的優勢與弱點，是智慧的開端。我個人的觀點是：若我註定要以自戀者的角色參與人生這場遊戲，最好的方式就是當最佳的自戀者。

最重要的是不要放棄自己。批評總是會有的，但沒有比內在批評更頑強的了，我非常了解這點。因此，從鏡中看見自己的優點也是必要的，我必須看見力量，而非只在意自己的弱點。

我缺乏的，或者從來都不具備的，是理解他人情感的能力，也就是「同情」。取而代之的，是無止盡的自我懷疑。若我的生命有什麼成就，也都只是短暫駐留而已。反倒是每天早上都要重啟戰場，繼續與挫折感奮戰。

因此，我時時刻刻被自己的心思所包圍，所以很難回應他人的需求。我不與人溝通，也不接收訊息。世界運轉著，而我站在原地，渾然忘我。我跑到路上，變成純粹的軀體；我坐在打字機前，成為純粹的心靈；往往一天過了，我才發現自己還沒進食。難怪我感覺如此孤獨：若有人連一口麵包都沒吃，為什麼還需要找個同伴？我是與梭羅同樣的孤獨反抗者、革命者，而這一切都因我自己的人生而起。

話雖如此，依然有救贖的方法，但不是心理學家所建議的配合他人，而是單純地保持原樣。自戀者需要的，不是愛自己少一點，而是更多。我必須到達一種境地，明白活在世界上的芸芸眾生都是神聖的，包括自己。

而且，唯有愛自己，我才能愛鄰人。

——《最好的自己》，一九八九年

06 面對低潮

我的朋友湯姆．奧斯勒（Tom Osler）是五十哩長跑選手，在大學教數學，他說，低潮是人生的一部分。他還說，跑步的人必須對此有所預期、甚至歡迎它們到來。低潮是正常的，和快樂同樣無可避免，都是人生必經階段。

現下，我正處於每半年一次（或一年四次）的低潮期。所以我同意湯姆的看法，不論我如何試著避免，內心還是會周期性地蔓生怨憤。每隔半年左右，這種情緒便開始滋長，感覺每件事都困難到無法完成，也不值得努力付出。

我的跑步習慣受到的影響最大。事實上，它是第一個出狀況的徵兆，也就是我不再期待每天的跑步時間。

若我無視這種缺乏熱情的狀況，還是堅持出門跑步，我很快就會覺得疲累，一點都得不到快樂。但不想跑步與失去快樂只是其中的一環，我的情緒、心情、力氣、專注度和對自己的態度等，也都受到影響。跑步時不再和缺氧、乳酸以及醣類耗盡的肌肉奮戰，而是與沮喪、依賴、自我否定、自憐、罪惡感和孤獨進行肉搏戰。我確確實實時地墜入靈魂的黑夜裡。

在夜裡，我無緣無故醒來好幾次。到了早上，精神不濟，無法準備好迎接新的一天。我很想拉起棉被、蓋住頭，等到這可怕的情況過去。

難道奧斯勒說對了，這就是無可避免的低潮嗎？或者，這只是因為我跑得太多，進入某種暫時性的生理狀態？我難道不能謹慎一點，避免這些不必要的痛苦嗎？

我想應該是不行的。這種周期是躲不掉的，《傳道書》是對的：萬事均有定時……跑步有時，不跑步也有時。

從天性來看，人類是不喜歡謹慎的。我們渴望發揮能力，不管我們做什麼，都要全力去做。可預見的是，周期性的疲乏、失敗、低潮都會捲土重來，而愉悅也一樣。

我正處於《傳道書》所指的日子裡。小說家梅爾維爾說，《傳道書》為「由人生悲苦所煉出的鋼」，我認同這點。此時的我，無法道出生活的疲累感，每一天對我而言都無聊至極。「所有的努力與成就，都是起自於對他人的羨慕。」現在看來，我的狀況正是如此。奇特的是，又如《傳道書》所說，低潮並非在逆境時發生，反而是在事情順遂時出現；低潮並非出現在失敗時，而是在成功時。這種狀態不是由慘事所引發，而是從歡慶開始；不是因為我跑了最差的比賽，而是因為跑出了最好的成績。

不到兩星期前，我在中央公園跑了一場費力、勇敢，而且出奇快的十哩路跑賽。我跑出了個人的極限，迎戰成績比我好的幾位跑者；而且，我在最後五哩跑得比前面五哩還快，一吋機會都不讓給想追上我的人。最後的成績是一小時四分十五秒，是我跑步以來的最佳成績。

稍晚，當我呈大字形躺在紐約天安教堂（Church of the Heavenly Rest）的椅子上，看著其他的跑者啜飲著咖啡、啃著甜甜圈時，我覺得既溫暖、又疲累，而且心滿意足。我轉身向隔壁一位朋友說：「喬治，我現在簡直可以拔起石中劍了。」

今天，如果我還說同一句話，那就是太自大了。我已失去了葉慈所稱的「極度的純真」。但我知道，它會再回來的，將來總是會有跑步的時間。當單純的跑步就已足夠；當年復一年參加同一場比賽、跑同一條路就已足夠；當完成一年中既定的跑步行程就已足夠。只要跑步是我人生中的焦點，我就能以各種方法完成自我。

但人生也有不跑步的時候；有時「好事」也會變成「最強的敵人」。那時，堆砌出我人生的，不僅是瑣碎的事，也包括重要的事。正如作家安・林白（Anne Lindbergh）所說的：「我擁有的寶藏太多了。」而這時，正是我回答《傳道書》問題的時候：「活在太陽底下的日子，什麼是人們最該做的事？」

若不是因為低潮，我會認為這個無法回答的問題已經有了答案。但現在，我知道跑步並不足夠。「席翰是我的名字，跑步是我的人生遊戲。」這樣的答案還不夠。如今看起來，還有比跑步更多的方法來了解人生，例如商業、政治、藝術或科學。我想起歷史學家德福托（Bernard DeVoto）有一次對羅伯特・佛洛斯特說的：「你是位好詩人，羅伯特，但你是個很糟的人。」也許他是，或可能不是。但對我而言，這句話可以當作每個人的墓誌銘，也包括我自己的。

周期性的低潮讓我明白，人生是場遊戲，但上帝審判的是球員，而不是成績；不是比賽，而是跑者。

——《最好的自己》，一九八九年

07 心之所向

在飛回家的旅程中我很沮喪。周末時，我在路易斯安那州的克羅利經歷了一次高峰經驗。事實上，那對我身為跑者、作家、甚至於做為一個人而言，都是生命的巔峰與高潮。我在全國體育聯合會冠軍盃馬拉松（National AAU Championship Marathon）戴上了背號一的號碼，而且跑進了前三名。

比賽開始前，參賽的選手一位接著一位前來與我握手，他們說：「席翰醫生，我只是想讓你知道，我很喜歡你的書。」其中一位選手說，他送出了十八本我的書給親友當作聖誕禮物。整個周末，他們都在找我，想告訴我，我幫了他們多大的忙。稍晚，在慶功晚會上，我得到了一個獎牌。獎牌上說，我是年度傑出長跑選手；前一年，一個類似的獎牌也刻著同樣的字，它被頒給了法蘭克．蕭特。我被歸類為不朽的人物。之後，我受邀發表演說，那是種禮貌性的結束儀式。

這場演說，不只是演說，更是場戀愛。我對著每一張臉孔說話，看見上頭映照出我對他們的情感。我告訴他們身體之美，以及我們為何需要遊戲。我告訴他們，你我都得在某方面成為英雄；如果我們的英雄事蹟夠偉大，就可以見到上帝。

演說結束時，我自己感動得落淚，聽眾也是。他們全都起立，為自己與自己的成就鼓掌，那種感動充滿了整個會場。如今，我飛離了那一切，但要往哪裡去呢？有什麼能超越我的歷練？在哪裡可以得到比那天更大的場面、更多的能量與更榮耀的風采？

我再次看見，人生是一個永遠無法解答的難題。在接近解答的此時，以及成功的時候，更加看到這個矛盾，這是我們已走得很遠、但又還不夠遠的時候。

智者早就說過了：每一百個能面對逆境的人，只有一個能面對成功。在返家的飛行途中，我知道我不是那個人。我的興奮感已消退。我害怕未來，已用罄了潛能，眼前毫無目標，只能重覆已做過的事，以及在餘生一次又一次地做著我已做得很好的那些事。

坐在我隔壁的，是一位剛完成人生第一場馬拉松的跑者。「那我現在要做什麼？」他問我，這個問題和我心裡的想法應和著。他的答案，將會是我的答案。我現在要做什麼？我不再跟以前一樣，而是要更好。所以我再跑另一場馬拉松，學習更多關於自己、關於世界以及上帝的事。接著跑另一場、再另一場，把自己沉浸在痛苦的疲乏之中，使出我尚未使出的力氣。跑另一場、再另一場、再另一場馬拉松。從經驗、過程中，我發現自己的真理。

我現在要做什麼？不論我已做了什麼，總有更多事要做。不論我做得多好，還是可以更好。不論我跑得多快，還能更快。

我做的每一件事都必須以成為典範為目標，不論是我寫的文章、參加的比賽或是過的每一天。

除此之外，沒有其他的方法了。

這時，我想到古埃及人，他們相信死後有審判，而第一關就是要秤量這個人的心。聽起來多麼富有真理！心是我們的能量、勇氣、直覺與愛的尺度，也是衡量我們的日子、我們的所做所為、以及我們究竟是誰的一把尺。

那麼，我是否已經準備好要秤量我的心了？我已經走到這個階段了嗎？我是否已經準備好要休息、聽從天命、等待我的獎賞了？

飛機帶我重回地面。我不假思索地量了一下脈膊，是緩和而穩定的四十八下，而且是在馬拉松賽的隔天。這時我知道，就像每位跑者所知，我的心能做任何事，只是需要時間去完成。

當我跑出最好的馬拉松成績、寫出最經典的作品、對我自己與朋友付出最珍貴的愛時，我知道，我的心仍會發出呼喊：「還有更多、還要更多，我已經說得很清楚了！」心存在的目的是什麼？不就是變動、企求看似不可能的事，而且從不滿足？所以，我的心永遠不會停下來，直到最終找到休息之處。

屆時，他們就可以秤量它了。

——《跑步與存在》，一九七八年

席翰醫生與我

我的第二位父親

——喬・漢德森（Joe Henderson，《跑者世界》前總編輯）

若你跑步的資歷少於二十年，應該不認得喬治・席翰這個名字。若你在一九九三年之前開始跑步，應該不會忘記他。

我永遠不會忘記他。喬治是我在這項運動中最好的朋友。他是我的密友、良師，也是我寫作與演說的典範，後兩者也是我的工作。而且，他幾乎是我的第二位父親。

我們是工作上的好伙伴。他是散文作家，我是編輯，從他一九七〇年出現在《跑者世界》的第一篇文章，到二十三年後他完成最後一本書。我有幸搶在眾多讀者之先，閱讀他的專欄，也在公開發表之外，聽到許多他的私人故事。

最戲劇性的一件事，要從一九八六年說起。當時，喬治在他許多的「遊戲」中拔得頭籌。他的書高居暢銷排行榜，他的專欄是本雜誌中最受歡迎的。

他同時也是跑步、健身、運動醫療領域中最知名的演講者。他當年六十七歲，是全國同年齡表現最佳的跑步選手之一。

這時，他進行了一項他曾為病人預約過成百上千次的健康檢查。檢查結果令他全身發冷。他將那份報告遞給了別人，上面寫著：「我們發現了一個正在生長的……」

他罹患了攝護腺癌，而且癌細胞已經擴散到骨頭，手術已經無法治療。他對這項診斷的第一個反應是認命。「我準備好遺囑，婉拒了演講邀約，」他寫道：「我不確定我是否還能再活三個月來赴約。」

他也停止寫作，暫停了比賽。但他很快發現，等死不是度過餘生的辦法。

「有一件事是百分百確定的，投降的人必得敗——而且，我可以再補充一句，不投降的人，必得勝。」他當時這麼寫：「我終於明白佛洛斯特是對的。在我沉睡之前，我有諾言要兌現，還有好幾哩路要前進。」

喬治繼續完成他全部的行程。在他接下來六年抗癌的過程中，他的演說多達數百場，參加十幾次路跑比賽，寫了數十篇專欄，還出版了兩本書。

更重要的是，他修補了個人的親密關係：他結束了與妻子瑪麗·珍（Mary Jane）長期的分居生活，緩和了與他們十二個孩子的緊張關係。

他承認，自己變得較不自以為是，更樂於說「謝謝」和「我愛你」。

「我仍在服刑中，」他說：「但我在死刑前被容許多留幾天。把事情做對、完成我被送來這裡該完成的事。」

這段時間比他的醫生預期的長了好幾年。這是一段美好、快樂而多產的時光，直到絕症最終帶他走上該走的路。

即使到了一九九二年，癌症「提前快轉」（用他的話來說），迫使他不得不放棄跑步，接著也放棄演說，但他仍持續寫作。他日記風格的散文，成為他與病魔最終抗戰的前線報導。

「有一種生病方式很健康。」席翰醫生長久以來都這麼建議他的病人、讀者與聽眾。他臨終前一星期完成的最後一本書，說明了他有多麼聽從自己的建議。只要他的作品仍被大眾閱讀，席翰醫生的精神便仍留在人世間。

第 11 章

癌症

從許多方面來看，癌症是一種幸福。
你將會把生命視爲一項禮物，每一天都變得珍貴，
是你一輩子都不會忘記的一課。

——《人生長跑》，一九九五年

01 宣判之前

一個小時後，我就會知道在我攝護腺的小腫瘤是良性或惡性的。再過另一個六十分鐘後，為我做活組織切片檢查的泌尿科醫生就會打電話來說明結果。在這麼短的時間內，我的未來就要被決定了。

這齣戲一星期前才上演。我當時在達拉斯一場健身嘉年華中發表演講。前一天，我到庫柏有氧研究中心挑戰肯尼斯．庫柏醫生的跑步機。前一年，我打破了我這個年齡層的紀錄，後來有人又打破了我的紀錄。我一心想奪回我的紀錄王寶座。我成功了，而且還勝出許多。之後，我躺在桌子上休息恢復，感覺有如榮升為不朽的眾神之一。雖然我年歲已高，但我的成績在庫柏有氧研究中心七萬名跑步機測試者中，落在第九十九個百分位。

雖然如此，庫柏醫生說，他要為我做一項身體檢查。我還來不及反對，就已經在他的檢查間褪下衣服，像一般病人看診時會執行的程序。這時，他在我的攝護腺發現了不尋常的東西。這個消息有如青天霹靂：我才剛入眾神之列，卻立刻被告知將如凡人一樣死去。

簡直太不可思議了，不過一星期前，我才在感嘆與懊惱人生的變化無常。原因之一是跑步：我的成績在過去一年變差了。在普通的五哩賽中，我比往年整整慢了一分鐘——以每哩六分二十秒的速度，而非以往的每哩六分十秒。之前，我極少想到退化這件事，但如今我滿腦子都想著老去。我終於到了再怎麼訓練都無法進步的田地。

最糟糕的是，跑步者的衰退，也意謂著他自己的衰老。我的社交圈都是比我年輕一至兩世代的人，我從來不覺得與他們有什麼明顯的不同，他們也是。但最近，我開始順服，接受自己的身體和心智不再年輕。我變成糟老頭，甚至連自己都討厭自己。

寫作就是一項明證。之前好幾次，我覺得自己已經江郎才盡、文思枯竭了。但這次是真的。當我拿起筆寫一個新題目時，總會發現之前寫過了，而且當時還寫得更好。幾年前開始寫作時我就發誓——這些年來一向如此，也很容易做得到——絕不寫重覆的東西。之前，隻字片語通常會自動躍然紙上；如今好景不再，每個字句都只是死氣沉沉地躺在那裡。我再也想不出能讓我哭或讓我笑的句子了。

但這些打擊我以前都經歷過。我五十歲時失去摯愛；五十五歲時感到衰老；六十歲時遇到寫作瓶頸。這樣的循環來了又走、走了又來。然後，我找到了另一個愛，重新抓住青春，在年歲漸長的同時，我寫出了絕佳的暢銷書。

這些我全知道，但依然忍不住煩躁不安。我尋找這韻律的成因，它如季節般自然與根本，也同樣無法改變。我應該要下定決心，不再抱怨這些節奏，而是樂在其中。才華橫溢的人能了解人生的黯淡時刻，然後，當明亮、美麗、創作力豐富的日子回來時，再反芻那段經驗。

大哉問是：我們該如何過好人生？西班牙巴斯克的哲學家烏納穆諾（Miguel de Unamuno）的答案是：「應該盡力使自己無可取代——每一個人都是獨一無二、無可取代的；死去時，沒有人可以彌補這個空缺。這是一項鐵一般的事實。」

在過去一個星期裡，我知道我已做到這一點。即使不總是盡如人意，我仍然使這項事實成為真理：我將不可取代，死後會留下一個空缺。每一天，家人和朋友都會一再確認我對他們的重要性。

但我也知道了這個真理所產生的其他道理。在我的生命中，有些人是不可取代的；當他們離去時，沒有人能彌補他們留下來的空缺。而我現在知道這些人們是誰了。在劍與石中間，你會知道自己想站在那一邊。當來日無多，哪些人對你是最重要的，變得了了分明。

這是我從這次經驗學到的，即使是在我聽到活組織切片的檢查結果之前。我的未來已經被決定了：不論這個腫塊是良性或惡性，我的人生已無轉圜地改變了。我得到的教訓是：我已珍惜過每一天。但我沒做到的是：珍惜每一個人。

——《跑者世界》，一九八七年

02 我以為，癌症不會發生在我身上

我的人生犯了一個大錯，而且沒有比它更離譜的了。我壓根兒沒想過去做癌症篩檢，我早該意識到這件事的。我罹患冠狀動脈疾病的可能性的確降低了，遺傳與跑步使我遠離了相關的危險因子。即使在青壯年時期，我也是被歸類於不太可能罹患心臟病的人。

更安全的是，我亦極力避免了會造成死亡的原因。運動員的生活使我不吸菸，也幾乎不飲酒。開車時，雖然不是優良駕駛，但也總會遵守交通規則、安全駕車。做健康風險評估時，我的分數是很高的，除了很重要的一項——每年做健康檢查。

和許多美國人一樣，我已好幾年沒有讓醫生好好檢查身體。我記得有一次美國醫學協會舉辦大會時，主辦方成立了一個小組，讓參加的醫生來做健康檢查，並送到化驗室檢驗。他們逮到數百位醫生來檢查，其中許多人也是打自進入醫界服務或者申辦保險後，就沒再找同僚看診過。

實際上，做身體檢查費時甚短。只要沒有症狀（否則病人早該尋求醫療協助了），調病歷通常只需要幾分鐘，常規檢查也只要幾分鐘。接下來再花個十分鐘問診就做完健康檢查了。這時，我們應該要搜尋那些無聲無息的徵兆，以找出威脅生命的惡性腫瘤。當心臟病的危險因子不存在時，檢查的重點應該放在胸部、攝護腺與結腸。任何皮膚上不尋常的發現，或是不正常的淋巴結都要注意。

癌症的預防徵兆不像冠狀動脈疾病那麼明顯。對付癌症，主要的預防措施是早期發現。每天，我都能遇見幸運的人，其身上的癌細胞及早就被發現、並將之從身體中移除。目前的確有些醫療奇蹟的案例，在晚期發現癌細胞，但能治療成功，不過最好的情況，還是早期發現惡性腫瘤，在它有機會擴散前處理掉。

這些道理我現在全知道了，你也是。身為醫生，我非常重視早期發現的必要性。民眾的健康教育也與醫界同步，大部分人都知道，若能早期發現，癌症是可以治癒的。

然而，多數人都採取消極的態度，認為癌症不會發生在自己身上。

我就是其中之一。

——《人生長跑》，一九九五年

03 癌症是種賜福

當我知道我得了手術不能治癒的攝護腺癌——而癌細胞已經擴散到骨頭了——我經歷了一段眾人皆知的過程：驚慌、否認最後是沮喪。我徹夜未眠，想像那些外來的怪物正啃噬著我的身體。我停止安排演講，開始和死亡一起生活。

但很快，我明白這不是人生的完結篇，如果夠幸運的話（就是我）。攝護腺癌細胞是靠睪丸激素生長的，只要從身體移除這個男性荷爾蒙，腫瘤便將停止生長，甚至會退化。但終究，不需靠這些荷爾蒙就能生長的癌細胞，還是會接管身體。這可能是很遙遠以後的事，也許是好幾年，甚至要十幾年。

我就是其中一位的幸運兒。醫生給我三個選擇：去勢、注射女性荷爾蒙，或是每天注射生長激素釋放素GhRH；我選擇了最後一種，而且它奏效了。事實上，那幾乎是個奇蹟。痛苦消失不見了，骨骼掃描的結果很樂觀；做了攝護腺特異性抗原（身體針對攝護腺癌細胞反應製造出來的蛋白質）檢驗後，我發現身體裡只剩下微不足道的癌症組織。但我仍然惴惴不安。若說任何形式的去勢能保證什麼的話，那就是癌細胞總是有機會突圍，身體裡的敵人終會贏得這場戰爭。

我還得擔心其他隨著年歲增長而攸關壽命的狀況，而且有些影響是更立即的。我的內分泌專家兒子說：「罹患攝護腺癌的人，通常是死於其他的疾病。」

這是有原因的。攝護腺癌病人的平均年齡是六十七歲，這年紀的人身體狀況大多不佳，會帶著各種心臟和中風的危險因子，例如吸菸、過重。許多人早就罹患了威脅生命的重大疾病，所以最後是死於心臟病、中風和肺部疾病。

從籃球選手轉而從政的比爾·布拉德利，有次談到他對訓練的態度：「我會因為自己不夠高而輸球，也會因為自己不夠快而輸球，但絕不會因為自己沒準備好而輸球。」我當下這麼決定：我可能會死於攝護腺癌，但絕對不死於其他的病症。

我選擇了布拉德利的方法：成為一位運動員，發展身體具有的各項功能，讓癌症到別的地方求救。所以，我著手讓自己的身體保持最佳狀態。我絕不因為自己沒有準備好而死亡，我要掌握我所能掌握的。

我也選擇忽略今日醫界的意見，他們聲稱，像我這樣的老病人膽固醇、脂肪和血壓高一點沒關係。

在醫護專業人員的眼中，像我這樣高齡的病人，尤其是癌症患者，健康標準可以寬鬆一點。他們以「無藥可醫」做為理由；橫豎都沒救了，為什麼要擔心那麼多呢？不如好好享受剩餘的人生。「我都幫病人準備好去面對死亡。」一位腫瘤科醫生這樣告訴我。這彷彿在說，如果我突然放棄運動員生活——停止跑步、增胖七公斤、每晚喝到爛醉忘我、開始吸菸，我就能更享受人生，更能為死亡預做準備。我的人生該這麼結束嗎？

我承認，全然的放縱是有些吸引力的。但真正的放縱是相反的。運動員的人生非常美好，可成為最好的你、感覺到最好的你。從重生的身體，可導引出重生的態度，讓心靈充滿能量、超越物質。當你正與癌症這樣的敵人奮戰時，這非常重要。

每天的注射治療並沒有讓我的死刑暫緩執行。我的癌症並未被治癒。在別的案例中，用輻射治療、手術或化療也許能根除腫瘤，而病人能回到人間樂園。但我仍在服刑中，在死刑前被寬限多留幾天。在這段時間，我想把生活導向正途、把事情做對，完成我被送來這裡該完成的事。

從許多方面來看，癌症是一種賜福。你將會把生命視為禮物，每天都變得更珍貴，而這是你一輩子都不會忘記的一課。

保羅．桑格斯（Paul Tsongas）發現自己罹患癌症時，便辭去了參議員的職務。他目前顯然是治療成功了，但桑格斯說，他寧願不要認為自己已經康復了。

「『治癒』這個概念的問題在於，會令人重回到『我不會死』的假設，」他說：「我認為，相較於『以為我們會永遠活著』，不如時常警覺到人生的脆弱，會活得比較好。」

然而，大部分的人正是以為，我們將永遠活著。我就是如此。如作家威廉・薩洛揚（Willaim Saroyan）所說：「我知道人皆會死，但我可能是個例外。」死亡也許是人生的事實，但那不會是我的人生，不會出現在我的考慮範圍裡。

除了每年的聖灰星期三（天主教的大齋戒日）以及參加喪禮時，我平常對死亡是漫不經心的。如今每天都是聖灰星期三，我不斷被提醒我是塵，而且最終無可避免地將回歸於塵。死亡並不會不知不覺地將我帶走。我現在期望我能在生命高點時嘎然終止，並把我最擅長的事做好。癌症讓我的人生更加危急。我，仍然將一文不名地回到造物主身邊。而我剛學到一件關於人生極重要的事，就是沒有人應該從他的人生退休，不論他幾歲。

我們必須無限延伸、而不是縮減生命。「結束這個循環是一種罪。」一位當代神學家這麼寫道。一旦我們拒絕了任何事或任何人，便會停止成長。因著罪，因著年齡與死亡，我們會日漸強壯。

愛默生最偉大的散文〈圓圈〉（Circle），就是以此為主題。他讓我們看見，唯有不斷延伸我們的生命與擴大追求的圓圈，才能繼續邁向似乎總是遙不可攀的完美。

停止拓展生命，就是意謂衰老了；不論你是幾歲，就是老了。反之，當追求與想望愈來愈多時，就變年輕了。

愛默生在他周圍看見老年的各種樣貌——休息型、保守型、遲惰型。「我們每天發牢騷，但我看不出是否有必要這麼做。」他鼓勵我們去過充滿熱忱、熱情洋溢的生活，比起心裡想的或已經做的，要做的事情永遠多更多。

既然死亡已侵門踏戶，我也不再有機會發牢騷了。但死亡使普通、平凡的每一天變得神奇、獨特而舉世無雙。而這些，都不會令我焦慮。一旦我接受了死亡，就只會專注於當下，關照於這新的一天，用愛默生的話來說，每天呈現在我眼前的黎明，就是「永恆的奇蹟」。

如今，活著變成一件攸關生死的大事。活著的準則是什麼？就是要有意義。要死得有價值，就必須活得有價值。唯有賦予生命意義，才能達成這個目標。

依據另一位思想家的想法，焦慮、憂鬱、不快樂，以及我無法感覺到喜悅的真正原因，是因為人生缺乏意義。

如今對我來說，每天都是獨特的一天：起床、晨泳、準備戰鬥。癌症總是在門口徘徊。桑格斯說：「我感覺像是以色列人，必須贏得每一場戰爭。」

現在，假裝是沒有任何意義的。我在海軍服役時，老是在打混；我總是抱著一疊紙，假裝很忙。現在，我真的是在做事，那件工作正是我自己。罹患癌症，讓我得以把死亡看清楚，開始認真過生活。當長眠的時刻到來，我就會睡了——但我絕不會提前一分鐘入眠。

——《人生長跑》，一九九五年

04 跑到倒下來的那一刻

在一次賽後派對上，一位跑者得先離開。因為最近幾年，他得擔負起照顧生病雙親的責任。

現代的醫療照顧能讓人類的壽命延長，美國人比以往活得更長久。但現代醫學無法做到的，是延長健康的時間；隨著老年日漸逼近，我們恐怕會變成一個活死人。

如果針對五十多位在現場或是在室內看奧運的跑者做一份民意調查，問他們為什麼跑步，會得到各式各樣的答案。他們會為了生理、心靈、心理與社會的原因而跑，但幾乎毫無例外的，都計畫跑一輩子。這種情感引起了密西根州立大學宗教學教授威福瑞德・葛蘭（Wilfred Graham）的興趣。他訪問了二十名女性跑者後，發現一個不是最重要、但卻是最普遍的動機，她們的說法大致是：「我會一直跑到一隻腳無法換到另一隻腳，然後我將死去。所以我不需要去住老人病房。」

「跑步是一種科學認可的長生保健法，」葛蘭寫道：「然而，跑者並不很想延年益壽，倒是比較想到臨終前仍維持身體的靈活度。」跑者對青春的眷戀和對年老的抵抗，實際上就是害怕葛蘭所稱的「終極無助感」。

這似乎就是「我要跑到倒下來的那一刻」的深層意義。死亡對待每個年齡層的人都一樣，當然也會降臨在跑者身上，只是它不在我們的掌控之中。我們最有可能掌控的是技術上稱的「疾病壓縮」（Compression of Morbidity），意思是縮減生命末期的殘疾與依賴至最小的限度。這種理想的情況，就如同一部馳騁百年的馬車在瞬間退役，化為塵土。

葛蘭堅信，許多投身跑步的人之所以跑步，是為了保證他們的身體不會在療養院裡逐漸衰敗。「保持規律運動的背後想法是，如果常常活動，將可以避免受苦。現今老人常被拘禁在沒有隱私的無菌室，身上纏繞著各式醫療管線圍繞。」

有位年近七十的老人，他的家人決定把他送去養老院。他聽到這個消息時便說：「我突然領悟到，我的生活方式一定完全出了錯。」之後，他徹底改變作息，遵循大自然的法則，並得以維持獨立生活。

對我那位剛跑完五哩賽的朋友來說，應該沒想過會去住養老院。然而，稍微探究一下就會明白，這是可能的選項。畢竟，許多跑者是從三十五歲左右開始跑步，這個時候，身體會出現隱約的徵兆和可見的時限，告訴你正在走人生的下坡。以平均壽命七十二歲來計算，三十六歲正處於中間，憑直覺就可以知道這一點。

我的目標是過完上帝給予的人生，甚至是多給的也無妨，且愈少「低潮」愈好。也就是說，我要成為人生中的跑者，直到生命完結的那天。運動員的生活方式令我得到充分的保障。我害怕成為葛蘭指出的千萬人之一：「老人在家中日漸憔悴凋零，心智與精神都枯竭了，而身體無力地死去。」

看看會場，都是體瘦、健美、充滿活力的人們，我想起了今早在起跑線上腦中所浮現的想法：「這是跑步的好日子。這是死去的好日子。」

——《人生長跑》，一九九五年

05 活得有格調，走時也優雅

「你只會活一次，」喜劇演員福瑞德・阿倫（Fred Allen）說：「但如果你做得對，活一次就夠了。」這句格言的含義，無疑會隨著年齡而改變。在人生如日中天時，我們都知道如何成功地過人生。但在四十五歲時，我們陷入了兩難，是該試著修補已鑄成的混亂，或者該回到原點，重新來過？我本人可以證明兩個事實：一、我有可能做對了什麼事；二、不！我不想重來一次。

人生是一段漫長、艱苦的掙扎，但也是「正和遊戲」，人人都可以贏。其他人的人生，包括親戚、朋友、公眾人物等，都可以成為我們的靈感或警示，但並不會加強或減損我們的表現。

不過，從很多角度來看，成功的人生，是很難定義的，因為滿足是一種內在感受。成功行為的標準是很難設定的，而且一般所認定的成就常常是失去重點，像是美滿的婚姻、優秀的健康紀錄、有能力到處旅行、比父母更出色等。這些當然是好事，然而許多在這些方面失敗的人，也對自己的人生感到滿意。

做對的事情，意謂做對自己好的事情。以我的年齡而言，這是人生的首要法則。在家前庭院，我看著在海濱木棧道上跑過的長長隊伍，而跑者因年齡不同，個性也會有所不同。年輕人都很類似，但每位年長者則互異。他們已不再是羊群中的一員。

我們和世上的每個人多少都不一樣。不論大致的原則是什麼，許多事都因人而異。在宗教、藝術和身體活動這些領域，各自有根本上的不同。我們的生涯或者應該說職業的呼喚，是只有自己的耳朵才聽得見。

我們到底有多麼不同？這實在太顯而易見。想想宗教派別，以及人生會被帶領的方式。若用科學來統計，有幾種表達的方式？只需去讀威廉．詹姆斯的《宗教經驗之種種》和查爾斯．莫里斯（Charles Morris）的《人類價值之種種》（*The Varieties of Human Values*），就可以看見人們一方面在追求寧靜與幸福，另一方面則追求美德與力量，兩者是多麼巨大的不同！

幸運的是，我們踏上旅程出發時，身上都有了成功所需的配備與能量。希臘人所追尋的傑出與優異，人人都有希望達成。《登山寶訓》已大大地寫在每個人的心裡。即使是不好的經驗也是舉世皆然且可以修正的。懷疑、罪惡、孤獨和絕望能帶領我們了悟到，藉由培養與之相反的價值，像是信心、善良、合群，我們就能回到正軌。

雖然，想獲得幸福可能需要一筆財富，但美好生活最重要的元素似乎總是垂手可得。小說家懷爾德（Thornton Wilder）在撰寫《吾鎮》（*Our Town*）時便指出：「我試著在日常生活最細瑣的事件中，尋找超越價格的價值。」

日常生活是我們自身這齣戲的背景和舞台，如何處理周遭發生的事件，我們便會明白自己是成功還是失敗。在細瑣的事件裡，我們最能看清自己是誰。能改變生命的，不是不可饒恕的大罪，而是可赦之罪，而它們也會讓那些因循苟且、表面上看起來頗正派的機會主義者現形。阿倫是對的，把這段你所擁有的人生成為藝術品。活得有格調，你也將走得優雅。

——《人生長跑》，一九九五年

06 面對現實

「人生是終極的疾病。」劇作家貝克特寫道。當我的攝護腺癌擴散到骨骼時，這個過程加速「快轉」，我被迫面對死亡與死去的過程。

第一個階段是否認期：聽見罹癌消息時，我的反應是不相信。這不可能發生在我身上。我無法相信昨天生活還很正常，今天卻得面對致命的絕症。

接下來，是恐懼期，內心接近恐慌的狀態。我整整一星期徹夜難眠。直到現在，我才終於明瞭我的狀況和上個月其實仍一模一樣，並沒有特別疼痛。

通常，接下來是憤怒期。梅奧診所的腫瘤科醫生愛德華・克雷根（Edward Creagan）撰文提到，病人的憤怒可能指向自己、配偶、醫生或者是醫療體系。我必須承認，我完全沒有經歷這一階段。身為跑者，我不接受任何藉口，我認為這全是機運問題。

之後是討價還價期。從青春期，我們就了解到，要常與「權力較高者」妥協。犯錯時，我們答應要做得更好、回歸正直的人生，或者以服務社區取代處罰。

接下來是沮喪期。當治療明顯是無效的，而那些等著被試驗的方法也不見得高明時，沮喪便油然而生。患者想要放棄，變得退縮、失去活力，對日常工作失去了熱情。

經歷這些階段的過程中，我花了大部分的時間尋找治療方法，包括從新聞與支持團體找到來自全國各地的相關訊息。我與服務於頂尖醫療機構的專業醫生通電話，或者親自登門拜訪。他們告訴我，偶爾會碰到例外的結果，但真的是非常例外。

同時，我也學到如何面對無可迴避的事。我逐步走向最後的階段——接納期。克雷根醫生描述道，這時病人的態度會完全反轉。不論是尋求神奇療法或是緩解疾病的疼痛，這些想法都將逐漸淡去。患者不再將注意力集中在疾病、檢驗和治療上。他們會回頭好好地過日子，享受每一天。

克雷根醫生說了一個故事。他們社區有一位名人罹患了絕症，執著於找到療法，於是尋遍了全世界、收集各種資訊。他最後終於接受身體的真實狀況，日常話題也轉而集中在他的高爾夫活動和家人身上，而不再是某種新式療法。

接納，對病人而言是很困難的，對家屬可能更困難。癌症患者本身得到了平靜後，還得面對親愛的家人，而後者仍積極地四處求醫。我姊姊為了治好致命的癌症得接受化療，但她說：「喬治，我不接受化療，除非家人都知道我每件事都已經做了。」

對癌症病人來說，「每件事都做了」即是到了接納期，也就是尼采所稱的對命運之愛（amorfai），不論它的結果是什麼。

——《人生長跑》，一九九五年

07 好奇的探究

「席翰，專心！」在學校時，我不知聽了這句警告多少次。老師叫我別做白日夢、專心聽講、而不只是坐在課堂神遊、忽略老師講解的主題。

但我坐在那裡，眼神呆滯、聽而不見，五官處於待機狀態。我不再注意到四周發生了什麼事，甚至不知到底身在何處。我的想像力到了內心深處去旅行。

老師的任務是想辦法杜絕這種逃脫。威廉・詹姆斯曾經說，教學是在事實與學生之間置入創意心靈。若師生雙方沒有專心一致，任何事都不會成功。

在人生中、在學校裡，我們都必須專心。只有投入心力、認真學習，白日夢才會成真。但我學生時代的壞習慣，卻延續到成人時期；我不時沉浸在自己的世界裡。

那時，我會短暫地抽離現實，想起某些不可原諒的無知行為、錯誤的判斷、輕忽的情誼，還有膽小怯懦、鬆懈怠惰。突然間，我會聽見內心發出的聲音：「席翰，專心！」

這時，我才赫然發現，我已停止了學習。我心不在焉，心思飛到了不重要的事情上。我需要專心致意於重要的事。當生命正試著教我如何生活時，我卻在發呆作夢。我將會從經驗中學習，卻沒有注意到我已經有經驗了。每天的事件隱隱訴說著人生哲理，我的心卻在九霄雲外。

這並不表示我是個哲學家。哲學不是先驗而來，而是後驗，也就是在事件發生之後。觀察和理解日常發生的事件，便能形塑自己以及自身的哲學。若哲學是如某人所說的「偽裝的自傳」，那我們就必須認真生活，才能將之訴諸文字。

「世界是一座舞台。」莎士比亞如是說。不僅如此，它還是一所學校。生活是偉大的老師。我們應該複習今天的功課，但卻坐在這裡（至少我是這樣）、望著窗外，想著另一個世界。

「席翰，專心！」但願我手腕上這支日本製的神奇錶能按時唱出這個句子，引領我回到現實，提醒我運用五官、嗅聞出周遭的事是「如何」發生，尤其是「為什麼」發生。我現在是學生，也是老師；這世界充滿了奧妙，而沒有比生養於天地間的人類更奧妙神奇。

如今，我比以前更想知道。世界是如何運作的，更想知道為什麼自己在這裡？我為什麼必須死去？我能用很多種方法尋找答案。我可以退到自己的世界思考。或者，我可以非常專心地每天觀看這個世界，並將之當成學校。

——《人生長跑》，一九九五年

08 好好活著，就是好好受苦

赫伯特・郝（Herbert Howe）正準備攻讀哈佛的博士學位時，得知自己得了癌症。他進行了放療和化療，這是醫生建議的處理方式，是科學的方法。郝的處理方式則是直覺的方法：他成為運動員。他會在五年內死亡的機率是八成，而他把每天大部分的時間用來運動。

他說：「我每天游泳一個小時，使勁力重擊沙包，然後用每哩六分鐘的速度跑十二哩。」最後，他還學了滑板、滑翔翼和潛水。化療結束後不久，他完成了世界距離最長的全天獨木舟比賽。當他划完了七十二哩後，整個人累癱，在急診室躺了三小時。

為什麼要如此大費周章？未來一定要面對痛苦，為什麼現在還自找更多苦吃？已經要面臨死亡，為什麼還要甘冒風險，加快死亡的速度？他本可以花時間享受人生，但為什麼要勉強自己、要奮戰？郝不認為痛苦和歡樂是無法相容的，對他而言，它們是並存的。「我必須相信身體並未在毀壞中，」他寫道：「我必須相信自己是在勝利的一方。」

然後，他引用了天主教哲學家諾華克（Micael Novak）談論獲勝心態的名言：「雖然癌症和重症終有一天將擊倒所有人，但我們可以暫時嘲弄它們。」

為了避免衰敗，並成為贏家，運動員必須接納痛苦——不只是接納，更要期待與之共存，學習不懼怕它。

郝決定變本加厲，努力再努力，不管有多麼痛苦。這時他發現，毅力與驕傲變成了同義詞，他強調：「我獲得了新的信心。」信心，當然還有信念與信任，都自重生的自己當中滋長出來，他的實驗與經驗使他贏得了自我肯定、自我信任與自我依賴。

郝繼續往前推進。他視自己的化療與博士論文為兩場馬拉松賽。他說，因為驕傲的心情持續得比痛苦久，他得以努力往前推進，鬥志更勝以往。支持他撐下去的，是如運動員般的訓練計畫與心力。他大步向前迎戰痛苦，且努力不懈，因而得以痊癒；他也擊敗了對身體狀況的自我懷疑，已準備好面對未來的不確定性。

郝發現了運動員的祕密，這是大家都知道、但無法清楚言說的道理。首先，痛苦永遠是個人的。個人的痛苦無法被另一個人感覺到；不論多麼熱切地表達，也是徒勞無功。我們幾乎能了解反抗的身體、游移的意志、存疑的理由、盼望與勇敢的心等加起來的總合反應。

痛苦是個人的、隱私的、祕密的體驗，神學家為此感到困惑、哲學家覺得沮喪，就連精神科醫生自己也得去看精神科。思想家也很好奇，人的心智到底可以說明這種感覺幾分？在痛苦與受難中的某處，暗藏著生命存在的祕密。

我們都可理解痛苦在生理上存在的必要性。它能保護我們，使我們遠離傷害。痛苦是大自然設計的預警系統。然而，只有極少人能發現痛苦有其合理存在的必要性。神學家喬西亞・羅伊斯（Josiah Royce）曾這麼描寫痛苦：透過人類的受難，上帝也受難。上帝必須受難才能變得全能與公義，我們也必須如此。

在我看來，羅伊斯的理論是獨一無二的。一般人受到原罪的影響，多將邪惡與痛苦視為身體的缺陷。一些人則將痛苦視為不好笑的笑話。

對運動員而言，這些都不是痛苦。他的生命是多麼美好，而好好活著就是好好地受苦，所以痛苦是必須的體驗。

「走出舒適圈之外，」有個人曾經勸我：「如此一來，當你離世時，將了無憾恨。」

至少，你已活過、試過每件事、也發現了自己的極限。而你總是有機會仿效赫伯特・郝：將痛苦與歡樂結合在一起，自己與人生都沒有極限。

——《跑者世界》，一九七九年

席翰醫生與我

我的席翰好友

——肯尼斯・庫柏博士

記得在一九八三年十二月二日，我對喬治做了一次預防性健康檢查（那是他隔了二十五年後，第一次在庫柏醫療中心做的檢驗）。當時，他已經跑超過六十場馬拉松，個人紀錄是三小時一分十秒（這是他六十二歲時在陸戰隊馬拉松的成績），我預期他的跑步機測試會很出色。果不其然，在超過六十歲的年齡組裡，他排名是在前二個百分比。

當時喬治並沒有做完整的健康檢查，僅做了幾項檢驗、靜止心電圖以及先前提過的運動心電圖；全都很正常。我鼓勵喬治回來做一次完整的預防性健康檢查，後來是在一九八四年十一月三十日進行的。在跑步機測試這一項，他比一九八三年時多花了一分鐘半的時間，在庫柏中心的量測記錄中，這個時間可列入前百分之一的成績，其中還包括不少年輕許多的測試者。

但有一個惱人的發現是，他的攝護腺比一般人足足大了三倍，而且在左側有一個硬塊瘤。因此，我建議他去諮詢泌尿科醫生，他也很快去就診。喬治對結果很滿意，因為結果是陰性。

大約一年後，我和喬治在科羅拉多州一個運動醫療盛會中發表演說，而在當天的晚宴中，我問他是否有做攝護腺活組織切片。他回答沒有，我告訴他，在我的攝護腺癌病人當中，有許多人的第一次活組織切片報告，也都是顯示正常。一九八六年初，他去做了這樣的檢查，結果是不正常的；那時，他已經得了轉移性攝護腺癌。

那次診斷後，喬治與我仍定期交換意見。一九八九年十二月，他在專欄中詳細記錄了他在庫柏診所的評估報告，以及發現癌症的過程。當時，他的身體狀況還不錯。一九九〇年一月八日，我寫信謝謝他送我一本有這篇專欄的雜誌。他也很高興自己有四年免受癌症的困擾。

然而，到了十月，癌細胞又回來了，由於他已經不適合進行任何手術療程，因此做了荷爾蒙治療。在《跑者世界》的十月號，他寫了一篇題目為〈繼續飛行〉（Resuming the Flight），敘述他做了哪些事以阻止癌症的擴散。也就是在那時，我恭喜他贏得一千五百公尺賽的冠軍；雖然他的攝護腺癌捲土重來，而且擴散，他仍然定期跑步。

一九九三年一月，他被告知他的癌細胞在反抗荷爾蒙療法，因此難以治療，得改用放療來控制疼痛。這時他仍然可以走動，但已經不能跑步了。

一九九〇年十月二日，我收到喬治的最後一封信，他寫道：

我實在非常感謝你的來信，以及每個字句中流露出來的關心與體貼。我從來沒有忘記，而且也不斷地告訴別人，發現我得了癌症的人是你，而且在我第一次切片是陰性時，還催促我去做第二次切片。

對此如果我覺得沮喪，那也只是因為我發現自己還有閒置的創造力。我現在的任務是面對癌症、面對治療過程，以及其所有的意涵，並告訴大家它像什麼。正如一位劇作家所說：「每一齣悲劇都是寶藏。」對作家而言也一樣。

第12章

最後的領悟

過去，我把自己定義爲跑者，但並不明白它全部的意義。
我是在濱海路上沉思的跑者。我在比賽中受苦。
如今，我是一位與其他跑者分享人生的跑者。
我回到了原點。用布雷克描述年齡的文字來說，
我變成「長了智慧的小孩」。

——《最好的自己》，一九八九

01 家庭，是我的美好時光

晨泳時，我注意到一位跑者從海濱的木棧道上看著我。稍晚，當我在前廊擦乾身子時，他走過來，自我介紹說，他很愛我讀的專欄，然後他問道：「你人生中最重要的事是什麼？」

若是在晚上七點鐘問我這個問題，我會給出一個哲學式的回答，如「什麼是『重要』」或者「『人生』指的是什麼」。在與自己和他人相處一天後，這種逃避式的回答反而會留給我諸多疑問。

但在早上七點鐘，我的答案簡單又直接，有如初升的太陽。我的腦和心毫不猶豫地回答：「是我的家人。」這是一位七十多歲男人的答案。我已進入心理學家艾瑞克森所稱八大階段中的第七階段「傳承創新」（generativity）：關心未來世代的福祉，尤其是自己的家庭。

在你我一生所培養的美德與價值中，傳承創新是最難獲得的。根據艾瑞克森的說法，這是受限於人類的天性，但我很懷疑就是了。對男性而言，也許是真的；但對女性來說，傳承創新則是從第一個小孩誕生時就萌生的力量。

我的小孩出生時，我最關心的事還是自我成長，妻子、家人不過是自我的外圍。當然，他們與我有親密的連結，我對他們的成長與發展有責任，但他們依然在外圍，不在我所追求的自我核心。我先致力於醫學領域，之後又在路跑項目精益求精，所以在家庭上花費的時間與注意力少之又少。

有時候，我甚至想遠離家庭生活的種種爭吵。

許多已婚男人都心生逃脫的念頭，並渴望與另一個人建立悠閒的生活模式。一位傑出的家庭醫生告訴我：「若這鎮上所有想離家的人都付諸行動，那麼有『父親』這個角色的家庭就所剩無幾了。」

即使家庭完整無缺，生活還是不容易的。「關於家庭這個詞，較切合的說法是『糾紛』。」奧特嘉這樣寫道。要家庭能保持完整，得知道什麼可以說，什麼不可以說。有時候，就像是行走在蛋殼上。這種緊張關係以及正面衝突，將會導致家庭功能不彰。我相信，家人相處時難免都會擦槍走火。成員們正處於各個發展階段，而同處一個屋簷下，很難確保毫無紛爭。

我的解決方法是長期與家人若即若離。在父親和丈夫這個角色上，我不具正面的影響力，但至少不會傳遞負向的能量。我是孤獨者，對創造力的興趣比對人還來得高。我喜歡身邊有人，但只想在一旁安靜地看書。

傳承創新的對立面是自我耽溺。我重度沉浸於創造與生產。但也愈來愈自我耽溺。各種行動的吸引人之處，都是我自己找出的樂趣，動機即是我個人的需求與滿足。

我很晚才進入傳承創新的階段，也就是培養「關心他人」這項美德。在神學上，他們說這是仁慈和超越自我的精神。一位神學家說，罪惡就是「關上關懷的大門」。我早困住自己、把自己關閉起來了。如今，我讓更多人進來，並學著將這扇門大開。

成長與抵達新的平穩狀態並非輕而易舉，因為我已年近七十了。的確，它早該在十幾年前就發生。

並不是每個人都會自動到達人生循環的某個階段。我是透過熟悉的鼓舞力量以及逆境，才明白對家庭與其他人的愛。癌症如影隨形的痛苦，以及意識到孤立隔絕，將我帶回到我滿懷耐心與愛的妻子和兒女身邊。命運給了我癌症，開始對我微笑。疼痛是迎接一個新生與更偉大人生的鎖鑰。我過去的興趣仍在，但我終於能以更全觀的角度來看待它們。所以，當一位陌生人請我將目前的人生歸結到一個字時，我能毫不猶豫地回答：「家庭」。

罪惡或羞恥感或許會改變我的行為，但那只是暫時的。我曾只過著「跑步作家」的人生，不需要多樣的生活來衝擊我的人生。

如今，我仍是位作家，但已不再是跑者。我的世界縮小了，我需要子孫們帶進家庭餐桌上的鼓勵、笑聲和愛。如今，我很喜歡一個或許已被濫用的詞：「美好時光」，它涵蓋的是一段關係，之前並不存在，但此刻正在我們之間滋長。而這些事情所帶來的幸福時刻，以及「放下」的心情，都是過去從來不可能發生的。

不管時間是怎麼過的——與家人或與父母共度，都是自我發展的自然結果。兩造應該都不會後悔，這是我正在執行的更大計畫中的一部分。「追隨你的賜福。」神話大師約瑟夫．坎伯如是說。「對命運之愛。」尼采也這麼說。人本主義心理學大師羅傑斯更說過：「自我的形成，是透過認知到非自我。」坎伯將人生比喻為迷宮，這意謂著，為了成功達成目標，走錯路是必經的過程。

——《跑者世界》，一九九二年四月

02 生來的絕對命定

這個騎在他稍微前面的男孩坐在馬背上，彷彿他是天生好手。的確，若他遭逢了厄運，來到某個奇怪且沒有馬的地方，他也總會找到牠們。他會知道這個世界上少了某種東西，不大對勁。他會立刻出發，走遍天涯海角，不論多久，直到他找到一匹馬。他知道牠就是自己正在尋找的、早就註定了的那匹馬。

這位騎在前面的男孩就是葛雷迪，是麥克錫（Cormac McCarthy）的精采小說《愛在奔馳》（*All the Pretty Horses*）的年輕主人翁。騎在他後面的是他的父親，在故事結束前，他死於癌症。父親臨終時了無遺憾。他的兒子找到了我們全在尋找的「生來的絕對命定」。他是一位旅行中的牛仔，而這段路變成了一趟英雄的旅程。葛雷迪與《頑童歷險記》中的哈克一樣機智，和梅爾維爾筆下的水手比利巴德（Billy Budd）一樣純真。在說了一個謊之後，葛雷迪遇到了險境與殘暴的惡徒，但最終化險為夷。

每位父母都希望孩子能有這樣的境遇，我不是指遇到暴力事件和兇殘的人，而是發現自己以及會帶來衝擊的新世界。還要有強烈的熱情，在哪個領域都行，但一定要全心投入，以帶來自我重生的衝動。「我必須永遠不停地工作。」偉大的雕塑家羅丹這麼說，而聽見內在呼喚的人，也會這麼說。「瑟伯！你又在寫了！」作家詹姆斯・瑟伯（James Thurber）的妻子會在晚宴上這麼訓誡他。同樣的執著，我們也在諾曼・麥克林（Norman Maclean）的《大河戀》的第一行看到：「在我們家，宗教與飛繩釣並沒有明顯的界線。」

這種自我發現的掙扎舉世皆然。奧特嘉說，人生是一場義無反顧的奮鬥，為的是成為你來到世上該有的樣子，而找出自己的天命是最難的。過程中，你得經歷掙扎、奮鬥與絕望，當你確認目標時，一切就變得容易。

看看我身邊的孩子們，現在已經各自成家立業。我明白，在某個時間、某個地點，他們已經以某種方法找到目標。每個人都找到了葛雷迪的馬，也就是有自己的工作。

我可以看見他們騎在我前面。他們是醫生、藝術家、馴馬師、教師或任何有所發展的職業。我知道，就算他們出生在不適合的環境，也會自己尋找方向，直到發現目標。我也知道，那就是他們要找的，而且早就註定了。

——《人生長跑》，一九九五年

03 最困難的轉型

今年春天，在結婚四十年之後，我開始戴上婚戒。這是為了宣布我終於到達艾瑞克森人格發展八個階段的第六個階段——「親密關係」。

喬治・弗蘭特（George Vaillant）是一位精神科醫生，他研究男性心理健康超過三十年，他非常強調親密感的重要性。弗蘭特認為，發展親密關係是長大成人的一個指標。弗蘭特指出，人生各階段的進展並不是隨著年歲增長就會依序自動達成的。若他跳過了某個階段，就得設法回頭去經歷一次（在弗蘭特的研究中，特別指男性）。

弗蘭特對親密關係的定義，是與非血緣的成員順利一起居住十年以上。除此之外，我們還必須實現其他的美德，如身分認同和關心他人，用艾瑞克森的術語，這叫做「傳承創新」；最後我們還要取得智慧。和追求親密感一樣，每個階段都代表了一種危機。人有可能錯過其中一兩個階段，也得再回去經歷一次。因此，每個人都必須依序經歷艾瑞克森所說的人格發展八大階段。如此，你我才能從未雕琢的習氣中，孕育出獨特的個性，最後形成個人特質。這一連串的進程，確定了我們的命運。

弗蘭特在研究中強調，某些特質會帶來美好的成果，像是在青少年時期，能力比智商重要；在中年時，良好的親子關係很有幫助；與手足的相處模式能決定六十歲時的幸福。

我們必須順利經歷每個階段，而能否成功，是以自己的可塑性與潛能來度量的。但這不是一場競賽，不斷與他人比較自己的強項與弱項，反而沒有好處。不管是我們自願接受的挑戰，以及他人向我們提出的難題，都必須是可行的。

最困難的進展，無疑是轉為成人這一階段，尤其是「渴望親密」這項特質，在孩子身上並不明顯。此外，耐心、有教養、奉獻、同情、無私皆是得之不易的美德，這些不是憑空或自動從天上掉下來的，而我們有些人的學習歷程又較遲緩。

當然，從社會現象看來，許多人沒有順利達成艾瑞克森和弗蘭特的人生階段。但很少人不需要補課，你我都得完成生命的進化課程。

我的婚姻生活有符合弗蘭特對親密關係的定義；儘管如此，我發現自己還沒有完整地從孩子變成大人。在我的書寫中，我大力讚揚童心與天真無邪等受大家喜愛的特質。然而，幼稚則是另一回事。

按理說，我的婚姻老早就已失敗了，但我的妻子撐起了這段關係。她就是親密關係得以維繫的典範，但其他人就沒有我這麼幸運了。而我的孩子們，他們經常得和一位比較像小孩的大人一起生活。

經過了四十九年，我經歷另一場人生危機，才得以成為我該成為的男人與丈夫。

——《人生長跑》，一九九五年

04 令人敬佩的最後一名

去年春天，我參加了紐澤西海洋郡公園的五哩賽，當我跑到二哩的里程標時，發現自己老老實實地跑了最後一名，一百零七位參賽者中的第一百零七名。

就在這時，一位擔任路跑安全人員的公園巡守員向我大聲叫道：「你還好嗎？」

「好得不得了。」我喘著氣回答。

對我而言，全力以赴是家常便飯，但跑最後一名是很不尋常的經驗。

四十幾歲時，有次我參加一場全國越野路跑賽，被全部的選手超前。但那次之後，我從來沒有得過宣告比賽結束的那個名次，也就是最後一名。

毫無疑問，我是最後一個。我轉身好幾次以確定這件事。四周一片寂靜，我覺得自己好像獨自在樹林間練跑。

然後，證據來了。我聽見背後那台選手回收車的聲音。大部分的比賽會有一台專車，用來載送無法自行回到終點線的選手。如今，是我畢生的第一次，這台車跟在我身後，如影隨形。

大約前面約二百碼，我的朋友傑生跑著穩定的步伐。在他前面，我隱約看見一小群脫隊的選手蜿蜒穿過林蔭的街道。我們每個人都在與自己拔河，試著維持五哩賽所需要的氣力。

我不只需要努力，還得對抗上車的誘惑。這場比賽要跑兩圈，接近第一圈終點時，放棄似乎是個很不錯的選擇。我們都知道這是什麼感覺。在環形路線上，每一圈都會令人油然升起想停下來的念頭，我們就是忍不住會有短暫的衝動，想要放棄。

但就像在戰爭期間，士兵中難免有懦夫，但不會出現懦夫的行為；比賽時，不少人都想放棄，但不會真的有人離開。多跑幾步後，這個想法就過了，而我知道進入第二圈後，就會堅持下去了。

放棄的念頭真的不再出現了。我當時殿底，而且結束時可能也是最後一名，但這並不重要。你問我為什麼繼續跑？我無法用文字描述出來，我猜也沒有任何一位跑者、教練或運動心理學家能說得出所以然。

但哲學家白瑞德（William Barrett）說出來了。他在《虛幻的科技》（*The Illusion of Technique*）一書中寫到，許多人都會被所有選手超過，但仍能忍辱負重完成比賽，最後一名的跑者「比贏得桂冠的勝利者更令人敬佩」。他也寫到了波士頓馬拉松的最後一名跑者：「這裡根本就沒有放棄的問題。在這幅畫中，只有一個堅定信念的人。」

信念、信仰與祈禱，這些主題占據了白瑞德主中的主要篇幅。對他來說，儀式（包括比賽）提供了訓練的機會，並賦予了生命意義。我們帶進比賽中的努力與專注，加強了我們在其他時刻無法確認的信念。

我還有一哩路要跑。我和傑森的差距開始拉近了。在這個小時裡，兩人在看似無意義的受難中尋找意義，向更高的權力者傳送出沉默的祈求。我們都堅信，自己正在做的事，是證明我們身分的最佳註腳。

在最後的二十碼，我使盡渾身解數，終於趕上傑森，全力衝刺超過他。過了終點線後，我躺在地上喘著氣，傑森過來恭喜我。這時，我聽到有人說：「本日最好的比賽是屬於最後一名的人。」

我想，他只了解了一半。

——《跑者世界》，一九九二年八月

05 老年遊戲

對許多人來說，邁入老年似乎像是下棋到了最後的階段：生命蜿蜒而下，愈走，棋子愈少。當我日漸衰老，卻發現這不是真的。我不是被奪權的老國王，身邊只剩下維安的老弱殘兵。我的人生並不是在選項限縮後的守城保衛戰。邁向老年，是一場充滿氣魄、想像與刺激的遊戲。

這場老年遊戲是棋奕的極致。開局的態勢也許老早就安排好了，我的反應變得遲緩，有些棋子的確已經陣亡了，但這盤棋還是充滿了機會。此刻，勝負不全是體力的問題，更是信念、勇氣、希望與智慧的對決。

在老年遊戲中，人的童年、青少年和成年時期，都只是預備階段。它的範圍大到令人驚奇。在我預期人生將逐漸凋零之際，它擴展了人生。根據老年遊戲的規則，我得達到看似不再需要的卓越，超越自己在活力巔峰時的成就。在老年遊戲中，我們只能做最好，而不容許次好；我必須和年輕時一樣強，甚至更厲害。之前的人生不過是學習和訓練的階段。有人說，人生是新兵訓練營。果真如此，年齡就是一場戰役，我平日所受的訓練都是為老年而戰。如今，我必須接受我所成為的這個人，還要讓每個新的日子成為特別的一天。我必須善用與每一個黎明的約定，那是我得來不易的特權。

生命從小調轉移到了大調。這個遊戲進入了高潮，我們走的每一步都無比重要。我覺得自己有如西洋棋大師。我們身上的天賦、力量和創造奇蹟的能力，它們曾經晦暗不明，如今卻昭昭如白日。真相是，老年人什麼都沒有失去。問題不在於我比年輕的自己衰老了，而是我不再年輕了，成為自己已是過去式。所以，老年遊戲是從警覺到該有所成長開始，並且擴及至生命的各個面向。

我們也學到，誠實是唯一的策略。隨著年歲增長，我愈來愈感覺到掩飾是多餘。我能從對方的眼中能看出真相並加以接受。謊言和欺騙只是浪費時間，時間變得很珍貴。

時間形塑了老年遊戲。時鐘和日曆催促著我展開行動。老年不容許我們像年輕人一樣三心二意（那是他們的特權）。迷宮對年輕人來說是不錯的遊戲，對老人卻會造成恐慌。我的目標必須明確、計畫時要有藍圖、要求必須簡明易懂。

我必須做決定——若不是這條路，也不會有其他條路。

幸運的是，我對這些規則沒有意見。我接受這場遊戲以及在人格形成期（八到十歲時）所發展出的目標。我很滿足於現在的自己，不再期待變成我不是的那種人。我的不滿足，只在於未能完成明明可以達成的目標。

這種體悟通常在人生中來得太晚，可能在人生走錯了幾十年後才幡然驚覺。我曾收到一位七十四歲女士寄來的信，她剛完成檀香山馬拉松。「我有一種矛盾情結，因為我本性應該蠻自私的，只沉溺在探索自我的活動中，」她寫道：「但我選擇了社工的工作，所以過得一點都不開心。我對各種有創意的身心活動更有興趣，諸如跳舞、作畫、寫詩，但我很難靠它們謀生。如今我退休了，隻身一人。這是全新而且美妙的人生。」

這位女士是老年遊戲的大師，一部分是因為她燃起熱情、熱忱與熱切的心，而這些是在長年的社會工作中被阻斷的。她終於統合了完整的自我。

我繼續為這種境界而努力。在我人生棋盤中的另一端，是一個擁有不同興趣的自我。我望著鏡中的自己，看見了相反的個性。此人坐在那裡，試著要摧毀我的遊戲，阻擋我騎士的進攻、城堡的推進和主教的掃掠。這個自滿、狹隘的「我」想要玩你死我活遊戲，只想賭一把、跟時鐘搶快，並渴望賽後的休息、放鬆以及退休生活。

你可以看見，進行老年遊戲有兩種方法。

——《人生長跑》，一九九五年

06 長了智慧的小孩

回到紐澤西海邊的家，我和女兒一起慢跑四十分鐘。第二天，我與十幾位跑者一起參加周六的晨跑，這是過去十五年在我們鎮上的固定活動。結束後，我們在一家鬆餅店吃早餐，談笑約一小時，然後各自解散回家。

我之所以談到這些跑步活動，是因為它們和我以前的跑者性格大相逕庭。以前，跑步對我只有兩種意義：孤獨的訓練跑，以及全力以赴的比賽。我若不是反社會，一定也是不擅社交的人，只想去某地參加比賽，期待領獎，然後回家。

但癌症有它的報償，其中之一就是讓我發現跑步的其他價值。在治療過程中，我的比賽名次不斷下滑。當我抵達終點線時，在我後面的跑者已寥寥無幾。比賽的競技過程與獎賞，已不再吸引我。我第一次發現，跑步最重要的事，竟變成是一起跑步的伙伴。

如今跑步時，我是一個停不下來的長舌公。彷彿我前六個月都像探險家理察．伯德（Richard Byrd）一樣，獨自住在南極，等不及要知道世界其他角落發生了什麼事。而這不是獨白，而是對話。

讓我先聲明，思索死亡會對個人產生正面的影響。在某些圈子裡，我曾被稱作難相處的老人，但最近不會了。我身邊都是良善的人們，出於必要，我也得投桃報李、歡顏以對。我一向喜歡孤獨，家人很清楚這一點。「我父親在讀書時，喜歡有人在他身邊。」我的女兒注意到這點。數年來，這就是我社交生活的極限。

當癌症的腳步愈來愈近，我發現，這樣是不夠的。一位朋友告訴我，他曾與家人去夏威夷租了民宿、度假玩了兩周。

這聽起來很不錯，所以兩年前，我與家人在愛爾蘭一間十八世紀的喬治式大房子度假一星期。去年，我們則是在長島的一間大房子享受假期。

在這些家庭聚會中，人人看似不受拘束，但其實態度是很拘謹的。我的孫女艾比跟她媽媽說：「這不是家庭派對，而是同學間的派對。」的確如此。你得到了大學的年紀才能融入其中。

這些聚會展現出我們最好的一面。每個家族都擅長連結與形塑家人的故事。因此，這些聚會在人生的最終階段是如此重要。在家族裡編織這些故事，其他人才會永遠懷念你。回憶與說故事是我們永遠用得上的技巧。

有些家庭沒有這方面的困擾，他們是幸運的。弔詭的是，我的生活習性成了預防針；在聚會中，我做我自己，他們也得以自由自在。他們不需要有人招呼，我藉此滿足了每個人都會有的需求。

每個人都需要有人支持，但不是藉由過度或不尋常的方式。不論在家庭、教育、朋友、宗教等方面，這一點都無庸置疑。每個人都在做自己的事，而且做得很好，不用擔心完成目標的時間。因此，那句陳腔濫調是真的：旅行的過程比到達目的地更令人滿足。

我們必須不斷地提醒自己，「封閉的心靈」是種罪過。而上天指派給我們的任務，就是讓家人以及朋友進入自己心靈的圓圈。我們應該要照顧他人、喜歡他人、關愛他人。但這的確是一項艱鉅的任務。

英國心理學家波諾（Edward de Bono）將這項重責大任簡化為「尊重」，這是每個人都有能力做到的事。愛，則是一種情感，不是每個人都擁有的技能。然而，只需要一點努力就能培養尊重的精神，任誰都能做到。

在某個星期六早晨，我家北邊的塔坎納西湖（Takanasee Lake）有一場五哩賽。往常，除了受傷，沒有任何事可以阻止我參賽。但我現在卻往南前往春之湖（Spring Lake），參加每周六早上八點集合、在木棧道上悠閒跑步的團體。如今，我在跑步人生中加入了新的面向。我變成一位重視社交的跑者。

當然，我還是會參賽，而且是定期參加，但「社會我」也慢慢長大。曾有一段時間，我很少和別人一起跑步，只想單獨和我的思惟一起作伴。少了會打斷我思緒的伙伴，我可以依任何速度、跟隨自己的思想跑步。

中年時，跑步是遠離人群的好方法。在孤獨中，我文思泉湧。我以前身邊有太多人了，現在則是人太少。有段時間，若有人想找我一起跑步，我會說我剛跑完，當然這是謊話。如今我盼望著和別人一起跑，我需要有人講話、需要有人傾聽，我需要和人在一起。

我曾走過一段過度期，和我一起跑的人只能美其名為聽眾。有次跑完後，一位朋友對我說：「這是一段很棒的談話。」他讓我在路上侃侃而談講了一小時，完全沒有打斷我。

現在，我有了真正的對談。死亡的藝術讓我活了起來，我開始認真聆聽別人說話，而不只是暫時閉嘴，一等對方停下來，我又會繼續滔滔不絕。

在愉快的周六慢跑中，我不再一人獨白了。想法在人和人之間跳動；話題浮出來，然後消失不見。步調有變化，風景也有更迭。我和某人並肩跑一段路，然後另一個人取代了他的位置。

起跑前的禱告使跑者立刻成為親人。在這場小型儀式中，我們手握著手；多年前，我們開始用這個方式練習跑步。然後，我們一邊慢跑，一邊分享各自的感覺和想法、成功與失敗、歡喜與悲傷。更深入一點的話，我們還會交流身體的能量和韻律，這是內在而非語言的溝通，使我們分享的每一件事都有意義。我們付出的努力將彼此凝聚在一起。

結束後，我們大部分的跑者會一起去距離海邊一哩的鬆餅餐廳，再次分享食物與歡笑。

我與這些「小聯盟」的年輕跑者就像去「冰雪皇后」(Dairy Queen)吃冰淇淋一樣開心。等到我們變老時，這些聚會便是最美好的回憶：現場有誰？大家說了什麼？吃了什麼？這時，吃鬆餅、奶蛋烘餅，再加上一大堆配料，完全不會有罪惡感，因為我們已經在木棧道上揮汗一個小時，先為這份美食付出代價了。

過去，我把自己定義為跑者，但並不明白它全部的意義。我是在濱海路上沉思的跑者，也在比賽中受苦。如今，我是一位與其他跑者分享人生的跑者。我回到了原點。用威廉・布雷克談到年齡的詩句來說，我變成「長了智慧的小孩」。

即使沒有長出智慧，至少我了解到朋友有多重要。當我還是孩子的時候，我就明白這一點。小孩是社會性的動物，很少自己一個人玩。他們總認為，朋友是完美無瑕的世界中心。這種說法也許將孩提時期的經驗理想化了，但這很接近我邁入人生最後階段的體悟；朋友又再變得重要起來。

曾經有好幾年，我以好奇的眼光看待這些周六的聚會。明明有好幾場比賽，為什麼有人把時間浪費在濱海木棧道上的自由慢跑呢？明明可以獨處、去探索偉大的想法，為什麼有人花一小時打趣聊天、不務正事呢？

現在我明白，競賽與孤獨，兩者都是快樂的泉源；但在跑步中，還有另一個快樂的泉源，那就是重返孩提與青少年時期的友誼關係。我現在有一群朋友，是小團體中的一員。

在我身上發生的事，印證了英國作家貝洛克（Hilaire Belloc）所寫下的真理：「從一開始到未知的終點，沒有任何東西值得贏取，除了歡笑與朋友的愛。」

——《最好的自己》，一九八九年

後記

安．席翰（Ann Sheehan，席翰醫生之女）

想到父親時，我的腦海中便浮現他穿著他註冊商標似的藍色衣服，走上我家後面的樓梯，進入廚房，腋下夾著四本書和一疊便簽筆記紙。他從來不只讀一本書；有太多東西要學了。我的父親幸運地擁有一顆令人讚嘆的心，而他也樂於使用它。腋下的書是學習新知用的，黃色的便簽筆記紙則是用來與別人分享他的知識與經驗。他透過書寫、演講和對談，與別人分享。

當父親接近七十歲時，被診斷出癌症，於是他轉移注意力，學習有關癌症及其治療方法。如同他一貫的風格，他孜孜不倦地搜尋新知與新的理解。他閱讀醫學期刊、研讀相關著作並與醫學專家討論。

他開始面對與癌症共存的挑戰，並不斷問自己：「在離開人世之前，我的目標是什麼？」一如以往，他轉向偉大的作家與哲學家尋求靈感與指引，但現在增加了新的一群人：他的癌症病友——與他面對相同挑戰的人。他的寫作內容轉而反映出他的人生轉折。至於最後一本書的主題，便是關於他的癌症經歷。因為他所罹患的攝護腺癌無法開刀治療，所以得設法與之共處。他寫下了面對死亡的整個歷程。在那本書的前言，他解釋了出書的目的：

任何有價值的事物，都必須來自自己的經驗。這本書寫的是，對於正在經歷衰敗過程的人來說，死亡有什麼意義？我想要藉這本書與其他正經歷生死關頭的讀者心靈交流。它也是我的人生評比，看看我是否成功地活出了我應有的生命。

父親並不否定人生。他在時間有限的情況下接受挑戰、重新檢視人生。他開始看重他的人際關係：

當你在劍與石中間，便會知道自己想站在哪一邊。當來日無多，哪些人是最重要的，也變得了了分明。

父親想多留一些時間和家人與朋友相處。一位朋友和他聊到與家人在夏威夷度了兩星期的假。父親覺得聽起來很不錯，所以，當我的姊姊瑪麗．珍和她的先生瑞克邀請我們全家人一起去愛爾蘭度假一星期時，父親欣然接受了。他認為這是一個與家人共處的大好機會，遂鼓勵其他的兄弟姐妹一起參加。我們都喜歡一起出遠門旅行，而這是父親在晚年第一次參加家庭旅遊，之後還有三次。

事實上，家庭旅遊對我們是個新的概念。因為我們是個大家庭，共有十二個孩子。我們很少一起旅行，也從來沒有辦過家庭旅遊。我們在紐澤西的海邊長大，假期就是在夏日海灘上度過。父親有很多好點子，家庭旅遊無疑就是其中一個。回想起來，他是要我們一起同樂，把家庭與責任暫拋腦後，一起加入跑步、游泳、玩風帆、說故事的遊戲；大家一起笑、一起哭。

在他的最後一本書，父親寫到了這些家庭聚會對他的重要性：

打輸癌症這場戰爭，給我帶來了莫大的壓力。因此這些聚會非常重要，這樣我才能長出新的自己。若不是家人及時的引導，我的人生將繼續沿著原來的孤獨軌道而行。如今，我過著全新的人生，花更多的時間與我最親愛、最感謝的家人共度。

我尤其記得最後兩次假期是在一九九三年，父親過世前的夏天。兩次都是在海邊：一次是在紐約長島，另一次是在德拉瓦州的瑞和伯斯海灘。父親已經將他對海洋的愛傳承給我們，所以，能在海邊度假是一件很棒的事。在這兩次聚會之前，父親已經告訴我們，他的癌症已經開始「快轉」，得面對人生只剩下幾個月的事實，而我們也想多陪伴他。

在長島時，他的身體愈來愈虛弱，但心智卻和以往一樣活躍。他繼續寫書，思索人生的大哉問。「我死之後，然後呢？」這個問題引導他回到另一個問題：「我死之前，然後呢？」為了尋找答案，他開始探究不同的宗教。他變得對貴格會很有興趣，便與我們討論，想參加他們的聚會，看看是怎麼一回事。我們覺得很好，也想像父親一樣，繼續尋找人生意義與真理。

只要身體狀況許可，他盡量參加白天的活動，並在皮科尼灣玩風帆、游泳、在海灘烤肉。我記得有一晚烤肉時，他坐在海濱的木棧道上，遠眺著大海，眼裡充滿哀傷，他告訴我們：「我真不想走。」

同一年夏天，我們回到紐澤西時，父親問我：「你覺得，大家會不會想再一起度個假？」「當然想！」我回答說。所以，我們又一起去度假。這最後一次在瑞和伯斯（Rehoboth）海灘的家庭旅遊，我們住在海灘上的一個大房子裡。這時，父親的身體已更加虛弱，但還可以坐在前廊，望著大海。一整天，我們從海灘上回來陪陪父親。他喜歡聊天、說故事、開玩笑。他寫道：「我需要家人在餐桌上會分享的那些鼓勵、笑語和愛。」

在瑞和伯斯海灘時，父親想到海裡游泳。在兩位兄弟的攙扶下，父親勇敢地走進他最愛的海浪，最後一次游泳。

在這最後一次聚會裡，父親再一次向我們展示他心智的活力。他興奮地談到，最近他發現人類學家愛德華・霍爾（Edward Hall）的著作很有趣。他不只有讀一本，而是翻閱了霍爾全部的著作，甚至因此迷上了人類學這個領域。他回到紐澤西家中後，還在社區大學報名了一堂社會學的課，這是在他過世前兩個月的事。

這就是我的父親：永遠沉迷在學習的熱情中，不斷尋找新的想法、知識、真理與意義。我將永遠懷念與父親的暢談時光。我最想念他全神貫注演講的樣子，他真的是一位天才演說家。我也很感激他透過作品與我們所有人分享他的所見、所聞、所感。他的文章和著作將繼續啟迪我們、提醒我們，用哲學家烏納穆諾的話來說，他已經造就了自己的無可取代。

銘謝

如果要列出這幾年來每一位給予我們力量與安慰的人，冗長的名單將有一本書那麼長。有鑑於此，我們席翰一家只列出一些人名，至於其他人，你們應該也知道我們內心的感謝。

許多與父親親近的友人與同期的開創者，如Ferd Lebow與Jim Fixx已經離開我們，Joe Henderson、George Hirsch、Kenneth Cooper與Walter Bortz仍保持年輕活力。Jeff Galloway、Joan Benoit Samuelson、Amby Burfoot與Tim McLoone仍宣揚著理念。特別感謝Elliott Denman、Phil Hinck與其他Shore A. C.的跑步同好，讓每天夏天在塔坎納西湖（Takanasee Lake）舉辦的「喬治・席翰經典賽」的傳統得以延續。此外，若我們沒有對親愛的親友Joan與Dick Sexton、Eleanor McCabe說出我們誠摯的感謝，我們就是怠慢了。

這本書得以出版，要感謝《跑者世界》的伙伴，而且是出自總編輯大衛・威利的構想，他有這個想法，而且堅定不移，矢志將父親的作品介紹給新的讀者。John Atwood提供了我們所需要洞見與鼓勵，RODALE出版社執行主編Mark Weinstein以驚人的耐心與沉著，從這本書一開始到開花結果，細心指導這個計畫。我們很幸運有David Larabell這位經紀人明智的建議，在微妙的出版世界穩健地引導我們。對於每一位在跑步界發光的前輩毫不猶豫地為本書貢獻珍貴的回憶，我們誠摯地感謝。

也感謝你們這群熱愛跑步的讀者，你們吸收了我們父親的文字與哲思，並且在跑步路上檢驗它們；在美國與全世界方興未艾的跑步熱潮中，見證跑步活動並非昨日黃花。像我父親一樣，你會發現，跑步將帶你到你從來夢想不到的地方。

身體文化 189

愈跑，心愈強大：跑步教父席翰醫生教你成為自己的英雄（再戰十年版）

The Essential Sheehan

作　者—喬治・席翰（Dr. George Sheehan）
譯　者—游淑峰
責任編輯—許越智
責任企畫—張瑋之
美術設計—陳文德
內文排版—張瑜卿
總 編 輯—胡金倫
董 事 長—趙政岷
出 版 者—時報文化出版企業股份有限公司
一〇八〇一九臺北市和平西路三段二四〇號一至七樓
發行專線／（〇二）二三〇六—六八四二
讀者服務專線／〇八〇〇—二三一—七〇五、（〇二）二三〇四—七一〇三
讀者服務傳真／（〇二）二三〇四—六八五八
郵撥／一九三四—四七二四時報文化出版公司
信箱／一〇八九九臺北華江橋郵局第九九信箱
時報悅讀網—www.readingtimes.com.tw
法律顧問—理律法律事務所　陳長文律師、李念祖律師
印　刷—勁達印刷有限公司
初版一刷—二〇一五年六月十八日
二版一刷—二〇二四年四月十九日
定　價—新台幣四五〇元

時報文化出版公司成立於一九七五年，並於一九九九年股票上櫃公開發行，於二〇〇八年脫離中時集團非屬旺中，以「尊重智慧與創意的文化事業」為信念。

愈跑，心愈強大／喬治・席翰（George Sheehan）著；游淑峰譯
--- 二版 --- 臺北市：時報文化出版企業股份有限公司，2024.4
面；14.8×21 公分. ---（身體文化 189）
譯自：The Essential Sheehan : A Life Time of Running Wisdom from the Legendary Dr. George Sheehan
ISBN 978-626-374-746-3（平裝）
1.CST: 賽跑 2.CST: 人生哲學
528.946　112021055

THE ESSENTIAL SHEEHAN by George Sheehan
This edition published by arrangement with Rodale Books,
an imprint of Random House, a division of Penguin Random House LLC
Through Andrew Nurnberg Associates International Limited

ISBN 978-626-374-746-3 Printed in Taiwan